OFFSHORING

オフショア化する世界

人・モノ・金が逃げ込む「闇の空間」とは何か？

ジョン・アーリ
John Urry
［著］

須藤 廣／濱野 健
［監訳］

明石書店

まえがき

本書は、『組織資本主義の終焉（*The End of Organized Capitalism*）』（１９８７年、スコット・ラッシュ Scott Lash との共著）、『社会を越える社会学（*Sociorogy beyond Societies*）』（２０００年）（吉原直樹監訳、法政大学出版局、２００６年）、『モバイル・ライブズ（*Mobile Lives*）』（２０１０年）（アンソニー・エリオット Anthony Elliot との共著）（遠藤英樹監訳、ミネルヴァ書房、２０１６年）、『（石油の向こうの社会）*Societies beyond Oil*』（２０１３年）等、以前出された様々な著作においてすでに開始され検討された議論とテーマを発展させたものである。これら著作ではすべて、世界中の人や資源や機関が目も眩むように運動する様子を記述してきた。だがしかし、どの著作においても、本書で特に吟味されるべきこと、すなわち現在では、この運動がオフショアリングのシステマティックな現象をともなうこと、そしてそれが現代社会を多くの重要なやり方で「再起動（re-booting）」させていることを深く探求するものではなかった。

社会科学が緊急に掌握すべきオフショアの世界は、すでに広く浸透していることを以下に示そうと思う。オフショア世界が出現し、積み重なることによって、現代社会の輪郭が再形成され、権力のパターンが再編成され、責任の観念が掘り崩され、デモクラシーの条件が脅かされ、社会を「活動させる（energise）」方法が変容している。オフショアリングは、仕事、金融、娯楽、廃棄物、エネルギー、そしてセキュリティといったものがつくりだす関係性の見え難い集合へと至る。これらの集合は、研究者に向けて、より重要なことには市民に向けて、甚大な挑戦となるのである。オフショアは地平の向こうにあって見えず、何かと問題の多いプロセスやメタファーのことであり、それによって我々の生活の多くが不透明――秘密に満ち、幾分嘘に染まったもの――になっている。本書は、モビリティやグローバリゼーションの暗部をその証拠とともに描き出し、異議を申し立て、オフショアリングは覆すことができるのかどうか、どうしたらそれが可能なのか、あるいはオフショアの流れを反転させる（reshoring）ことは可能なのかどうかについて考察を加えるものである。

筆者は、特に故・ヘイコ・シュミッド Heiko Schumid や他、たくさんの同僚たちと、これらに関する様々なテーマについて議論ができたことを非常に感謝したい。サラ・ベックレイク Sarah Becklake、トマス・バーチネル Thomas Birchnell、モニカ・ビュッシャー Monika Büscher、ハヴィエル・カレトリオ Javier Caletrio、レイチェル・クーパー Rachel Cooper、ビューレン・ディケン Bülent Diken、アントニー・エリオット Antony Elliot、ジェームズ・ファルコンブリッジ James Faulconbridge、ビアンカ・フレール＝メデイロス Bianca Freire-Medeiros、ジェイムズ・フロイド James Freund、トニー（アンソニー）・ギデンズ Tony Giddens、マイケル・ハルム Michael Hulme、グレン・リオンズ Glenn Lyons、スコット・ラッシュ Scott Lash、ジェイムズ・マイリオット James Marriot、カテルーナ・プサリキドウ Katerina Psarikidou、サトヤ・サヴィツキ Satya Savitsky、ミミ・シェラー Mimi Scheller、エリザベス・ショヴ Elizabeth Shove、デヴィッド・シュガーマン David Sugerman、ブロン・スツァーズツィンスキー Bron Szerszynski、ジョン・トンプソン John Thompson、デヴィッド・ティフィールド David Tyfield、トム・アーリ Tom Urry、シルヴィア・ワルビー Sylvia Walby、ベンノ・ワーレン Benno Werlen、各氏、また特に、ランカスター大学モビリティ研究所の同僚たち、特にペニー・ドリンカル Pennie Drinkall 氏の協力に感謝したい。また、匿名の査読者たちからのコメントにも感謝している。

本書で報告した研究のいくつかは「移送と技術（Transport and Technology）」というタイトルで ESRC 研究補助金 ES/J007455/1 による支援を受けている。このことにも大いに感謝したい。

訳者注：「offshoring」「reshoring」は本書のキーワードである。「offshoring」は意味的には「オフショア化」とすべきところも、原著のタイトルが「offshoring」であることから、本文中では基本的に「オフショアリング」とそのまま記した。「reshoring」は「オフショアの流れを反転させる」という意味であり、基本的にそのような訳語を当てた。

訳者注：本書に記載されている社会的状況、人物の肩書、その主張は、本書が刊行された２０１４年当時のものであり、現在（２０１８年）のものとは異なることもある。

目次

第1章　オフショアリングとは何か

問題の所在

20世紀におけるもっとも成功した発明家とも謳われるウォーレン・バフェットWarren Buffetによる最新の主張は次のようなものだ。「階級格差による衝突は確かに存在する。しかし、戦いを仕組んでいるのは我々富裕層であり、勝利するのもまた富裕層である」[1]。本書においては、いかにして富裕層がこのような賃金階級格差の戦いを遂行したのか、またこれまで、どのようにして勝利してきたのかを、比較的斬新かつ劇的なオフショアリングの戦略について部分的に展開しながら、以下詳しく解明する。筆者は、いかにしてオフショアリングの戦略が富裕層の興隆のカギとして遂行されて来たのかについて記述する。また本書において「富裕層」とは、多くの資産を有する個人とその家族たち、また大企業、専門的なサービス企業、数多くのシンク・タンク等のオーナー／経営者、そして主導的政策立案者たちで構成されている、想定上のグローバルな階級を指す。

オフショアリングの重要性を指摘するには、2013年5月に発表されたアクションエイド（訳者

注：Action Aid 貧困女性のための慈善団体）の専門研究について触れる必要がある。研究によると、イギリスにおいてもっとも広く公開されている会社のリスト（FTSE100）に記載されている100社のうち98社が保有している子会社、提携会社、またはジョイントベンチャーが、「タックスヘイブン」[2]としてこの慈善団体の定義する土地において、オフショアリングを行っていると報告されている。さらに、それらの会社は一般的に、オフショアリングのための口座を多数保有しているのである。

アクションエイド Action Aid は、大手広告代理店のWPPが618、HSBCが496、ロイヤル・ダッチシェル Royal Dutch Shell が473、バークレイズ Barclays が471、BPが457、RBSが393、ロイズ Lloyds が259、ブリティッシュ・ランド British Land が187、そしてプルデンシャル Prudential が179のオフショア口座を保有していると報告している。金融界はもっとも潤沢なタックスヘイブンのユーザーであり、大手銀行の海外に保有する子会社の半数が税金の低い「宝島」[3]に存在しているという。

タックスヘイブンは「秘密の法域」とも知られている。大半の子会社と金持ちは彼らの収入と海外の財産をそのような秘密の場所に置いている。富裕層が自分たちの財産を管理しつつ、直接管理する財産以外の多くは「オフショア化」し、そのほとんどを明るみに出さずにいることができるので、「庶民だけが税金を払っている」[4]かのようである。

それに加え、これらの会社はマトリョシカ人形のように複数の層を成す隠匿と隠蔽[5]によって覆われている。たとえば、ゴールドマン・サックス・ストラクチャード・プロダクツ（アジア）リミテッド Goldman Sacks Structured Products（Asia）Limited はタックスヘイブンである香港に存在する。そして、それはゴールドマン・サックス（アジア）ファイナンスGoldman Sacks（Asia）Financeという、もう一つのタックスヘイブンのモーリシャスで登録されている別会社によって管理されている。この会社は遠く香港にある会社によって運営されており、さらにその会社も今度はニューヨークにある親会社によって運営されているのである。また、その会社も主要なタックスヘイブンであるデラウェアにある別会社によって管理されており、そしてさらに、その会社もまたデラウェアにある別会社、ＧＳホールディングズGS Holdings（Delaware）L.L.C. IIによって運営されている。そしてその会社もまた、他でもないゴールドマンカンパニーの、つまり２０１０年にはニューヨークシティのバッテリーシティパークにきらびやかなタワーを建設して誰もが知っているあのゴールドマングループの子会社なのだ。ゴールドマン・サックスは２０１２年には約３４０億ドルの総売り上げを出し、３万人近くの社員を雇用している。

この所有の連鎖はゴールドマン・サックスという一つの会社のなかに存在するその他数百もの同様の事例の一つに過ぎない。ゴールドマン・サックス全体は、４，０００以上に分離して世界各地の数多くのオフショアに、散らばった関連会社によって構成されている。そして、こういった会社のいくつかはニューヨークの本社の下で10層にも重なりつつコントロールされている。約3分の1がタックスヘイブンに登録されており、ゴールドマン・サックスの世界地図上では、まるでケイマン諸島は南米より大きく、モーリシャスはアフリカよりも大きい！

本書では、どのようにしてこういったオフショアリングの世界が形成されるようになったのか、そしてその結果どういったことが起きたのかについて検証してゆく。オフショアリングは、とりわけ発展途上国と、約70にも及ぶタックスヘイブン地域の税収の減少という形で、影響を及ぼしている。さらにこのことは、カネや税収の問題だけではなく、製造業、娯楽、エネルギー、廃棄物、二酸化炭素の排出、セキュリティ等々における、オフショア化され、全体ないし一部が人知れず隠される、その他多くのプロセスの問題なのである。これらすべてがある程度においてオフショア化され、「秘密の場所」に置かれている。オフショアへと送られつつ、それらは様々な隠蔽の連鎖へと結びつく。シャクソン Shaxson は、より一般的に言えば「オフショアリングは、今や権力の世界が機能するのに必要不可欠な手法となっている」[6]と主張している。このようなオフショア化された力により支配される世界こそ、本書がベールを剝ぎ取り明らかにしようとするものである。次章ではオフショアリング戦略を簡単な歴史的背景のなかに位置づけようと思う。

国境を越えて

すべての社会は人とモノの運動をともなうが、資本主義社会はそのスケールとインパクトにおいて群を抜いている。これまで多くの社会思想が資本主義の連続的で絶え間ない動きについて説明してきた。[7]1848年にはカール・マルクス Karl Marx とフリードリヒ・エンゲルス Friedrich Engels は、前世紀においてブルジョワジーが先行する世代に比べ、いかにして強大な生産力を得るに至ったのかについて論じている。[8]拡大し続ける市場の必要性によって、ブルジョワジーは瞬く間に、凍結した強制的な関係性を一掃し、世界へと駆り立てられていった。マルクスとエンゲルスが主張したように、固定されたものすべてが、世界の大気中にに溶け出し拡散したのである。資本主義者によって生産された安価な商品は、「中国の長城すべてを叩きつぶした」とも言われ、国家の「一方的独裁体制」を掘り崩し、中国固有の資本主義的イメージにもとづいた社会を創造した。マルクスとエンゲルスは、生産と消費の「コスモポリタンな性格」の拡大を指摘し、古い町や工場が破壊される一方で、新たな町や工場が発展することにより、労働者に対する搾取の問題は、通常「他の場所へと移転される」と書いている[9]。すなわち、資本主義とは移動に関するあらゆるもの、特に資本と労働者の移動に関するものなのである。資本主義社会では経済的、社会的、政治的な活動が絶え間なく加速していく。このあらゆる移動の加速化こそが、特に前世紀最後の四半世紀を発展させたと考えられてきた。多くの学問的もしくは政策的論文は、フロンティアの多くをあずかり知らぬままにしておきながら、いかに人々が加速された生活を生き、経験し、現代がいかに「ボーダレス」になりつつあるのかを強調した[10]。

1990年、大前研一がこのボーダレスな世界を次のように描き出したことはよく知られている。すなわち、「アイディア、個人、発明、産業の自由な流れ……それらと連結した経済の出現は、それら自身とともに、情報の力が、ローカルなコミュニティと、たとえば学問的、専門的、社会的機関、あるいは法人、あるいは個人と接触することによって、国家による支配権の衰退をもたらす[11]」と唱えたことはよく知られている。大前はこのボーダレス社会は自由な経済と社会の成長を生み出すだろう、と楽観的に語る。ボーダレスであるということが新たなビジネスの機会や、外国との関係、距離を跨いだ家族関係、国際理解、情報公開の拡大、またさらなる富をつくりだすのだという。

1年間に100以上の研究がグローバル化の影響や働きについて記録を残している。概して経済、金融、メディア、移民、観光、政治、家族生活、友人関係、環境、インターネット等が、徐々に国ごとに構造化されることはなくなり、急速に地球を股にかけて組織化されるようになったといわれている[12]。また、いくつかの分析では、貿易の自由主義化、生産の国際化、消費のグローバル化、輸出入やコミュニケーション手段にかかるコストの減少、そして投資の国際化による、地球規模の相互作用密度の高まりについて強調されている。グローバルな法人は、特定の場所や労働力、または社会への長期の関与を減じつつ、世界規模の基盤の上で、行われることが可能となったように思われていた。

他の研究では、国際的なインフラが世界中のあらゆる場所や人々をつないでいるということについて詳しく論じられていた。さらに進んだ分析にもとづく議論では、「グローバル」とは、情報や、イメージ、人、そしてカネの自由な流れに対する国家内での制限を崩すパワフルなアクターによってもたらされる影響とセットであるという視点がより強調されていた。ここで語られる「グローバル」とは、法と制限をつくって維持している「古くさい」国民国家の力に異議を唱える大前のような、自由市場のコンサルタントによる作文と行為を通してパフォームされる何かなのである[13]。

総じて、他の場所から訪れるこれら様々な人やモノのフローを受け入れることと同様に、様々な人やモノが移動することは良いことだと思われてきた。多くのアナリストは、流動性が、社会や場所、人を国際化する新しい考えや情報や人を通して、社会が再活性化し、そのことによって社会や場所や人々がより「コスモポリタン」なものになると信じてきた。古くさい構造は融解すると考えられたのである[14]。社会理論家のバウマン Bauman はこういったプロセスを、より強固で安定していた古い近代性と対比させて、「リキッド・モダニティ」の構成要素と理論づけた[15]。

このような流動的なグローバル秩序が進展してゆくなか、大前がボーダレス化の概念を分析し賞揚していたことから分かるように、１９９０年前後において一群のシステムの変革が起こっていた。第一に、情報テクノロジーの発展や埋め込みに失敗したことなどにより、ソヴィエト共産主義がほぼ一夜にして消滅した。特に、１９８９年のベルリンの壁の崩壊に続き、情報、人、資本のフローに対する多くの重要な障壁がヨーロッパ中で崩壊した。これにともなって、ソヴィエトのブロックにあったいくつかの国々は欧州連合に加盟することになった。そして、その欧州連合は、移動に対する多くの障壁を減じることを目的としていた。

第二に、国際ニュースをレポートするための新しいシステムが発展した。１９９１年に起きた第一次湾岸戦争は24時間のリアルタイム放送が世界中に発信されるようになってから初めての大きな出来事だった。それは、戦争、テロリストの残虐行為、スポーツイベント、コンサート、有名人のスキャンダルなど、多くの大イベントを映し出す「グローバルなステージ／スクリーン」を生みだした。これらはよりメディア化され、可視化され、はっきりと共有されるようになった。また、新たなソーシャルメディアが、世界中を席巻し、「どこか別の場所」から届く、情報や噂の性格と有効期限を変容させた。

第三に、１９８０年代後半、多くの大手金融市場が、どこからでも24時間アクセス可能なオンラインのリアルタイムでの取引に移行した。このますますグローバル化する電子的金融取引のシステムは、高頻度のコンピュータ上の取引を多くともなって、金融をはじめとする様々な市場において、激しいスピードと、ボラティリティ（訳者注：価格の変動性、不安定性）をもたらした。[16]

最後に、１９８９年から１９９１年のあいだにワールド・ワイド・ウェブ（World Wide Web）がティム・バーナーズ＝リー Tim Berners - Lee によって「発明」された。また、彼はＨＴＭＬ（hypertext markup language）とＨＴＴＰ（HyperText Transfer Protocol）とＵＲＬ・ＵＲＬ・Ｓ（Universal Resource Locators）を定義した。ウェブは当初、理系のコミュニティにおいて拡大するコミュニケーションのニーズから広がった。しかし、すぐさまそれは数え切れないほどのヴァーチャルな世界に拡散しはじめ、経済生活、社会生活を変容させた。インターネットの特徴は、情報が歴史的に位置づけられ、保存され、仕分け整理された国境を無視して、リンクからリンクへ、人から人へ、会社から会社へとほとんどシームレスにジャンプするということにある。[17]

　こういった一連の変化の事象は「西側」に集中し、オープンに進展する未来に関する１９９０年代の「グローバル化の楽観主義」を生み出した。エコノミストのスティグリッツ Stiglitz はそういった時世を「狂騒の90年代（rollinng [ninety]-nineties）[18]」という言葉で表現した。冷戦に「勝利」した西側諸国は、他の国々をも、自分たちの、グローバルで、消費主義的な、そしてボーダレスなイメージで塗りかえようと開始した。広大な品揃えの食品、製品、場所、サービス、友人、家族、経験が、ある程度の収入のある人々なら入手可能になった。このボーダレスとなったグローバル社会の中心近辺で生活をし、働き、消費をする多くの人々にとって、世界は正に「開かれた」なものとなり、彼らに溢れんばかりの選択を与えた。

　さらに、この開かれた世界は引く続くアメリカのグローバル支配を通して上手く続いていたように見られていた。１９９０年代のあいだずっと、アメリカ新世紀プロジェクト（PNAC）は進展し、その過程には２０００年から２００８年までのブッシュ政権時代に高官の地位に就いたたくさんの人物が関わっていた。アメリカとその同盟国が、石油やその関連資源を十分手に入れることができ、そうすることによって、「西側」による「自由」の世界的拡大に反対する諸勢力の増長を確実に防止し、アメリカの一国支配の永続を確立してゆくことをこのプロジェクトは狙ったものであった。

だからといって、注意しなくてはいけないのは、この１９９０年代のグローバル化の10年間が結局のところ、永続する楽観的でボーダレスな未来の予兆となったわけではないことである。それよりも、１９９０年代は、不吉な終末の予見とある種結びついた、猛烈な浪費と退廃の世紀末（*fin de siècle*）のような様相を呈していたのだ。そしてこの終末は２００１年9月11日のニューヨーク世界貿易センタービルのツインタワーへの劇的な攻撃とともに早々とやって来た。このことは、24時間グローバルメディアによってリアルタイムで衆目に晒され、激しくドラマチックなイメージを生み出した。

退廃的な「狂騒の90年代」の結末は、この新しい世紀に向けた様々な黙示録的ヴィジョンを生み出した。これまでとは異なるアカデミックで政治的な議題が進展し、これらの液状化する過程のダークサイドに数多くの焦点が当てられ、そこには環境問題から帰結する社会のまさに「崩壊」の可能性が含まれていた。ローマやマヤやソヴィエトのようなかつての大文明が崩壊したように、西側文明もまた、自分自身が展開する矛盾によって同様な運命に陥るかもしれないと、様々な分析から議論がなされた[19]。

このダークなアジェンダは過去10年間に出版された何冊かのバウマンの本に描かれていた。そこには、プロセスやフローによって特徴づけられたリキッド・モダニティから帰結する「間接的なダメージ」が述べられていた。[20] 彼の著作は、他の学者の著作と同じように、国境を越えて移動するのは、消費財や、新しい経験や娯楽のためのサービスだけではないことを明らかにしている。これらには同時に、環境リスクやテロリストや人身売買される女性や、ドラッグの運び屋、国際犯罪、アウトソーシングされた仕事、奴隷商人、密輸品、不法労働、CO_2の排出、石油流出、非課税収入、庇護申請者、投資家、金融リスク、ハリケーン等の「負の側面」もともなう。国境喪失と移動にはダークな側面があるのだ。

世紀の折り返し点から今まで、多くのリスクが国境を越えて移動し、そのリスクがまた、さらにパワフルで人を脅かすリスクの創造に燃料を投下し、そしてこれらの現実の、あるいは想像上のリスクが、さらにそれらを監視し規制するための新しい「セキュリティ」のシステムをつくりだし、正当化していることが明らかになってきた。[21] これらのリスクの多くが実際どれほど深刻なものなのか、それゆえに何が適切な危機への対応なのかを知るのは難しい。２０１２年のオリンピックのためにロンドンは、あらゆる不測の事態に備えるために、地対空ミサイルによって守られた、航空機立ち入り禁止区域のあるセキュリティの要塞と化した。ロンドンでは、アフガニスタンで戦闘があったときよりも、もっと多くの英国人を巻き込んだセキュリティ作戦によって、「安全」がつくりだされた。

オフショアリング

先述の通り、多くの経済、社会、政治の重要な側面は移動、移転、そして隠匿を孕むということが次第に明らかとなってきた。その運動は、国境を越えて拡大する開かれた運動の一般的なプロセスというよりは、しばしば人目に付かない、手の込んだ形の秘匿をともなうものである。ボーダレスな世界は新たな障壁と新たな秘密をつくりだしている。障壁は頻繁に創造され、警備、監視されている。本書では国境を越え、加速化された移動の世界が、いかに秘密と、時には嘘に満ち溢れた世界であるのかを描き出す。

グローバルな権力と支配を再構築するようなオフショア世界が全面的に広がりはじめたのである。本書では、このようなオフショアリングの営為を解体し、構成されつつあるオフショア世界を検証する。オフショアリングの分析によって、一国の領地から他へ領地へと移動する資源、営為、人やカネの動きを検証し、さらにそれらがいかに公共および公共の権威の視界から、完全に、あるいは部分的に隠されてきたのかを明らかにする。そのようなオフショアは通常、三つの点の一つ、あるいはそれ以上にわたる規則破りをともなっている。単純に法律違反（脱税）という方法で規則や規制を逃れているということもある。あるいは、たとえ法規上は「合法」（租税の回避）だとしても、法の精神に反しているものもある。また、ある法域では法を蝕みつつ、他の法域のなかではそれがまかり通ってしまう（多くは海運を使ったやり方なような）法の使い方もある。オフショア化の重要な点は、特定の規制のセット外で、しばしば「国家権力外」で、活動がなされていることであり、それらには以上のような異なった形の脱法行為を組み合わせたものも含まれている。

オフショアリングの営為は、秘密というものが存在しない「黄金の時代」がかつてあったとはいわないにしても、現代のモビリティが持っている様々な「ポスト国家」のシステムによって可能となったものである。これらのシステムには、コンテナをベースにした海上輸送システム、大規模な航空輸送、無数のヴァーチャル世界、車とトラックの交通、電子的な現金移送システム、特定の国の規制のシステムを巧みに逃れる金融の専門技術、そして国境を跨いで頻繁に合法的、非合法的に移動することによって生まれ増殖する「モバイルライブズ」が含まれる。このようなシステムはそれぞれ、モビリティと非モビリティの組み合わせを必然的にともなっている。大方のシステムの中心は、情報、カネ、取引、イメージ、接続、そしてモノを、物理的にだけではなくデジタルに、しばしば陰に隠れた経路をとおって、移動させることを可能にする、非局在化したヴァーチャルな環境である。ヴァーチャルな環境こそは、過去20〜30年間の特徴となった、生産、消費および人のオフショアリングと非局在化の要諦なのである。

特に、ジル Gill が述べるように、いかにこの世界において、移動する投資に対する至高の利益を確立するために、姿を変え支配力を強める「移動する投資家が最大の政治的課題」になっていることか。[22] あるいは、パネン Panen が議論するように、オフショアの世界とは、「外国人が、現地の住民に対して有利な立場を与えられている」[23] ことなのである。これらのオフショア世界は全面化しつつあるものであり、偶発的なものでもなければ、付随的なものでもなく――ウォーレン・バフェットによれば、階級闘争におけるある戦術の一部なのである。実際に、富裕層が、「本来的な階級」としてよりも、「自らのためにつくりあげた階級」として、際立って国際的階級となったまさにその手段として、我々はオフショアリングを見ようと思う。[24]

「オフショアリング」の諸過程は、単に海外の資源に頼っているだけのものから、オンショアでありながらオフショアの状態を享受しつつ、そのことが隠匿され得るものへ、さらに文字どおり海の彼方、地平線の彼方へ、秘密でしばしば非合法なものへと広がっている。オフショアリングは現代社会に一般化した原理となり、何がオンショアで何がオフショアなのか明確な線引きが不可能である。実際に、オフショアリングの世界は現代社会の生活の多くにおいて屈折した特徴となっている。オフショアリングの世界は動的なものであり、諸社会間と諸社会内における経済、社会、および政治と物的な諸関係を再編成している。それは、人々が、そして国家が、資源や人や営為やカネは秘密にすることができ、あるいは秘密のまま保つことができ、そうすることによって莫大な利益が生まれるということを知っているからである。そこで儲けようとすれば、オフショア化された世界を可能にする制度的装置を強化する道へと向かう。

権力を持った「オンショア」の社会にしばしば寄生しつつ、秘密のフローと法域の交差上に成立し、専門化されかつ相互に結びついた、「オフショア社会」として実際に発展している社会が存在している。本書が検証するのは、そのような社会、すなわち、そこから資源が消失してしまったり、秘密の経路をとおって人間や資源がどこか他所からやって来る社会の仕組みについてである。現代の世界におけるすべての社会は、パワフルなオフショアリングの諸関係によって変形させられている。

この新しい秩序は、多重の隠匿の秩序の一つであり、数多くの秘密といくつかの嘘の秩序である。オフショアリングは「民主主義」を侵食し、より一般的には、社会内のそして社会間の公正さを持った諸国家を腐食させる。それは、CO_2放出量の増加率をスローダウンさせることを不可能にするだけでなく、ある種の制度の売買を生み出すことにつながる。CO_2放出量の削減が、責任を持った国家と企業と公共のあいだに分け持たれ、開かれたグローバルな同意を前提としているにもかかわらず、このことは生じているのである。

さらに、現在、ある人々の生活は部分的にオフショア化している。ガダフィーのリビヤ崩壊前のサイフ・ガダフィ Saif Gaddafi（訳者注：ガダフィ大佐の息子）は典型的なオフショア化した人間だったと、ランシマン Runciman はほのめかしている。彼はロンドンに住んでいたのであるが、世界中にオフショア化した会社、慈善施設、住宅、友人、縁故を持っていた。彼は、英領バージン諸島を含む秘密租税回避のための所有権手配を経由して資産を買っていた。ガダフィは「まさにオフショア世界に住んでいるオフショア野郎」であり、他のたくさんの「オフショア野郎」とつるんでいた[25]。

その他、これとは異なるオフショア人間のなかには、勾留施設から勾留施設へと、あるいは登記のない船から登記のない船へとエンドレスに、きちんとした住み処もなく、あちこちに移動させられる貧しい個人や家族がいる。このようなオフショア化された人々は、自分たちの好きな国民国家に滞在し、市民として活動する権利を持つことが許されない。実際に、文字通り無国籍とならざるを得ない人たちがいるのである。

オフショアリングの議論

本書は、現在におけるオフショア化される過程の大きさとそのプロセスの重要性とともに、とりわけオフショア化がいかに階級闘争の一つの戦略であるのかということを明らかにする。次の章では、社会科学ではあまり探求されていない社会内部における秘密の性格について考えたい。この議論は、秘密と権力が大方社会のなかで絡み合っているにもかかわらず、ほとんど探求されていないからである。私はまずゲオルク・ジンメル Georg Simmel の貢献について検討したい。彼は「貨幣経済」の成長は新しいレベルの「意識的に行われた隠匿」、すなわち秘密を生じさせると主張している（訳者注：『ジンメル社会学上巻』白水社、第5章 pp. 350-417）。私は、特にメディアとスキャンダルの役割をとおして、市民と権力者のあいだにおける新しい種類の可視性を、現代社会がいかに持つに至ったのか検証する。しかしながら、これらの発展は、逆に社会における権力者のための「逃げ道」と「秘密」の重要性も促してきた。この章の結びでは、新自由主義が１９８０年代に立ち上がり発展してきた言説や実践のセットであり、このことが数多くのオフショア化された秘密の世界を出現させるための前提条件であることを説明しよう。

次の章から先は、オフショアリングの数異なる要素と形態について掘り下げる。第3章では生産と仕事について検討する。このことは、オフショア世界が公共政策とメディアのなかでどのような問題にしばしば直面するかについてである。特に、重要になってきているのは、多くの製造労働、とりわけ国家の法や規制、そして労働組合によってほとんど守られていない「フリーゾーン」内にある製造労働である。商品はますます多くオフショアで製造され、その後消費地に至るまで何千マイルも運ばれ、国内生産を蝕む。この過程にはすべて、世界にあまねく広がり、巨大なコンテナ船での大量輸送をともなうような、高度に入り組んだ分業が含まれている。私はここで、付加造形（訳者注：積層造形ともいう）(additive manufacturing)、すなわち「３Dプリンティング」が及ぼす効果について簡単に考察する。

続く第4章では、オフショアリングに関して注目されている問題のなかでも二番目に大きな公共問題へと移る。これはタックスヘイブンを経由する金融や富の移動の広大なスケールとインパクトの問題である。このようなオフショアリングは、合法の、あるいは非合法のカネが信じがたい電子的な早さで世界中に重なり合って動き回り、一定の期間オフショアに置かれることを前提としている。世界経済の金融化（financialization）は「脱」税が容易な場所の発展と完全に絡み合ってきている。タックスヘイブンの隠れ蓑の重要性については、前世紀のあいだにもっとも上手くこうした隠れ蓑に成功したスイスの事例の分析を取り上げる。そしてさらに、多くの政治的議題に金融のオフショアリング問題を位置づけることになった、税に関する新しいポリティクスが存在することも示される。収入や富のオフショアリングは打って変わって、以下に議論するその他ほとんどのオフショアリングの形態と結びついている。

第5章では、余暇や娯楽、特に「セックス、ドラッグ、ロックンロール」の「娯楽」が、どれほど多くオフショアで繰り広げられているのか検証する。それらのいくつかは非合法（未成年者等とのセックス）、あるいは「自国では」規範的に認められないもの（ギャンブル）である。これらのオフショアの場所はしばしば租税の回避が行われている場所でもある。多くの人々は快楽や自由への旅の誘惑にとりつかれ、そうすることによって、地元近隣のなかに生きる人々の非難から逃げている。このことは、近隣を生きる人々の生活から「近隣を超えた」生活経験へという、現代社会における変化を反映している。この章では、多くのスポーツとその所有権のオフショアリングについても考察する。

第6章では、エネルギーがいかにオフショア化されつつあるのかについて考察する。長い時間をかけてエネルギーの形態は、ローカルな脱中心化されたものから、文字通り金融的にそして隠喩的にオフショア化されたものへと変化してきた。このことは、ここで検証した他のオフショアリングのプロセスとしばしば内的に結びついている。石油のような移送可能なエネルギー資源へのシフトは、どの社会をも、よりオフショア化されやすいものにしていった。現代社会のほとんどすべてがオフショア化されたエネルギーに頼っている。エネルギーの移動、極地からのエネルギー、エネルギーの金融化を逆転させることがいかに難しいかについても示される。さらに、他の領域におけるオフショアリングの多くの過程そのものが、移送可能なエネルギー資源——特に限りある資源である石油に、すなわち人やものをオフショアへと運ぶエネルギーの供給のために石油の極端な重要性に依存している。

第7章では、グローバルに展開する廃棄物処理業の形態と実態へと注目が向けられる。現代社会が、いかに製品や場所へと向けて設計された廃棄の現場であるかが示される。結果的に、巨大なスケールの廃棄物が生まれ、それが次第にオフショア化される。とりわけ、危険な廃棄物が法的規制体制をあまり持たないような社会に輸出されている。そのような社会のなかには、廃船やコンピュータまでに及ぶ世界中の廃棄物の取引で、経済学者が「比較優位」と呼ぶものを発展させてきた所もある。様々な国々、特に中国へと製造業を輸出するということは、製造された製品が買われ、使われ、消費される場所から遠く離れた場所へと、CO_2の放出も輸出されるという結果を生む。生産する諸社会から、消費する諸社会へと、このような放出の責任を再割り当てする複雑なポリティクスについて端的に分析する。

続く第8章は、セキュリティのオフショアリングについて検討する。戦争の指揮や囚人の尋問や機密の抜き取りにまで及ぶ、現代における多くのセキュリティが、特定社会内の管理や法的規制から遠く離れた見えないところで運営されている。これらの活動は、機密情報機関に指揮され、とりわけ誰が味方で誰が敵かを決定することを求めている。ますます多くの人々が移動途上にあるので、したがって誰が現在味方であり、誰が味方であり続けるのかを決定することは、ますます単純な問題ではなくなりつつある。それでも、今日の政治は、「彼らと私たち」の、すなわち敵か味方かの二分法に頼っている。私は、「(囚人の)特別海外引き渡し(extraordinary rendition)」の分析へと進む。これは工場規模における拷問のオフショアリングを可能にするものだからである。さらに、小型化された武器の新しい形態、特にドローンは、自分自身の側がまったく前線に置かれてないにもかかわらず、いかにセキュリティのオフショア化を可能にするのかについても、分析を用意している。

第9章では、海洋について検討する。そこでは、約4分の3が水で覆われている地球の表面の分析に再び焦点を当てることを試みる。あるオフショア化する世界は特に様々な水の世界、海中にある力、そして海洋そのものの力に依存している。大陸から離れた移動の中心は多くの水の世界である。海洋では、数多くの規則や規制が回避される。すなわち、海洋は文字通り、そして隠喩的に、水平線を超え視野の向こうに広がる。多くは目に見えず、国家の視野の外側、法的強制と規制の外側に存在する。無法地帯である海は、海賊や、沈没物や、不可解な死や、規制撤廃や、徹底したコストの回避へと向かう競争からなる。ここでは、海洋が、そして特に海洋から生まれた緩慢に移動する交通システムが、最小規模での国家帰属や規制の最小限化を旗印にした、オフショア化された新自由主義のいかに一つのモデルとなっているのか、その様子が示される。

最終章では秘密の中心的役割を果たしているものや、支配的なグローバル階級の再編と「民主主義的手続き回避」のための逃げ道について具体的に示す。多くの「オフショア社会」は非民主的である。多くがオフショアに移動し――視界から隠され、法的には守られていて、民主的監視やコントロールや規制の可能性の対象からは逃れている。このようなオフショア世界は民主主義にとって有害である。さらにオフショア化は、未来の低炭素化に向けて出力を下げることを妨害することによって、グローバルな気候変化に対する効果的なアクションを阻害している。

したがって、この章では、民主主義的コントロールの再確立に向けて脱オフショア化（onshoring）する、あるいはオフショアの流れを逆転させる（reshoring）根源的なプログラムを打ち立てることを試みる。民主主義は「ホーム」に戻す諸活動を必要としている。私はこのことを成し遂げることがいかに可能か、その測定の範囲を検証したい。さらに、私は将来の石油不足や、さらなる異常気象がもたらす出来事が、オフショア世界に緩慢な、いやそれ以上に、突然の終末をもたらすといった高炭素コストを、オフショアリングが内包しているかどうかについて考察する。このような秘密の世界はまだ完全に確立されたものではないがゆえに、これらが永遠に続くわけではない。

以上のことはオルタナティヴとして可能である。なぜならば、まだ私たちの目の前には現れてきていないかもしれないが、21世紀は「究極のオフショアリング」の時代となる可能性があると、様々なディストピア的未来予想が私たちに警告を与えてくれるからである。「究極のオフショアリング」が現実のものとなれば、それは民主主義にとっても、実現可能な脱炭素世界へ向けて移行する可能性にとっても、暗い結末をもたらすであろう。

本書のなかで描かれている、このオフショア世界のコストは、きわめて高いものである。ブリテェイン＝キャトリン Brittain-Catlin は次のように要約している。この秘密にされた領域で、いかに「ネガティヴかつ暗い精神が……今日、オフショア世界に、秘密の麻薬吸引器のネットワークに、そして隠れた営為へと広がり、その結果、このことが世界経済に非常に密接につながっている」のだろうか。[26] オフショアリングは「グローバリゼーション」の理論に対して、現代世界の作用についての今までとは異なった理論を示してくれる。それは、「富裕層」が世界を彼らの利害の元につくり変えるために、回避、脱法、無責任、そして秘密を持つに至ったことを強調する理論なのである。

注

1 Paul B. Farrell, 'Rich class fighting 99%, winning big-time', www.marketwatch.com/story/rich-class-beating-99-to-a-pulp-2011-11-01（２０１３年7月28日閲覧）.

2 https://www.actionaid.org.uk/news-and-views/ftse100s-tax-haven-habit-shows-need-to-tackle-a-hidden-obstacle-in-the-fight-against（２０１３年7月22日閲覧）および、www.guardian.co.uk/news/datablog/2013/may/12/ftse-100-use-tax-havens-full-list（2013年5月13日閲覧）.

3 Nicholas Shaxson, *Treasure Islands* (London: Bodley Head, 2011).（＝藤井浩美訳、２０１２『タックスヘイブンの闇――世界の富は盗まれている』朝日新聞出版）

4　http://en.wikipedia.org/wiki/Leona_Helmsley（２０１２年４月30日閲覧）.

5　http://opencorporates.com/viz/financial/（２０１３年７月22日閲覧）参照。

6　Shaxson, *Treasure Islands*, pp. 7-8.（＝『タックスヘイブンの闇』, p.16.）

7　Marshall Berman の古典的研究、*All that is Solid Melts into Air*(London: Verso, 1983) 参照。

8　Karl Marx and Friedrich Engels, *The Manifesto of the Communist Party* (Moscow: Foreign Languages, [1848] 1952), pp. 54-5.（＝大内兵衛・向坂逸郎訳、１９７１『共産党宣言』岩波書店、pp. 45-46.）

9　資本主義と変わりゆく地理学については David Harvey, *The Enigma of Capital and the Crises of Capitalism* (London: Profile, 2011).（＝森田成也・大屋定晴・中村好孝・新井田智幸訳、２０１２『資本の〈謎〉——世界金融恐慌と21世紀資本主義』作品社）

10　Hartmut Rosa and William E. Scheuerman (eds), *High-Speed Society* (University Park: Pennsylvania State University Press, 2009).

11　Kenichi Ohmae, *The Borderless World* (London: Collins, 1990), p. 269.（＝大前研一、１９９０『ボーダレスワールド』プレジデント社、p. 348.）

12　www.polity.co.uk/global/whatis globalization.asp（２０１３年２月10日閲覧）にリストされてある資料と本を参照。

13　様々なグローバル分析にもとづく John Urry, *Global Complexity* (Cambridge: Polity, 2003)（＝吉原直樹監訳・伊藤嘉高・板倉有紀訳、２０１４『グローバルな複雑性』法政大学出版局）参照。

14　Ulrich Beck, *Cosmopolitan Vision* (Cambridge: Polity, 2006) および、Bron Szerszynski and John Urry, 'Visuality, mobility and the cosmopolitan: inhabiting the world from afar', *British Journal of Sociology*, 57 (2006): 113-32.

15　Zygmunt Bauman, *Liquid Modernity* (Cambridge: Polity, 2000)（＝森田典正訳、２００１『リキッド・モダニティ：液状化する社会』大月書店）

16 Robert Holton, ***Global Finance*** (London: Routledge, 2012).

17 Manuel Castells (ed.), ***The Network Society*** (Cheltenham: Edward Elgar, 2004) および、***Communication Power*** (Oxford: Oxford University Press, 2009).

18 Joseph Stiglitz, ***Making Globalization Work*** (Harmondsworth: Penguin, 2007).

19 英国で出版された差し迫る破滅を暗示する最初の作品は、王立協会の代表であるMartin Reesによって書かれている。Martin Rees, ***Our Final Century*** (London: Arrow, 2003)（＝堤千恵子訳、２００７『今世紀で人類は終わる？』草思社）参照。Jared Diamond's の ***Collapse*** (London: Penguin, ［２００５］２０１１)（＝楡井浩一訳、２０１２『文明崩壊：滅亡と存続の命運を分けるもの（上）（下）』草思社）は、社会がどのように、そしてなぜ、壊れたり消滅したりするのかを明らかにした。

20 たとえば、Zygmunt Bauman, ***Liquid Love*** (Cambridge: Polity, 2003) および、Zygmunt Bauman, ***Collateral Damage: Social Inequalities in a Global Age*** (Cambridge: Polity, 2011)（＝伊藤茂訳、２０１１『コラテラル・ダメージ――グローバル時代の巻き添え被害』青土社）および、Zygmunt Bauman and David Lyon, ***Liquid Surveillance: A Conversation*** (Cambridge: Polity, 2012)（＝伊藤茂訳、２０１３『私たちがすすんで監視し、監視されるこの世界について』青土社）参照。

21 Ulrich Beck の古典, ***The Risk Society*** (London: Sage, 1992).（＝東廉・伊藤美登里訳、１９９８『危険社会――新しい近代への道』法政大学出版局）参照。

22 Stephen Gill, 'New constitutionalism, democratization and global political economy', ***Pacific Review***, 10 (1998): 23–38, at p. 25.

23 Ronen Palan, ***The Offshore World*** (Ithaca, NY: Cornell University Press, 2006), p. xviii および pp. 158–9.

24 この区別はマルクスの歴史的著作のなかでなされている。

25　David Runciman, 'Didn't they notice?', *London Review of Books*, 14 April 2011, pp. 20–3, at p. 20.

26　William Brittain-Catlin, *Offshore: The Dark Side of the Global Economy* (New York: Picador, 2005), p. 118.（＝森谷博之監修、船見侑生・長坂陽子訳、２００７『秘密の国　オフショア市場』東洋経済新報社）

第2章 秘密

ジンメルの秘密論

オフショアリングを分析するには、先述した「否定的で暗黒の精神」、とりわけ社会生活において秘密が果たす役割を明らかにすることが必要である。この点について、まずは社会学者ゲオルグ・ジンメルGeorg Simmelを取り上げよう。1世紀前、ジンメルはあらゆる社会関係は「人々が互いについて何かを知っているという前提」にもとづいていると述べた。[1] 社会生活は、人々が相互に期待し得る物事について情報を交換し、その情報を何とかやりくりする仕方にかかっている。情報交換は社会生活にとっての鍵であり、そこではたいてい透明性が望ましいとされている。

ジンメルは、小規模な社会では人々は互いに似通っており、貨幣経済もほとんど発達していないため、秘密は相対的に少なかったと考えた。ところが、「近代の文明社会」はもっと多様な構想にもとづいている。人々は多様であるため、秘密が必要になる。つまり、人々のあいだには「相互の秘匿」がなければならない。[2] 彼らは他者のあいだを生きるための知恵を必要とした。しかし、そのような知恵はきわめて貴重であり、時にはあまりにも危険であるため、誰かについて知られている事柄は「改ざん」されなければならない。社会的な情報交換について理解するためには、人々は何が隠されているのかを見抜き、隠されておくべきものを覆い隠し、他人から差しだされる余計な情報を退けなければならないのである。

ジンメルによれば、貨幣経済が新たな水準の秘密、つまり「意識的に意図された隠蔽」を生みだしている。[3]貨幣は多くのやり取りを「不可視化」し、人々は物の所有における購入や販売、取得や交換を隠す。貨幣経済を通してとりわけ三つの秘密が可能になる。第一に、いつの間にか転がり込んできたり、やり取りの際にはほとんど誰にも気づかれずに行われたりするような些細な取引を通して、人は裕福になる。第二に、譲渡は隠蔽され、「価値が単にはっきり把握できる広がりを持つ客体としてのみ所有され得るかぎり不可能な仕方によって衆人環視から遠ざけられる」。そして第三に、距離の拡大とともに、「もっとも身近な隣人たちの目からすっかり」隠されたまま、価値の変化が起こる。貨幣経済は取引の規模と効果を秘密裏に向上させる。貨幣の力は、秘密を守るために他人の沈黙を購入することをも可能にする。

ジンメルは卓見なことに、これらの秘匿は「外貨の取引」や「企業の金融操作」を隠すための対策において、ますます顕著になり重要であると強調した。外貨や外国の企業が関わるやり取りにおいて特に、秘密の取引が貨幣経済にとって中心的なものになる。

したがって、ジンメルは近代社会が高い次元の秘密を許容するとともに必要とすると考えた。フリーメーソンの支部（masonic lodge）のような秘密結社ではこのことが特にあてはまり、そこでは秘密を維持する必要性を通して社会が統合される。秘密結社にとっては成員間相互の信頼関係が不可欠である。それは、沈黙を教えることはもとより、通過儀礼をはじめ、沈黙をてなずける数々の手法を通して、部分的に形成されていく。ジンメルによれば、秘密の取引によって人々は同意を得やすくなる。[4]ジンメルの時代、資本主義はこのような秘密社会の事例を数多く目撃した。本書では「秘密結社」の別の例を取り上げる。それは今や国を越えて分布しており、広範に広がる金融や政策の取引に関わっている。

このように、ジンメルにとっては、秘密とは秘匿と暴露があわさったものであった。それは境界を定め、その障壁をゴシップや告白とともに破壊する衝動をもたらす。貨幣経済の進展によって、秘匿と不可視の新たな形式が発展するのだ。

秘密が持つ力

多くの社会において、歴史的に秘密は権力関係の鍵となる特徴であった。[5]王族たちはたいてい、18世紀フランスのヴェルサイユ宮殿や中国の紫禁城のような城や宮殿や要塞といった秘密の世界に暮らした。皇帝や君主とその家族たちの生活は秘密にされた。君主／皇帝は宮廷では可視化されていたものの、より広範な社会においては多かれ少なかれ不可視のままであった。支配者とその家族たちのふるまいは多くの場合社会的な規範から逸脱してはいたものの、このような秘密によってかえって彼らは謎めいた特徴を帯びたのであった。

いくつかの社会では、君主や皇帝による不定期の行進や「巡行」が領土内で行われた。君主が乗り物に乗って通り過ぎていくのをかいま見ながら、臣民たちは共同体へと取り込まれていった。ヨーロッパの帝国は、次第に「ロイヤルツアー（royal tours）」を催行するようになった。そこでは、植民地の臣民たちは、みすぼらしい彼らの好奇の目を避けて宮殿や城に戻ろうとする帝国の支配者をつかのま見ることができた。通り過ぎる君主を臣民たちが一瞥することは、王室にとって悩ましい問題であった。

市民権の近代的な形態は、市民と国家のあいだ、および市民どうしの相互の可視化にもとづいている。ギリシアの都市国家以来、市民権は相互行為をともなっており、そこでは個人が公共劇場において互いに現前し、模範的な行為を行ったり心に留めたりしていた。市民権をこのように理解し実践することは、特に18世紀のヨーロッパにおいて顕著になった。そこでは、コーヒーハウスやサロンのような新しい社会空間がもたらされ、新たな（男性の）ブルジョワジーが、その時代の政治的かつ社会的な問題について議論する平等な存在として顔を合わせた。

特に近代のリベラルな民主主義は、行為の透明性や可視性を前提にしている。コミュニケーションは書かれたものや印刷物から音声、映画、テレビ、デジタルメディアやソーシャルメディアへと広がっていった。コミュニケーションのこのような変容は、秘密の規模や重大性を大きく変えた。そこには様々な変化があらわれた。

まず、新しい技術はクオルキュレーション（qualculation）（訳者注：ナイジェル・スリフトの造語）と呼ばれるものを通して市民を新たに管理し、監視することを可能にする。それは、住民——特に移動している住民や、ある特定の場所で買い物や余暇やドライブなどの活動を行っている住民――についての抽象的で数値的な情報をほぼ一瞬にして集め、整序する。移動中は特にそうなのだが、市民を並び替え、分類し、地図化し、監視するアルゴリズムを通して、私的な活動は自動的にオープンな状態にさらされる。[6]

二点目として、近代的な市民権は、弱者を見るだけでなく権力者を見ることにも関わっている。これは様々な方法で行われる。新聞を読んだりYouTubeを見たりすることで、権力者は視線にさらされる。スポーツや政治などのお定まりのイベントや、災害や救助や死などの予期せぬ出来事に同席する際、彼らは視線を浴びることになる。そこでは、「権力者たち」は国家や集団の危機に際して哀れみや同情を、もしくはスキャンダラスなふるまいや過剰さを示すことになる。暴露の瞬間はたいてい、権力者やその敬虔な助言者によって長らく隠され、少なくとも操作されてきたのだが、今や多くが白日の下にさらされている。

スキャンダルという三つ目の要素から、暴露がもたらす恐怖が生まれる。[7] 会社や国家において権力者が占める指導的役割は、努力によって得た信頼にもとづいている。しかし、スキャンダルにさらされた人がいうように、「名声」をつくりあげるには長い年月が必要だが、「世界は一夜にして崩れ去った」ということになる。スキャンダルは彼らやその不幸な友人や家族を「台無し」にし、私的で逸脱的な行為が公衆の面前にさらされる。ここにはたいてい多様なメディアが関わっており、観察や管理や監視のテクノロジーをますます駆使するこれらのメディアは、しばしば国家の秘密機関の内部で発達してきた（近年ではマードックのニューズ・コーポレーションの例が顕著である）。暴露は、舞台裏や「私的なもの」

を表舞台や「公的なもの」にし、誰一人投獄することなく熱狂をもたらすメディアを生みだす。

さらに、デジタル世界の発展とともに、永遠に「鍵をかけられた」私生活はほとんどイメージできなくなった。行為は「デジタルの痕跡」を残すため、真の秘密はなくなる。くわえて、マスメディアの競争的な性質によって、「ならず者」のささいな行為は何度も何度も再生され、その恥はグローバルに可視化される。ひとたびメディアが「裏舞台」を注視すれば、スキャンダラスなものがますます露わになり可視化される。スキャンダルはすべてを消費し尽くすフローを手にし、不名誉を取り除こうとするいかなる試みもさらなるスキャンダルの要素となり、時としてより大きなスキャンダルにすらなる。

世界中のメディアに依拠したグローバルな監視が行われている今日において、「金融」スキャンダルおよび「権力の濫用」が頻発する。企業や国のブランドを公表し、その活動を世界に向けて発信するような大規模な公的集会などは特に重要である。しばしば金銭の力を用いて買収するか、物理的脅威によって沈黙を強いるなどして、秘密を維持するために鋭意努力を重ねる人々によって、潜在的な暴露の瞬間は全力で遠ざけられている。税にまつわる様々なスキャンダルの性質についてはのちほど検討しよう。

四つ目に、今日のようなグローバルな暴露によるスキャンダルを避けるため、企業はますます「意識的に意図された隠蔽」という新たな障壁を構築する。本書はこのような新たな秘匿のいくつか、特に全体的であれ部分的であれ、組織の主要な活動からオフショアされた秘匿について取り上げる。ジンメルは19世紀の貨幣経済においてすら、いかに秘匿が可能であったかを強調している。しかし、

1980年頃から変化が起こり、権力が新たな道筋をたどって秘密へと逃げ込むことができるようになった。

バウマン Bauman は、現代における階層化の一つの要素は「退出」する権利であると述べている。彼によれば、権力とは「逃避、遅延、省略、回避、領域内における制限の効果的な拒絶」、および潜在的な規制やスキャンダルから「完全なるアクセス不能性」へと逃げ込む可能性のことである[8]。エリートにとって、企業活動の外部調達やオフショアを通してこのような「逃避可能性」の例は様々に存在するのだ。

リチャードソン Richardson、カカバッツィ Kakabadse とカカバッツィ Kakabadse は、謎多きビルダーバーグ・グループが年一回秘密裏に開催する会議においてオフショアされた議論とネットワーク化した実践が持つ影響力について明らかにしている。彼らは、「富裕層」の会合にありがちなオフレコの議論によって、経済エリートと政治エリートのあいだに連接が生まれていると論じた[9]。逃避したり空間的に移動したりするため、エリートたちは「残余」をあとに残して互いの関係性をさらに強める。5章では、エリートたちの強固でしばしば秘密の関係性を強めるようなレジャーや楽しみの場におけるオフショア化された会合がいかに重要であるかについて検討するつもりだ。

ブリテェィン＝キャトリン Brittain-Catlin の総括によれば、現代のブルジョワジーたちはますます囚人のように、秘密のうちに逃れ、痕跡を消し去り、秘密裏にほとんど不可視のままに金を稼ぐ自由を守ろうとしている。現代的なオフショアリングにおいて、「アイデンティティや所有の痕跡を除去するメカニズムを通じて、富は暴露から守られる[10]」。実際、合法的な貨幣と非合法な貨幣とより広範な社会的実践とのあいだには、重なりや関連が多くみられる。ブリテェイン＝キャトリンは「企業の富と個人の富と違法な富」のますます未分化な性質について述べている。[11] オフショアのシステムは、組織化された犯罪や、ホワイトカラーによる金融犯罪、マネーロンダリング、国家資産を台無しにする大統領の不正などが進展するのを覆い隠してしまう。この点は、グローバルな収入と富の編成において略奪と犯罪がいかに重要であるかを明らかにした、グレーバー Graeber の広く知られた主張とパラレルである。彼によれば、貨幣は征服と強要から引きだされるものである。[12]

次に、いわゆる新自由主義について取り上げよう。そこでは、オフショアの多様な実践が、広範な階級闘争の中心的な要素となっている。

新自由主義

1947年、当時（ある意味では今でも）世界で最上位の租税回避地の国であるスイスで、銀行の上級役員がジュネーブにほど近いモンペルランで行われた秘密会議に各分野の学者を招集した。会議は、ベストセラー『隷従への道（*The Road to Serfdom*）』の著者として知られるオーストリアの自由主義経済学者フリードリヒ・ハイエク Friedrich Hayek の指揮のもと、自由主義を再興する目的で組織された。[13] この会議、およびスイス銀行に資金提供を受けたモンペルラン・ソサエティの発展は、アメリカのニューディール政策などの国家介入に対するケインズ主義的な正当化が支配的であった状況に対するグローバルな反撃を開始した。[14] その後もさらに多くの秘密会議を通して、ケインズ主義を破棄するための闘いが組織された。

彼らはジョン・メイナード・ケインズ John Maynard Keynes を激しく憎んだ。ケインズの主張は、1929年の大恐慌とそれに続く1930年代の経済不況にともなって、ますます影響力を強めていった。これらの悲惨な出来事は、税による国家歳出の供給、国家計画のシステム、特定の個人や企業の利害関心から国家の利害関心を切り分けるという美徳に対する信念を強固にした。経済システムは、失業や経済不況を自ら軌道修正するものではないと信じられていた。ケインズが指摘した通り、「もし経済学者が、嵐が吹きすさぶ季節に、嵐が過ぎ去ったなら海は再び平穏であるとしか述べないとすれば、彼らはあまりにも安易であり、その仕事はあまりにも無益である」[15]。1930年代には大荒れの季節がたびたび到来し、海が簡単に平穏を取り戻すことなどなかった。ケインズによれば、経済は自己を規制することも、自動的に平衡を保つこともないのだ。

1947年、モンペルランの運命的な秘密会議に一人の男があらわれた。ミルトン・フリードマン Milton Friedman である。彼は新自由主義として広く知られるようになるものを次第に発展させていった一人である。1970年代以降、新自由主義は経済政策や社会政策や実践における支配的でグローバルな定説となり、ケインズ主義に対抗する闘争を組織するために設立されたモンペルラン・ソサエティが先鞭をつけた考えを発展させていった[16]。新自由主義の教義と実践は、フリードマンの影響下にあったシカゴ大学経済学部において発展し、しだいにそこから広がっていった。2000年までにシカゴ学派の卒業生は25名の大臣と10名を超える中央銀行総裁を輩出した。

ケインズ主義は、自由市場に親和的なシンクタンクやビジネスマン、経済学者、ジャーナリスト、政治家による大西洋を横断するネットワークによって大いに切り崩されていった。キャロル Carroll は、新自由主義がグローバルに進展するための経済的、社会的、政治的条件をしばしば秘密裏に発展させる際に特に重要な役割を果たしたものとして、いくつものトランスナショナルな組織をあげている。たとえば、パリに本拠を置く国際商業会議所、ビルダーバーグ年次会議、日米欧三極委員会、ダボスで開催される世界経済フォーラム、持続可能な発展のための経済人会議などである。[17] ステッドマン・ジョーンズ Stedman Jones が新自由主義という「宇宙の主人」と名づけた者たちは、秘密裏に、20世紀後半の経済的、政治的、社会的生活の変容に寄与し、それらを確かなものとするべく企んできた。[18]

いたるところで、ますます支配的となった新自由主義は、私的な起業、私有財産権、自由市場、貿易自由化などの重要性を強調した。これらの目的を実現するには、私的活動や企業の規制を緩和し、かつて「国家」や「集団」のものであった業務を民営化し、税を軽減し、労働者や専門家の集団的な権力をなし崩しにし、利益を生みだす活動の新たな資源を私的セクターが一つでも多くみつけられる条件を提供することが必要であると考えられた。

新自由主義は特に国家による再配分の役割や租税の必要性を最小化して、彼らのいう「悪しき」国家と「良き」市場とのあいだの均衡をもたらそうとする。新自由主義者は、なされるべきことを「推察」する点において、国家を市場よりも劣ったものとみなす。国家は本来的に不十分であり、私的な利害集団によって容易に腐敗させられるものだとみられている。対照的に、市場は不自然な力や要素が加わらなければ均衡に至ると想定されている。新自由主義は、人々のあいだの様々な関係性のなかで、市場交換を重要なものと位置づける。市場の欠陥は、市場の不備の結果とみなされる。しかしながら、国家は新自由主義の再構築において重要である。まず一点目に、国家は物理的なインフラ構築に際してしばしば中心的な役割を果たす。インフラ構築によって、私企業は新たに利益をもたらす機会を得ることができる。たとえば、道路や鉄道、港、空港、下水システム、電線網が国家によって整備されたら、新たな債務資産の発展が保証されるのだ[19]。

二点目に、国家は「不自然な」力を除去する際に決定的な役割を果たす。不自然な力とは、私的セクターにおける機能の自由を制約することで経済成長を鈍化させるとされている規則、規制、生活形態などである。「緊急事態」をつくりだしたり、それに対応したりする「ショック療法」を通して、このような「市場の自由」はしばしば国家によって実現される。国家は過去を清算し、自由市場の解決を無理やりに成し遂げる[20]。クライン Klein によれば、「洪水や戦争、テロなどの重大な破滅のみが、臨むべき壮大で清新なキャンバスをもたらす。芸術家が……世界を表現する仕事を始めるのは……まさにこのような順応性の高い瞬間においてなのだ[21]」。ハッカー Hacker とピアソン Pierson は、アメリカの実業界と部分的に内密のシンクタンクが、1970年代にアメリカ国家を「再起動」するために共謀し、「世界の再創造」という新自由主義の課題を実現する際に用いた数々の手法について論じている[22]。

新自由主義が、諸々の共有物の「強奪による累積」を実現していく方法は特に重要である[23]。共有物を秘密裏に強奪する例はたくさんみられる。農民は土地を棄却し、集団の財産権は私的なものになり、先住民の権利は奪われて私的な機会に変わり、利潤は特許権から引きだされ、一般知識は知的な「財産」へと変わり、国家は集団の活動を安く売り払うか外部調達する。労働組合の権利は切り崩され、規制の弱い新種の証券やフローは収入や権利を金融へと再配分し生産的な活動から切り離す。

共有のものや集団のものの数々の強奪を通して、新自由主義は「我々の多くが世界を解釈し、生き、理解する常識的なやり方のなかへ組み入れられていく」[24]。多様な「強奪」の一つの帰結は、多くの社会内部やグローバルな規模における不平等の進展であり、グローバルな収入と富の不平等な配分の基盤を保護し強める強力な利害関係の発展である。[25]オフショアリングは、不平等な利害関係を実現するために不可欠なのである。そしてそのような不平等には大いに問題がある。重要な「サービス」を調達できるかどうかは個々の収入や富などに依存し、不平等があればあるほど、人々が何らかの意味において互いに等しい存在として認められる機会は少なくなる。さらに、あらゆるものを過剰なまでに市場化することで、奉仕や義務や社会性といった、人々が行動する際の多くの理由をどこかへ追いやってしまうのだ。新自由主義は「市場の道徳的な限界」があるべきとするサンデル Sandel の主張に重大な異議を投げかける[26]。

様々なプロセスを経て、市場のこのような歪んだ影響力は強められてきた。銀行や金融機関は、なるべく規制を受けるべきではない一連の市場とみなされるようになっている。多くの社会において、商業と投資銀行業の区別は融解してきた。貸付基準は低下し、債務を製品に変えるビジネスモデルが発展してきた。負債や危険なリスクに報酬を与えるような風潮が生まれ、銀行間の競争的な個別主義が強化された。ヘッジファンドが急激に広がった。取引管理は広範に減退してきた。転換期の経済とは異なり、政府や世界銀行などの国際機関は、国内通貨と外国通貨の兌換性を制限する取引管理からほとんど手を引いた。重要なことに、取引管理から手を引くというのは、1979年に発足したイギリスのサッチャー政権の最初の政策の一つであった。この政権はその後、数多くの規制緩和を進めていくことになる。

国境を越えた金融活動がますます規制緩和され、国家予算を縮小してきた。それゆえに、のちほど分析するオフショアの世界の多くが発展してきたのだ。新自由主義は、ますます秘密裏に管理されるようになっている私有財産や企業財産の集合体の権力と圏域の拡大に一役買っている。オフショアは、ここ数十年における新自由主義の途方もない再構築に不可欠なものなのである。

結論

本章では、秘密と権力が過去においても現在においても絡み合っているさまを描いてきた。私はゲオルグ・ジンメルに注目し、特に「貨幣経済」の進展がどのようにして「意識的に意図された隠蔽」もしくは秘密の新たな水準を生みだすのかについての彼の議論を考察した。さらに現代社会において、メディアやスキャンダルや策略などを通して、市民と権力者のあいだに新種の可視化がもたらされていることを指摘した。権力作用に対する「退出」や「秘匿」の重要性が、ますます高まっているのだ。

1980年ごろから進展した新自由主義について論じて本章を閉じた。ただ、新自由主義は部分的には1940年代後半から密かに計画されてきたものである。金融と負債の役割の高まりが、新自由主義が促し維持しているオフショアという新たな秘密の世界をいかに前提としているのかを示してきた。

本書の大部分は、オンショアとオフショアのダイナミックな交差について論述する。実際、秘密裏に行われるオフショアのプロセスをいくつも検討するが、オンショアとオフショアの区別は決定的なものでも固定的なものでも確実なものでもない。秘密というのは、いちどきりだけ取り扱われたり、永遠に隠されたりするものではない。それは、発見されるべく待機しており、「告発人」によって暴露される。告発人の一部は、彼ら自身「オフショア」であり、さらなる秘密と嘘を通じてうごめいている。[27]ひとたび何かが秘密にされれば、他人が秘密を暴こうとする理由が生じる。したがって、秘密を守ったり暴いたりすることは、新自由主義の世界秩序における複雑なプロセスの一部を形づくる。そこでは、その秘密を隠す際にも暴きだす際にも、風評と利益が生じ得る。オフショアはさらなるオフショアを生みだしもするのだ。

注

1 Georg Simmel, 'The sociology of secrecy and of secret societies', *American Journal of Sociology*, 11(1906): 441-98, at p.441.（＝『社会学（上巻）』白水社、p.350）
2 同書、p. 448.
3 同書、p. 449, 467. からの引用。

4　同書、p. 492.

5　Bron Szerszynski and John Urry, 'Visuality, mobility and the cosmopolitan: inhabiting the world from afar', ***British Journal of Sociology***, 57(2006): 113-32.

6　Nigel Thrift, ***Non-Representational Theory*** (London: Routledge, 2007).

7　特に以下を参照のこと。John Thompson, ***Political Scandal: Power and Visibility in the Media Age*** (Cambridge: Polity, 2000) および John Urry, ***Global Complexity*** (Cambridge: Polity, 2003).（＝『グローバルな複雑性』法政大学出版局）

8　Zygmunt Bauman, ***Liquid Modernity*** (Cambridge: Polity, 2000), p. 11.（＝『リキッド・モダニティ——液状化する社会』大月書店、p. 16.）

9　Ian Richardson, Andrew Kakabadse and Nada Kakabadse, ***Bilderberg People: Elite Power and Consensus in World Affairs*** (London: Routledge, 2011) および、Charlie Skelton, 'Bilderberg 2012: bigger and badder and better than ever', www.guardian.co.uk/world/us-news-blog/2012/jun/01/bilderberg-2012-chantilly-occupy (２０１３年5月15日閲覧). 以下を参照のこと。Thomas Birchnell and Javier Caletrio (eds), ***Elite Mobilities*** (London: Gerald Duckworth, 2006).

10　William Brittain-Catlin, ***Offshore: The Dark Side of the Global Economy*** (New York: Picador, 2005), p.145.（＝『秘密の国　オフショア市場』p. 177.）および、Nick Kochan, ***The Washing Machine: Money, Crime and Terror in the Offshore System*** (London: Gerald Duckworth, 2006).

11　Brittain-Catlin, ***Offshore***, p. 145.（＝『秘密の国　オフショア市場』p. 177.）

12　Daniel Graeber, ***Debt*** (New York: Melville House, 2011).

13　Friedrich Hayek, ***The Road to Serfdom*** (London: Routledge, 1944). サッチャーと同様にハイエクは、１９７０年代

にチリの人々に隷属を強いたことで悪名高いピノチェトの強力な支持者であった。

14 David Stedman Jones, ***Masters of the Universe*** (Princeton, NJ: Princeton University Press, 2012), chap.2. 参照。近年のシンクタンクの役割については以下を参照のこと。George Monbiot,'A rightwing insurrection is usurping our democracy',www.guardian.co.uk/commentisfree/2012/oct/01/rightwing-insurrection-usurps-democracy（２０１２年２月27日閲覧）.

15 Bryan Lovell, ***Challenged by Carbon*** (Cambridge: Cambridge University Press, 2010), p. 63. からの引用。ケインズの講義録 ***The General Theory of Employment, Interest and Money*** (London: Macmillan, [1936] 1961) 参照。

16 https://www.montpelerin.org/montpelerin/index.html（２０１２年７月19日閲覧）. ケインズは１９４６年に63歳ですでに亡くなっていることを記しておく必要があるだろう。

17 これらの組織間の絡み合った関係については、以下を参照のこと。William K. Carroll, ***The Making of a Transnational Capitalist Class: Corporate Power in the 21st Century*** (London: Zed, 2010), p. 50.

18 新自由主義の詳細な歴史については Daniel Stedman Jones, ***Masters of the Universe*** (Princeton, NJ: Princeton University Press, 2012) 参照。また同様に以下も参照のこと。Naomi Klein, ***The Shock Doctrine*** (London: Allen Lane, 2007), p. 166.（＝幾島幸子・村上由見子訳、２０１１『ショック・ドクトリン〈上〉――惨事便乗型資本主義の正体を暴く』岩波書店、p. 187.）および、David Harvey, ***A Brief History of Neo-Liberalism*** (Oxford: Oxford University Press, 2005)（＝渡辺治ほか訳、２００７『新自由主義――その歴史的展開と現在』作品社）および、Sylvia Walby, ***Globalization and Inequalities*** (London: Sage, 2009) および、Colin Crouch, ***The Strange Non-Death of Neo-Liberalism*** (Cambridge: Polity, 2011) および、Joseph Hacker and Paul Pierson, ***Winner-Takes-All Politics*** (New York: Simon & Shuster, 2011).

19 John Urry, ***Societies beyond Oil*** (London: Zed, 2013), chap.2. 参照。

20 Milton Friedman, *Capitalism and Freedom* (Chicago: University of Chicago Press, 2002).

21 Klein, ***The Shock Doctrine***, p. 21.（＝『ショック・ドクトリン〈上〉』p. 28.）

22 Hacker and Pierson, *Winner-Takes-All Politics*, chap.5 on 'organized combat'.

23 Harvey, ***A Brief History of Neo-Liberalism***, pp. 159-61.（＝『新自由主義——その歴史的展開と現在』pp.222-228.）

24 同書、p. 3.（＝同書、p.11.）

25 Hacker and Pierson, *Winner-Takes-All Politics*.

26 Michael Sandel, *What Money Can't Buy: the Moral Limits of Markets* (London: Allen Lane, 2012).

27 ２０１３年６月、ウィキリークスの設立者ジュリアン・アサンジはロンドンのエクアドル大使館に滞在中の身ながら、モスクワ・シェレメーチェヴォ空港でロシアから1年間の入国ビザが認められるまで「オフショア」していたエドワード・スノーデンに助言を与え、援助を行っていた。スノーデンは、アメリカおよびイギリス政府がGoogle, Facebook, Microsoft, Skypeなどから膨大なデータバンクにアクセスすることを可能にするアメリカ国家安全保障局のPRISM計画を告発した。告発を助長したと思われるイギリス政府のウェブサイトも参照のこと。https://www.gov.uk/whistleblowing/overview（２０１３年６月27日閲覧）．第10章も参照。

第3章 仕事のオフショアリング

分業

前2章では、一連のオフショア化された経済、人、場所がどのように形成され維持されているかを論証した。オフショアリングは、通常は周辺または末端に位置するような場所を著しく変容させる。オフショアリングの増加は、偶然や日和見主義の産物ではなく、国際化するグローバル経済とその新自由主義的な再編の中心に位置する過程である。本章は、製造業の立地と形態における変化を中心に検討する。

18世紀まで、ヨーロッパと北アメリカにおける製造物の大半は、現地で働く専門職人が近隣で得られる原料を用いて生産したものだった。そのような職人として、金物屋（金物）、鍛冶屋（金属加工品）、樽職人（樽）、靴屋（靴）などが存在していた。原料も製品も遠距離輸送されることはなく、分業も、男性的な職人的職業のあいだに存在するものを除けばそれほど発展していなかった。

18世紀後半にイングランドで始まった工業生産への移行という重大な変化は、これらの職業の多くがあまり重要でなくなることを意味した。膨大な数の労働者が、新たに出現しつつあった、当初は石炭によって、19世紀には電力によって駆動される「暗黒の悪魔のような機械類」に囲まれた作業場や工場で働くために相当な遠距離を移動した。

そこでは、ルーティン化された組み立ての作業と工程を含む労働者と機械の新たな結合によって工業的生産が遂行された。生産工程はよりいっそう複雑な形態へと発展した。１７７６年に政治経済学者のアダム・スミス Adam Smith は、ピン製造工場における分業の分析のなかでその様子を初めて記述した。[1] 彼は、ピンの製造が約18種類の別々の作業に分割され、いくつかの工場ではそれぞれの作業が別々の労働者によって遂行されるあり方を説明した。このような生産方式を導入して大量の製品を生産する工場は、分業によって大きなスケールメリットを享受した。その際、原料と最終製品は、小型貨物船や新型の蒸気機関車によって頻繁に遠距離を移動した。

20世紀になると、原料と最終製品は、北アメリカ、西ヨーロッパ、そして他の地域の大部分へ広がった複雑な道路網に沿って長大な距離をトラック輸送されるようになった。工場の多くは、19世紀に著しく拡大した帝国の領土内で収奪された原料を利用した。帝国領内の「資源」は、石油エンジンを備えた新型船で本国に輸送され、本国の工場で工業製品に加工された。そうした製品が植民地に輸出されて現地住民に販売されることもあった。

工場に導入された複雑な機構と電子計算システムによって、自動化された大量生産方式が１９６０年代までに確立された。その結果、製造業者は、残存していた熟練労働を解体し、標準化され機械化された組み立てラインに置き換えることが可能になった。自動車産業の中心地でありコンピュータ制御による工場自動化の牽引役でもあったデトロイトの黄金期（戦後からオイルショックまでの時期）には、コンピュータ制御された大量生産と、驚嘆すべき生産・組み立てが、増大する大企業の至るところで行われていた。このようなアメリカ大企業（ならびに同種のヨーロッパ企業）は、生産、雇用、昇進、福祉、貯蓄を組織化した。こうした企業の従業員は、職業生涯の大部分を垂直的に統合された組織の内部で過ごす「企業人」によって占められていた。そのような組織では、主に男性従業員とその家族に対して寛大な福祉手当が（いわゆる家族賃金を通じて）支払われていた。[2] このような、低価格の工業製品を生産する大規模で相対的に安定した組織は、ラッシュとアーリ Lash and Urry が「組織資本主義[3]（organized capitalism）」と呼ぶ体制の主要な構成要素だった。

しかし1970年代から始まった西側資本主義の「脱組織化」とともに、まずアメリカ国内において、アメリカの巨大企業は次第に細分化され、しばしばその所有権が短期的な「株主の利益」に関心を払う金融機関の手に移った。巨大企業は時代遅れになり、過去20年間でその数が半減した。[4] 企業人に対してかなり気前のよい福祉給付を支払うような企業文化は一般的ではなくなった。リチャード・セネット Richard Sennett らは、こうした変化の結果として生じた人々の長期勤続の減少と、新しい経済のもとで出現した性格を嘆いた。[5]

さらに、アメリカの製造業は中西部から北東部にまたがるラストベルトから南部に広がるサンベルトへと次第に移動した。新しい高度先端技術産業はアメリカの南部と西部の州に拠点を置いていた。ラストベルト内に位置するアメリカの産業と都市の多くは、収入と雇用の驚異的な減少を経験した。垂直的に統合された大企業に支えられたかつての製造業の中心地から他の地域へ産業が移転するという同様の変化は他の先進国でも生じた。世界初の「自動車の街」として知られるデトロイトの栄枯盛衰は、このような劇的な変化を端的に象徴するものである。デトロイトの人口はかつての200万人から現在の75万人へと減少し、デトロイト市は2013年8月に財政破綻した。[6] これは1987年に公開された映画「ロボコップ」で描かれた近未来の状況を髣髴《ほうふつ》とさせる出来事だった。

こうした事態の一部は、労働組合によって組織されていない低賃金労働力を提供し、しばしば経済自由／特別区において緩やかな規制と低い税率を設定するような国々へ製造業の仕事が大量にオフショアリングされることによって引き起こされた。このような状況は「新国際分業」という概念によって説明されている。[7] 科学技術の複雑化にともなって、南の発展途上国の低賃金労働力は、生産工程におけるいくつかの要素の海外移転が可能であることを示す存在となった。生産工程に対するデジタル技術の導入により作業の正確性、効率性、速度が飛躍的に向上したことによって、人間が行う労働のいくつかの要素を、かつては世界経済の周辺に位置していた地域へと押し出すことが可能になった。

製造業の仕事の多くが、生産ライン用の労働力を安い賃金で提供し、現地のエネルギー（大半は石炭）を利用し、環境コストを負担する多様な国々に再配置された。製造業におけるこのような仕事のオフショアリングは、ＢＲＩＣＳ諸国（ブラジル、ロシア、インド、中国、南アフリカ）が経済力の強化を実現する際の手段となった。その一方で、新しい通信技術、デジタル化されたネットワーク、飛行機による不定期の訪問、船舶による中間財や最終製品の輸送を通じてこれらの遠距離かつ分散された生産工程を制御することが可能な企業本部は、しばしば北の先進国に残った。

アラン・ブラインダー Alan Blinder は、このようなオフショア化された生産が、どのようにして「新たな産業革命」になるかを詳細に検討した[8]。生産のオフショアリングは、これまでに起きた農業から工業および工業からサービス業という経済全体の転換に匹敵するほど重要な過程であるというのがブラインダーの見立てである。彼はこうしたオフショアリングを深刻な「一大事」として描いた。あるいは、ウォルター・ダイアモンド Walter Diamond とドロシー・ダイアモンド Dorothy Diamond が１９９８年に予想したように、21世紀は「オフショア投資の世紀」になるだろう[9]。

ブラインダーの著作とその後の活発な議論は、オフショアリングを北の豊かな先進国の立場から考察したものであり、オフショアリング、とりわけ製造業の仕事の海外移転によって先進国に何が引き起こされるかを考察したものである。先進国の雇用がどのように「喪失」しつつあるか、それも製造業だけでなく近年はサービス業においてもますます雇用が失われつつあるという問題にとりわけ多くの関心が集中してきた。先進国における雇用の喪失は、発展途上国の労働者を雇用することによって引き起こされた現象である。北の豊かな先進国と比べて、賃金が格段に安く、労働組合の組織率が低く、規制に縛られておらず、柔軟性が高い労働力を提供する規制緩和区域がこうした事態を促進することもある。搾取的な条件で雇用され、しばしば危険な労働に従事する労働者と、「アンフェアな競争」を強いられ、その結果として経済が凋落する北の豊かな先進国という二つの立場から、このような大規模な仕事のオフショアリングを「アンフェア」なものとして記述する論者も存在する。

その一方で、各国経済は「比較」優位を有する活動に専門特化すべきであるという比較優位論を実証するものとしてオフショアリングを理解する論者も存在する。このような論者によれば、オフショアリングは各国経済に専門性と集中度の高い産業分野を発展させ、世界全体の所得を上昇させるため、最終的にすべての社会が恩恵を受ける。この主張は、適切な調整が行われれば商品とサービスの自由な貿易によってすべての国が経済的な恩恵を受けるようになるという議論と地続きのものである。この種の議論は、新たに出現した分業が機能すれば最終的に全員が得をすると主張している。[10]

オフショアリングが、過去20年ほどのあいだに先進国における甚大な雇用の喪失を引き起こしたことに疑問の余地はほとんどない。雇用の喪失は、オフショアリングに含まれる三つの異なる過程によってもたらされたが、それらはしばしば十分に区別されていない。第一の過程は、特定の仕事の輸出である。これは通常、多様な理由により他の国の労働力が「安い」ために、特定の企業が仕事を外部委託することにより生じる。特定の仕事の海外輸出は、仕事の「直接的代替」をともなう。これは先進国内の「本拠地」に残りがちなマネジメント部門や研究部門より「製造」部門において顕著に見られる現象である。こうした状況を理解するために役立つイギリスの事例として、世界有数の先進的掃除機メーカーであるダイソンをあげることができる。2002年にダイソンは、製造部門の業務をマレーシアの工場に委託しはじめたが、研究・マネジメント機能はイギリスのウィルトシャーに残した。[11]ダイソンは今なお自社を「イギリス」企業と名乗っており、イギリス政府も同社をそのように扱っている。

オフショアリングに含まれる第二の過程は、「間接的代替」である。これはある国の製造業者やサービス業者が成長し、コストの高い先進国に残った同業他社に対する競争優位を確立することに成功した場合に起こる現象である。中国の自動車製造業がその一例であり、それゆえ中国は現在、世界一の自動車市場の地位にある。[12]中国の自動車メーカーは、自動車産業の製造拠点が「東（＝アジア）」

へ移動するのにともない、アメリカを除く既存の市場において、西欧の自動車メーカーの地位を徐々に掘り崩しつつある。中国は、一足先に自動車産業の発展に成功し、トヨタを世界一の自動車メーカーにまで押し上げた日本の後を追っているのである。[13]

オフショアリングに含まれる第三の過程は、先進国に存在してきた既存の経済と労働力を掘り崩し、長い時間をかけてそうしたものに取って代わるような新しい製品とサービスの発展のなかに見出すことができる。経済の歴史とは、ある新しい社会技術システムが発展し、それがしばしば複雑な過程を経て既存の企業、制度、労働力に取って代わり、さらにそれが別のシステムに取って代わられることの繰り返しとほぼ等しい。私はこのような過程を「システムの代替」と呼ぶ。１９９０年代初頭から世界各地に普及した新しいインターネット配信「産業」がその一例である。この新規な活動と技術の複合体は、街の音楽ソフト販売店と関連商品の郵送サービスを長期的な衰退へと追い込んだ。一つの通信システムが事実上他のシステムに取って代わり、製品を世界各地に流通させるあり方と「配送」に関わる仕事の内容を大きく変化させた。配送システムに関わる仕事の多くはオフショアリングされ、個人の郵便受けへの直接配送は新たなシステムに置き換えられた。先進国の郵便システムの多くは、こうした変化ならびにそれと関連する様々なシステムの入れ替えによって、深刻な危機に陥っている。

以上の通り、仕事のオフショアリングには、直接的代替、間接的代替、システムの代替という3種類の主要な過程が含まれる。次節では、このような大規模な仕事のオフショアリングを可能にする二つの前提条件、すなわちコンテナ輸送と自由貿易の教義・実践について考察する。

コンテナ化（containerisation）

貨物コンテナは、世界中で工業製品を驚異的な安さで生産・輸送することを可能にした。鉄の箱による輸送という小さな発明は、巨大企業の細分化と結びつくことにより、商品と部品の移動距離を飛躍的に増大させた。世界を航行するコンテナ輸送船はおよそ5、000隻に達する。[14] 現在、コンテナ船は1隻で最大1万6、000個のコンテナを運搬できるが、世界最大の海運企業であるマースク社は、トリプルE級と呼ばれる「超巨大」コンテナ船の展開を計画中である。これは1隻で1万8、000個のコンテナ輸送が可能であり、その高さは20階建てのビルに、幅は8車線の道路に相当する。トリプルE級の船は、すべてのコンテナを積み下ろすために4～5日を要する。それは既存の港に入港できないほど大きいため、港の改修が必要である。[15]

コンテナ輸送に使われるコンテナは、船舶、鉄道、トラックへの積み上げと積み下ろしが容易であるため、大量の商品の輸送にかかるコストを劇的に圧縮し、世界の経済地図を書き換えた。代金さえ支払えるならば、消費者はどこにいてもあらゆるモノを入手することが可能になった。9割以上の貨物は海上をコンテナ船で移動するが、その様子はゆっくり移動するビルのようにも見える。工業製品を含む世界中の商品のほとんどが、船舶、鉄道、トラック等を組み合わせて効率的にコンテナを運搬する共同一貫輸送システムによって輸送されている。アラン・セクーラ Allan Sekula は、なぜ「1950年代にアメリカで発明された貨物コンテナが、まさしく遠方の労働者の棺であり、世界のはるか彼方で行われた搾取の隠された証拠を運ぶものである」[16]かを示した。原油が安く入手できた時代には、コンテナ輸送という単純な技術が世界の海を支配していた。

したがって、世界標準となっている20フィート・コンテナ型（TEU: Twenty-foot Equivalent Unit）の貨物コンテナは、より大きな社会技術システムの主要な構成要素の一つである。セクーラが労働者の棺と呼んだ貨物コンテナは、グローバルな生産、消費、供給、投資、不平等、地位、富を形づくり、同時にこれらによって形づくられる。主に豊かな先進国で消費される工芸品の保護カバーが貧しい途上国で生産されていることから分かるように、コンテナ船は、人類史上かつてないほど大規模なモノの移動を実現した。ある意味、我々は現在、コンテナ化された世界に生きている。

この「システム」は、商品、船、コンテナ港、安価な石油によって構成されており、規模の経済、安いエネルギーコスト、環境汚染基準、主として途上国出身の、安価でしばしば規制の保護を受けない労働力の移動に依存している。[17]発展途上国の低賃金・非熟練労働者による大量生産は、先進国の大量消費主義と密接に結びついている。この結びつきは、洋上を航行する巨大な欲望の「コンテナ（器）」のゆったりとした、しかし確実な移動によって実現されている。

コンテナは、東アジアと東南アジアで生産された商品でほぼ満載にされ、ウォルマート社が開発した流通・小売システムを利用して世界各地に送られる。ウォルマート式のシステムは、桁外れな量と種類の部品や製品を扱う、電子機器で管理された巨大な供給網に依拠している。[18]コンテナ船は、都市中心部から少し離れた、労働組合の組織化が進んでいない少数の巨大なコンテナ港を結ぶいくつかのルートに沿って移動し続けている。世界最大級のコンテナ港は、上海、シンガポール、香港、深圳にあり、すべてアジアに位置している。

第9章では、コンテナ輸送自体に、想像を絶する劣悪な条件下で行われるオフショア化された仕事の主要な形態が含まれる点を考察する。同章では、第一次世界大戦後に初めて行われ、第二次世界大戦後に普及した船籍のオフショアリングが果たした役割についても考察する。船籍をオフショアリングした便利な船は実質的に無国籍状態であり、ほとんど文字通りすべての岸から離れ、どの国の干渉も受けない。船員は誰にも捕捉されない労働者であり、複雑化された船の所有権は、所有者が果たすべき義務、所有者が受けるべき監視と検査、所有者が確保すべき適正な労働条件、所有者が支払うべき適正な税といったものをうやむやにする。

自由貿易

仕事のオフショアリングを支えるもう一つの主要な柱は、貿易障壁の全般的な削減を通してより自由な国際貿易を実現すべきであるという主張を含む、自由貿易の実践に関する言説である。貿易障壁の撤廃による自由貿易の推進という考え方は新自由主義を浸透させるための重要な手段であった。新自由主義は、世界各地で貿易の自由化を強力に推進することにより、20世紀を通して西側諸国の支配権を安定させようとしたグローバル・ガバナンスのシステムを構成する主要な要素であった。仕事のオフショアリングは、ある程度まで、数多くの貿易障壁を撤廃することによって進展した。

とりわけ重要な役割を果たしたのは世界一の経済大国に君臨したアメリカだったが、その地位は主として石油資源に依拠していた。石油は輸送用燃料の95％を占め、文字通り世界を動かしている。グローバリゼーションとオフショアリングは、ますます増大する自由貿易に潤滑油を注ぐ、安価で大量の石油資源なしには到底考えられない。それは「高炭素」貿易と改名されるべきものである[19]。

しかも、自由貿易の教義は「自由に」選択されるものではない。というのも、アメリカやEUが、自分たちにとって都合のよいときにしばしばそれを押しつけてきたからである。それは過去20～30年間にわたって世界秩序を指揮してきた、いわゆるワシントン・コンセンサスを構成する要素の一つである[20]。世界のどこかに価値ある資源が存在するとき、アメリカは、最高値で入札した者がそれを獲得すべきであり、なおかつその支払いはアメリカドルで行われるべきと主張する。こうして自由貿易があるべきものとされる。世界銀行、国際金融基金（ＩＭＦ）、世界貿易機関（ＷＴＯ）のいずれの規定にも、ある商品を購入するための資金を持つ者、とりわけアメリカドルを持つすべての者に対して、その商品を購入する法的権利が付与されなければならないと明記されている。こうした秩序のもとでは、ある国がアメリカドル札を好きなだけ印刷できる世界一豊かな経済大国であるとき、世界はその国のものになると言わざるをえない。

さらに、アメリカは主に軍隊のグローバルな展開を通じて、自国に従属する国家を多数つくりだした。これはしばしば、アメリカとその同盟国がそうした国々に自由貿易を強制することを可能にした。自由貿易が普及する際に民主主義的な議論はあまり行われず、多くの強制的措置が行われる。アメリカは、このような「自由貿易」の促進と維持を掲げるワシントン・コンセンサスを受け入れない政権の掘り崩しにも従事する。

それに加えて、アメリカは他国に自国メーカーの特定商品を押しつけるために貿易戦争を仕掛ける。EUの反対が依然として強いにもかかわらず欧州の消費者に遺伝子組み換え食品を購入させようとする近年の試みはその一例である[21]。

カサス＝ザモラ Casas-Zamora は、先進国が大きな競争優位を有する分野において貿易の自由度がもっとも高い点に注意を促す。その一方で、発展途上国の少なからぬ小規模生産者を犠牲にしてでも特定の作物や食品を生産し続けるために先進国が多額の補助金を交付している農業分野において、貿易の自由度ははるかに低い。知的財産権が厳格な法的保護の対象となるような分野においては、貿易が自由化されることはない[22]。「自由貿易ゲーム」を説明するもっとも適切な言葉は偽善である。

仕事のオフショアリング過程

これまでに見てきた長距離供給網と自由貿易という二つの過程を踏まえると、仕事のオフショアリングはどのように発展しつつあると考えられるだろうか。経済学の文献は貿易財と非貿易財を区別するのが普通である。これは部分的に製造業とサービス産業の区分に対応しているが、こうした区分は、ますます多くの仕事がオフショアリングされるなかで急速に流動化しつつある。

仕事のオフショアリングの可能性はますます増大しつつあるが、その背景には多様な現象が存在する。第一に、多くの発展途上国において自由貿易圏や経済特別区が発展し、製造業とサービス業（医療・教育分野を含む）の仕事のかなりの部分を海外にオフショアリングするインセンティブを増大させた。自由貿易圏や経済特別区を発展させる政策は、1970年代には国連が推奨する戦略の一つだった。こうした貿易圏や特別区は通常、本国の領土の一部とはみなされなかった。むしろそれらはある種の自治区である。[23] 1979年に深圳が中国初の経済特区に指定され、現在では経済特別区で就業する労働者の3分の2が中国に集中している。現在、そのような特別区のなかには、イギリスやアメリカの大学の海外キャンパスを持ついくつかの首長国と同様に、「市」あるいは「ナレッジ・ビレッジ」と名づけられたものもある。

第二に、コンテナ輸送システムは、多くの商品の輸送コストを急激に低下させた。電子製品の実質コスト低下がそのよい例である。電化製品は、複数の娯楽サービスを自宅で享受することを可能にしたため、特定の場所で行われるライブイベントの会場に移動したりその場にいたりすることによって享受できるサービスと競合するようになった。

第三に、現在、国境を越えてやり取りされる品目の多くは電子化されており、消費者が移動したり配達員が消費者の元に直接届けたりすることによってというよりむしろ、電子ネットワークを通じて消費者の元に届けられるようになっている。具体的な例としては、手紙ではなく携帯・スマホメールを送ること、銀行の支店に行くよりインターネットバンキングを利用すること、CDショップよりネット上の音楽配信サービスを利用することなどがあげられる。

第四に、電子書籍リーダーのように、実体のある工業製品が物理的な商品から電子化された商品への移行を促すケースが見られる。電子書籍リーダーは、書店で購入する紙の本ではなく電子化された本の読書を可能にする。しかもそれは、近隣の本屋の減少により書店への物理的距離がますます遠くなるという変化と同時に進行している。こうしたケースでは、ソフトウェアとしての商品が消費者の元へ届けられるのが普通であり、実際に書店を訪れて実体のある「本」を買って入手するわけではない。

第五に、新自由主義の時代になり、かつては公共物とみなされることが「当たり前」であったり、共有財の形態を取っていたりしたものを商品化するという動きが広い範囲で行われている。その具体例として、水、安全、健康、教育、子どもの遊び、余暇などがあげられる。現在、これらはしばしば近隣のグループではなく国際的企業によって提供されている。その結果、これらの「商品」の供給システムを構成する諸要素が、消費者から地理的に遠く離れた場所に存在するという状況が生じている。

これらすべての過程が意味するのは、現在、ますます多くの商品が貿易可能になっており、部分的または完全に国境を越えて配送されていることである。貿易可能なサービスの範囲が拡大するにつれて、先進国のサービス労働者が、他の社会の工業・サービス労働者と競合するようになる。ブリンダーBlinderは、「電子的配送に適した（したがってオフショアリングの脅威を受ける）サービスを生み出す仕事とそうでない仕事とのあいだの境界線は、高度な仕事と低位の仕事とを分ける伝統的な区分と合致しない」と主張する。オフショアリングの可能性から免れている唯一の例外は、「個人的で対面的な接触が必須またはきわめて望ましい」仕事だけなのである。[24] ブラインダーは、このような仕事の例として、保育、理学療法、政治的陳情、給仕、タクシーの運転をあげている。一連の議論を通じて彼は、「対人スキルがコンピュータスキルより重要になるかもしれない」未来を示唆しながら、先進国では個人的サービスに従事する人々に対してより多くの教育と訓練を提供すべきであると主張している。[25]

仕事のオフショアリングの重要な一例は、対面的サービスを「耳経由の（ear-to-ear）」サービスに置き換えるために、サービス業務をコールセンターにアウトソーシングするパターンである。ここ10年から15年ほどのあいだに、コールセンターの広範な発展が見られた。コールセンターは新規雇用の主要な源泉であり、特に金融サービス、小売業、電子通信業の分野でその傾向が顕著である。[26] コールセンターは就業者の70％以上が女性であり、組織の階層構造が比較的水平的である点を特徴とする。市場以外の制度の重要性が高い調整型経済では、コールセンター業務の労働条件は比較的良好である。とはいえ、一般的に、コールセンター労働者の自由裁量は小さく、典型的なコールセンター労働者が一つのコールセンターに勤め続ける期間は1年に満たない。

「耳経由の」サービスはしばしばオフショアリングされる。２００７年に、国外の顧客にサービスを提供するコールセンターの割合は、インドで4分の3、アイルランドで約5分の2、カナダで3分の1以上に達した。コールセンターは地理的に移動可能だが、実際のところ、その広がりは言語と文化によって規定される。たとえば、フランスとモロッコ、スペインとラテンアメリカ、イギリスやアメリカと他の英語圏諸国とのあいだを結ぶコールセンターが開設されるといった具合である。カナダはアメリカに近接しており、言語、標準時間帯（タイムゾーン）、文化を共有しているため、アメリカからオフショアリングされるサービス業務の重要性が高い。電話は地理的制約が小さいため、コールセンター業務を自社内に抱え込まず他社に委託することは比較的容易である。しかしながら、２００７年まで、インドのような例外を除き、コールセンターは自社で運営されるものが大半だった。コールセンター労働者のほとんどは下請け業者と雇用契約を結び、規模の経済性を生かした大規模なコールセンターで就業する。[27]

インドでは、高い英語力と効率的な電子通信業のおかげで、何千マイルも離れたところにいる消費者に対して顧客サービスを提供することが可能になっている。コールセンター労働者のほとんどは学卒者でありフルタイムで働いているが、彼らの自由裁量の水準は低く、働き振りを監視されていることも多い。コールセンターのオペレーターが先進国の顧客から遠く離れた海外にいることを分かりにくくしたり秘密にしたりするための訓練を施すという努力が行われている。ある調査は、「ナショナル・アイデンティティ・マネジメント（国民性管理）」という経営戦略について明らかにしている。その戦略のもとでは、コールセンターオペレーターは、業務と訓練の一環として他の国民性を身につけることが期待されている。80人のコールセンターオペレーターに対するインタビューによって、ウィニフレッド・ポスター Winifred Poster は、インドのコールセンターで電話応対業務を遂行する際に、他の「民族性と国民性」を身につけることがいかに重要であるかを分析した。[28] 身体、家族生活、精神状態、国民意識に対する負担という点で、コールセンターオペレーターが失うものは大きい。そしてこれらの負担はすべて、ある程度まで、前述の過程を経てオフショアリングされたものである。

本節の最後に、重要なことを1点述べておきたい。以前は、主に「西（欧米）」から「東（アジア）」に対して行われる仕事のオフショアリングについて語ることが適切だったが、現在は状況が異なる。近年は多様なオフショアリングのパターンが存在している。とりわけ注目すべきは、中国から他の多くの国に対して投資が行われ、雇用が流出している点である。[29] たとえば、間もなくノースカロライナにおいて、新しいコンピュータ製造工場が数年ぶりに操業を開始する予定だが、この工場は、現時点で世界最大のパソコンメーカーである中国のレノボによって建設されている。[30] 資本家企業の細分化や解体は、仕事のオフショアリング過程が多様な方向に向かうであろうこと、そしてその方向は豊かな（かつては豊かだった？）先進国から他の国へ向かうものとは限らないことを示唆している。

３Ｄプリント（3D printing）

現在、「市場」に対する距離の近さと反応の素早さをともに満たすことがますます重要になりつつあること、そして同じことが将来の製造拠点の立地に関してもますます当てはまるようになることが議論されている。市場への近さという論点は、考慮すべき事象がオフショアリングだけではないかもしれないという問いと連接している。事実、近年は多様な新しい機械が３次元の形状や物体の「印刷」を可能にしているが、これは設計図が作成された場所から何千マイルも離れた場所でも遂行可能である。このような設計図は電子的に転送され、遠隔式の３Ｄ「プリント」によって物体化される。そしてこれは、商業地域がある場所のすぐ近くで行うことが可能である。

３Ｄプリントには多種多様な技術が含まれるが、その主要な違いは、容器から押し出された原料が既存の層の上に新たな層を加えていくことにより印刷物の層を積み上げるあり方に関わっている。[31] ３Ｄプリントにおいては、無数の層を積み上げることにより３次元の物体を製造する。個々の層は、コンピュータ制御された設計図にもとづいて電子的に製造される薄片である。物体が完全に印刷あるいは「製造」されるまで、新たな薄片の層が積み上げられていく。通常は、粉末にナイロン、プラスティック、カーボン、チタン、ステンレスなどからなる結合剤を噴射することにより薄片が生成される。このような製造法は、専門的には「付加」製造と呼ばれている。これは、木材、金属および他の原料を、切断、掘削、粉砕するといった工程からなる既存の「減法」製造と好対照をなしている。

このような3Dプリント技術は、1980〜90年代に、製品の試作品をより少ないコストで作成しようとする試みのなかでまず発展した。作業場や工場が、減法製造によって「本物」の製品の複製を大量生産するための生産設備を整える前に、安価な試作品をつくろうとしたのである。試作品を一つひとつ作成するとコストは高騰するが、3Dプリンタで試作品をつくるとコストが大幅に安くなる。しかし3Dプリント技術が発展するにつれて、3Dプリントは試作品だけでなくより多様な形状や原料を扱い得ることが認識されるようになった。近年は、付加製造による生産物のおよそ5分の2が試作品ではなく最終製品であり、しかもその割合は急速に増加しつつある。[32] 現在、3Dプリンタによって「印刷」可能なものとして、医療用移植片、自動車部品、宝石、利用者の足型に合わせたサッカーシューズ、ステンレス製の手袋、歯冠、自転車ヘルメット、カスタマイズ携帯電話などがあり、近い将来、人工血管も製造可能になる。[33] 研究者たちは、飛行機の翼全体、電気自動車、さらには建物全体を3Dプリンタで「印刷」できるようになると予想している。

このような生産システムは、コスト削減の可能性を大いに秘めている。たとえば、商品を特定の顧客向けにカスタマイズしたり、注文を受けてから印刷ないし製造したり、ほとんどコストをかけることなく商品に微妙な修正を加えたり、（廃棄物がほとんど出ないために）原料を節約したり、特定の環境に適応させるためにデザインを現地仕様に変更したりすることが可能になる。また、未使用の粉末と3Dプリンタによる製造物の両者を再利用する余地もきわめて大きい。[34]

しかしながら、もっとも大きな節約効果は、製品を消費者の近くで、あるいは消費者自身の「プリンタ」によって生産できることにより生じる。大通りやショッピングセンターや、場合によっては民家に開設された3Dプリンタショップが急増するかもしれない。全体として、3Dプリントには生産の現地化を大掛かりに進める可能性が大いにある。いくつかの製品は、製品をスキャンして消費者自身または消費者の近隣の3Dプリンタからそのコピーを無限に生産することにより、ほぼ同数の製品を世界中で生産した場合と比べて、大幅なコスト削減、輸送にともなう排出物と石油消費の減少をもたらすかもしれない。これは「製造業」の概念そのものを変えるようなまったく新しい「システム」を生み出す革命的変化かもしれない。クリス・アンダーソン Chris Anderson はこうした変化を「新たな産業革命」と呼んでいる。アンダーソンによれば、この革命を通じて、多ければ何百万もの「メーカー」によって、小規模な「生産」が再配置され遂行されるようなシステムが形成されつつあるかもしれない[35]。

3Dプリントにより輸送コストの大幅な削減が可能になることは、ある時点で、東アジアの低コストな生産拠点がものづくりにおける比較優位性を保てなくなるかもしれないことを意味している。というのも、前述の通り、東アジアで生産された製品は、「コンテナ化された」システムによって最終的な消費地まで何千マイルも輸送されるからである。3Dプリントないし3Dプリンタ製造業で用いられる原料の粉末は石油を用いて輸送されるが、電子化された製品の設計図はほぼ無料で移動できる。

フランク・ギールズ Frank Geels は、科学と技術の領域における主要な革新のすべてが、単純な「技術的」側面だけでなく、より広範囲におよぶ変化をもたらしがちであることを記述している。製造業に起こり得る上述の変化のようなシステム革新は、工業製品のみならず、「政策、消費者の行動、産業基盤、産業構造、そして象徴的意味」の変化をも含む[36]。『エコノミスト』誌と『ワイアード』誌はともに、3Dプリントを新たな社会技術システムになり得るもの、すなわち製造業の仕事の基準と影響を広範かつ空前の規模で変容させる「第三次産業革命」と特徴づけた[37]。

結論

本章では、生産と労働の性質に見られる変化を記述した。とりわけ重要な変化は、仕事と製造業がアウトソーシングされオフショアリングされるあり方である。仕事と製造業のオフショアリングは、コンテナ輸送システムの革新、電子化された供給網管理、自由貿易と結びついた欧米メーカーの細分化などの要因によって可能になった。ウォルマート式モデルは、遠距離供給網、コンテナ輸送システム、そしてオフショアリングされた製造業に依拠している。事実、この世界最大のスーパーマーケット企業は現在、小売業を本拠としているが、その分業体制は、製造業に特有の高度で複雑な分業ほどではない。

本章を結ぶにあたって、3Dプリントや付加製造が、はたして脱オフショア化された社会技術の発展という新たな長期的趨勢を生み出す革命的な革新たり得るのかという点について考察したい。社会技術の長期的趨勢を分析する専門家たちが指摘するように、商品とサービスの構造、支配的なテクノロジーの構造、そして企業と社会活動の構造は、この50年間で激変した。はたして3Dプリントは、過去30年間を特徴づけてきた仕事のオフショアリングという流れの一部を再び反転させるだろうか？　もし工場それ自体が解体しはじめたら、仕事のオフショアリングは後退するのだろうか？　ジェラルド・デービス Gerald Davis は、３Ｄプリントが、自宅、コミュニティセンター、町工場に生産システムを再配置する可能性を秘めた「高度に分散した生産」をもたらすと主張した[38]。私は第10章で、これがオフショアリングされた生産システムを反転させるのか、そして高度に分散した生産が、今後数十年間における経済と社会の配置に対して、どのような形で数多くの広範な影響を及ぼし得るかという点について検討する。

注

1　Adam Smith, ***An Inquiry into the Nature and Causes of the Wealth of Nations*** (Oxford: Clarendon Press, [1776] 1979)（＝大河内一男訳、１９７８『国富論』中央公論新社）

2　Anthony Jay, ***Corporation Man*** (Harmondsworth: Penguin 1975). 参照。

3　Scott Lash and John Urry, ***The End of Organized Capitalism*** (Cambridge: Polity, 1987).

4　Gerald Davis, 'Re-imagining the corporation' (paper to American Socio-logical Association, Colorado, August 2012).

5　Richard Sennett, ***The Corrosion of Character*** (New York: W. W. Norton, 1998).（＝斎藤秀正訳、１９９９『それでも新資本主義についていくか――アメリカ型経営と個人の衝突』ダイヤモンド社）

6　デトロイト市の財政破綻については次の記事を参照。'Detroit legal battle over bankruptcy petition', www.bbc.

co.uk/ news/world-us-canada-23381456（２０１３年７月24日閲覧）.

7 F. Froebel, J. Heinrichs and O. Krey, ***The New International Division of Labour*** (Cambridge: Cambridge University Press, 1979).

8 Alan Blinder,'Offshoring: the next industrial revolution', ***Foreign Affairs,*** 85 (2006): 113–28. および、Jagdish Bhagwati and Alan Blinder, ***Offshoring of American Jobs*** (Cambridge, MA: MIT Press, 2009).

9 Ronen Palan, ***The Offshore World*** (Ithaca, NY: Cornell University Press, 2006), pp. 7-9. 参照。

10 Bhagwati's contributions in Bhagwati and Blinder, ***Offshoring of American Jobs.*** 参照。多くの本は、アメリカ製造業における仕事の外部委託を嘆いている。

11 'Dyson to move to Far East',http://news.bbc.co.uk/1/hi/business/1801909.stm（２０１２年５月９日閲覧）.

12 David Tyfield and John Urry, 'Greening China's cars. Will the last be first?',www.lancs.ac.uk/staff/tyfield/GreeningChinaCars_CeMoReWorkingPaper.pdf（２０１２年11月28日閲覧）.

13 Chester Dawson,'Toyota again world's largest auto maker',***Wall Street Journal,*** 29 January 2013, http://online.wsj.com/article/SB10001424127887323375204578269181060493750.html（２０１３年５月11日閲覧）.

14 世界海運評議会（World Shipping Council）のウェブサイト（http://www.worldshipping.org/about-the-industry/liner-ships/container-vessel-fleet）（２０１３年７月29日閲覧）および、Brian Cudahy, ***Box Boats: How Con- tainer Ships Changed the World*** (New York: Fordham University Press, 2006), pp. 236-41. 参照。

15 www.worldslargestship.com/（２０１３年９月13日閲覧）.

16 Allan Sekula, 'Freeway to China',in Jean Comaroff and John Comaroff (eds), ***Millennial Capitalism and the Culture of Neoliberalism*** (Durham, NC: Duke University Press, 2001), p. 147. および、Allan Sekula and Noël Burch, 'The forgotten space',***New Left Review,***69 (May–June 2011): 78-9.（２０１２年５月14日閲覧）.

17 John Urry, *Societies beyond Oil* (London: Zed, 2013). 参照。

18 Marc Levinson, ***The Box*** (Princeton, NJ: Princeton University Press, 2008). 二つに一つのコンテナはその移動中に中国に立ち寄る。Paul French and Sam Chambers, ***Oil on Water*** (London: Zed, 2010), p. 43. 参照。

19 Urry, ***Societies beyond Oil*** および、Richard Heinberg, ***The Party's Over*** (Forest Row, East Sussex: Clairview Books, 2005). 参照。

20 David Held, ***Global Covenant: The Social Democratic Alternative to the Washington Consensus*** (Cambridge: Polity, 2004)（＝中谷義和・柳原克行訳、２００５『グローバル社会民主政の展望――経済・政治・法のフロンティア』日本経済評論社）参照。

21 Anthony Gucciardi, 'Leaked: US to start "trade wars" with nations opposed to Monsanto, GMO crops', www.activistpost.com/2012/01/ leaked-us-to-start-trade-wars-with.html（２０１２年５月９日閲覧）.

22 Kevin Casas-Zamora, 'Why the discomfort over free trade', ***YaleGlobal***, 12 September 2008.

23 "Zone: The Spatial Softwares of Extrastatecraft", https://placesjournal.org/article/zone-the-spatial-softwares-of-extrastatecraft/（２０１２年６月27日閲覧）.

24 Blinder, ***'Offshoring: the next industrial revolution'***, p. 119.

25 同書、p. 125.

26 David Holman, Rosemary Batt and Ursula Holtgrewe, ***The Global Call Center Report: International Perspectives on Management and Employment***, (Ithaca, NY: Cornell University Global Call Center Network, 2007).

27 同書、pp. 4-6.

28 Winifred Poster, 'Who's on the line? Indian call center agents pose as Americans for US-outsourced firms', ***Industrial Relations Journal***, 46 (2007): 271-304. 近年はコールセンターの立地としてフィリピンが重要視されてい

ると指摘する者もいる。なぜなら、フィリピン人の英語は「アメリカ人」のように聞こえるからである。

29 Dexin Yang, ***China's Offshore Investments*** (Cheltenham: Edward Elgar, 2005). 参照。

30 Tamzin Booth,'Here, there and everywhere', ***The Economist***, 19 January 2013, p. 3.

31 この記述は、経済・社会研究会議（ESRC）の助成を得て行われたトマス・バーチネルと私の研究に依拠している。以下の文献を参照のこと。Thomas Birtchnell and John Urry, 'Fabricating futures and the transportation of objects', ***Mobilities***, 8/3 (2013): 388-405, http://dx.doi.org/10.1080/17450101.2012.745697

32 'The printed word', www.economist.com/node/18114221（２０１１年８月16日閲覧）参照。

33 Katia Moskovitch,'Artificial blood vessels created on a 3D printer', www.bbc.co.uk/news/technology-14946808（２０１１年11月21日閲覧）.

34 Charlotte Ricca-Smith,'Could 3D printing end our throwaway culture?', www.guardian.co.uk/technology/2011/nov/17/3d-printing-throwaway-culture（２０１１年11月21日閲覧）.

35 Chris Anderson, ***Makers*** (New York: Random House, 2012).（＝関美和訳、２０１２『ＭＡＫＥＲＳ 21世紀の産業革命が始まる』ＮＨＫ出版）参照。

36 Frank Geels,'Multi-level perspective on system innovation: relevance for industrial transformation', in Xander Olsthoorn and Anna Wieczorek (eds), ***Understanding Industrial Transformation*** (Dordrecht: Springer, 2006), p. 165.

37 'The third industrial revolution', www.economist.com/node/21553017（２０１２年11月18日閲覧）および、Anderson, ***Makers***. 参照。

38 Davis,'Re-imagining the corporation' および、'Outsourcing and offshor-ing', ***The Economist, Special Report***, 19 January 2013. 参照。

第4章　オフショアされた課税

「租税回避」入門

この10年ほどのあいだ、税制をめぐる問題が、政治的な議題として注目を集めている。税制は、労働に代わりオフショアリングの過程をもっとも明確に示している。常に「税金」をめぐる話題が全世界のメディア、とりわけニュースメディアを賑わせており、最近ではスターバックスStarbucks、アマゾンAmazon、アップルApple、グーグルGoogle、フェイスブックFacebookやツイッターTwitterなど、世界的に著名な企業も例外ではない。UN uncutのような様々な活動グループは、個人や企業による租税「回避（dodging）」に焦点を当てながら、税をめぐる話題を政治的で道徳的な問題として取り上げている。「回避」という用語は、合法的な活動（節税：avoidance）と明白な違法行為（脱税：evasion）の区分を曖昧にし、議論をないまぜにしているのである。

イギリス保守党の財務大臣、ジョージ・オズボーンGeorge Osborneですら、「積極的な節税」を「道徳的には不快」であると表現している。それどころか、彼は最近、石油や鉱山、ガス関連企業にプロジェクトごとに財務情報を公表するよう義務づける「透明性に関する新たな指針」を課すことを約束した。[1] 彼は、多国籍企業が先進国に税金を払うことも重要であるが、同時に実際の経済活動が行われている場所、援助がまさに必要とされている世界でもっとも貧しい人々にこそ税金が支払われるべきであると述べている。オズボーンはまた、企業が課税されるべき利潤を他国へ不当に移転させることを防止するための方策を検討するよう、新たなG20移転価格操作グループに通達した。

保守党の現首相であるデイビット・キャメロン David Cameron もまた、ジャージー島における大規模な節税計画案を批判し、イギリスにおける税制論争に加わっている。しかしながら、メディアがある資産家の納税申告書を報じたところ、ほかにも多くの「不正な洗浄」が暴露されることとなった。[2] 税制に関する活動家マーフィー Murphy は、首相の発言が、保守党上層部の秘密を暴露するパンドラの箱を開けてしまったと述べている。「キャメロン氏は、このことを取り上げたことで、保守党の人々にとって都合の悪い問題が数多く存在していることを、今更ながらに理解したようだ。人々は彼の父親についてですらも、疑問に思うであろう[3]」。

キャメロンの父親、イアン・キャメロン Ian Cameron は、実際のところ節税を通じて財をなしてきた。1979年にマーガレット・サッチャー Margaret Thatcher がイギリスでの為替管理制度を改廃した後、彼は投資を巡る規制緩和の状況に恩恵を受けてきた。これによって、イギリス政府による課税と管理を経ることなく、資金を国内外に移動することが可能となった。イアン・キャメロンは、様々なタックスヘイブン（租税回避地）に投資ファンドを設立し運営を行った。彼は、ジャージー島に拠点を置く数百万ポンド規模の投資ファンド、クローズ・インターナショナル・アセット・マネジメントClose International Asset Managementの代表、パナマ市に登記され現在2、500万ポンドの価値を有するブレアモア・ホールディングスBlairmore Holdings Incの専務理事、そしてジュネーブに拠点を置くブレアモア・アセット・マネジメントBlairmore Asset Managementの株主になった。ブレアモア・ホールディングスは、1982年に設立されている。2006年に書かれた長文の投資目論見書には、このファンドが株式の購入に少なくとも10万アメリカドルが必要とされる限られた富裕層の投資家向けに設計されたものであり、いかにして投資家たちがイギリスでの課税を逃れようとしているのかが明確に示されていた。その目論見書によれば、「このファンドは、パナマ共和国の域内に置かれた資源からもたらされた収入やキャピタル・ゲイン（資本利得）ではない限り、課税の法的責任を負わない」という。このファンドはイギリスの法人税や所得申告の対象とはされておらず、他地域からもたらされた収入には課税されないパナマの法律の下にあったのである。イアン・キャメロンの資産は、2009年に彼が没したときには、1、000万ポンドと推定されていた。これら租税回避企業は、様々なタックスヘイブンに置かれており、それゆえデイビッド・キャメロンの「華やかな」学歴を経済的に支援し、さらには彼をイギリス首相へとたらしめたのである。

新自由主義の核心にあるのは、世界に60～70か所あるタックスヘイブンへの、そしてそこを通じた、金融と資産の流動が大幅に増加したことにある。これらのタックスヘイブンには、スイス、ジャージー島、マンハッタン、ケイマン諸島、英領ヴァージン諸島、モナコ、パナマ、ドバイ、リヒテンシュタイン、シンガポール、香港、ジブラルタル、ロンドンのシティ、デラウェア等が含まれる。「守秘法域（secrecy jurisdictions）」、あるいはフランスでは「金融の楽園（paradis fiscal）」として知られているものの増加は、１９８０年前後を端緒とした世界経済における新自由主義化の中心に位置している。オンショアで経験する高額の税金を課された煩わしい生活とは対照的に、オフショアに資金を預けておくことは天国のようなものである。タックスヘイブンは、逃避と自由の場所であり、低税率と資産管理、規制緩和と機密の保証、そしてしばしば美しいビーチまで付いてくるパラダイスなのである。このシステムは、直接的かつ積極的に透明性を妨げ、課税当局にとって透明性や可視性がもっとも求められる公的なものを、私的で秘密の存在とする。[4] これらの宝島は、富裕層がさらに豊かになることを可能としているのである。

以下で示されるように、現在ではおよそ4分の1の国家が何らかの形で「タックスヘイブン」であるとされる。[5] ロンドンのように古くからの金融センターが部分的にタックスヘイブンとなっているほか、過去30年間にケイマン諸島のように新たなヘイブンが数多く登場してきた。そのような場所にオフショアされている資金の規模は、１９６８年の１１０億ドルから、１９７８年に３、８５０億ドル、１９９１年に1兆ドル、１９９８年に6兆ドル、そして２０１０年には21兆ドルにまで増加している。[6] したがって、保守党の推定では、（額面上の）オフショアリングは、１９６８年を画期として、１１０億ドルから21兆ドルへとほぼ２０００倍増加したとされるのである。

著名企業のほとんどすべてが、オフショアの口座や系列会社を保有しており、世界貿易の半分以上がこのようなヘイブンを経由して行われている。同様に大半の富裕層（High Net Worth Individuals : HNWIs）は、税金について「計画する」ことが可能なオフショア口座を保有しており、欧州の１００大企業のうち99社がオフショアの系列会社を利用している。そして、本書で検討しているオフショアの世界の多くは、この資金と税制のオフショアリングと密接に関わりあっているのである。[7]
全体では、世界全体の富の4分の1から3分の1が、「オフショア」に握られている。[8] このオフショアされた資金の規模は、これまでの研究者による想定を超えており、世界に多大なる不平等をもたらしている。1000万人にも満たない人々が、オフショアに21兆円という驚くべき資産を所有している。これは、世界第一と第三の経済大国であるアメリカと日本のGDPを足したのとほぼ同額なのである。[9]
次節では、オフショアの隠れ蓑（façade）の主要な特徴について、とりわけスイスがいかにしてもっとも効率的な隠れ蓑をつくりあげてきたのかについて検討することとしたい。次に、実体経済から金融資本主義へ、オンショアからオフショアへ、公共の富から、私有の財へとシフトした世界経済の帰結について議論し、なぜ税制が一部の国家において、まさに公的な議論の対象となっているのかについて示すことにしたい。企業や個人が少額の税金しか払わない、あるいはまったく払わないということが、不当であり、「スキャンダラス」であるという考え方が広まりつつある。本章では、オフショアリングが現代の金融が有する権力において非常に重要であることについて議論を行い、近代経済において金融が機能不全に陥っていることについて、ケインズ的な視点から検討することとしたい。

「隠れ蓑」

実際のタックスヘイブンにおいてもっとも重要なのは、物理的、仮想的、そして隠喩的な意味での

「隠れ蓑」である。[10] 優れた隠れ蓑は、安全性と守秘性、誠実さとプライバシーを併せ持つ。多くの評論家が指摘するように、スイスは優れて安定的で恒久的な隠れ蓑をつくり上げ、維持してきた。そのもっとも効果的な隠れ蓑は、長きにわたる伝統と、物理的にも象徴的にもその安全性と誠実さ、そして秘密保持を示す証を有している。

誉れ高きスイス社会は、19世紀にはいち早く金本位制を確立し、シャクソン Shaxon が「誠実さの劇場」と呼んだようなものをつくりあげている。このスイス劇場、ないし隠れ蓑は、洗練された礼儀作法と信頼できる法律事務所、多言語ビジネス、慎重な書類作業、徹底した自由裁量、伝統を有する銀行、金融に関する諸機関、会計事務所と安定した政府、交通機関をはじめとした優れた公共サービスなどによる強力な集合体から構成されている。場違いな質問をされることがないがゆえに、嘘をつく必要もない。秘密が守られるのであれば、嘘をつくことも少なくなり、そして真実を偽ったことが見破られる可能性も低くなるのである。

とりわけ重要なのは、高度に地方分権化されたカントン（州）制である。このシステムは、税率の軽減と守秘の厳格化をめぐる各カントン間の競争を生み出している。スイスでは、税収総額の３分の2がカントンによって徴収されており、彼らはまた、高度な守秘性を約束することがビジネス上優位な点となるよう、様々な権力も行使している。２０１０年の総選挙において、スイスの有権者は31万5,０００アメリカドル以上の所得に対して最低22％の税率を課そうとする法案を圧倒的多数で否決した。[11]

こぢんまりとした一見活気に乏しい州ツークは、タックスヘイブン先進地の一つである。１９６０

年代までここは、貧しい農村地域であった。しかし今や、スイス中にあるタックスヘイブンのなかでも選りすぐりのヘイブンとなっている。ツークは、億万長者が集う地であり、スイス内でももっとも貧富の格差が広がっている場所である。アライアンス・ブーツ Alliance Boots やフォスター・ウィーラー Foster Wheeler、グレンコア Glencore、インフォルマ Informa、トムソン・ロイター Thomson Reuters、タタ Tata、トランスオーシャン Transocean そしてエクストラータ Xstrata といった著名な企業も含め、3、000社が拠点を置いている。それらの企業のなかには、街の郵便局に私書箱を置いているだけのものもある。ツークの個人所得に対する最高税率は22%であり、多くの人々は平均すると15%程度を支払っている。ツークの大半は、商品取引や個人金融業、多国籍企業の支社で固められており、それらはツーク湖近くの低層でモダンな建物に入居している。[12]

スイスの戦争に対する「中立性」は、この国が個人と組織の互いにとって安全で秘密の銀行となり、しばしば軍事的紛争において双方に対してサービスを提供している点において、重要な意味を持っている。このことはとりわけ、第一次世界大戦の際に明白なものとなった。なぜなら、ヨーロッパ全土で戦費のために税金が増加するにつれ、ヨーロッパのエリートたちは、「自らが引き起こした戦争」において戦う軍隊へ支払う税金から逃れ、彼ら自身の資産を安全かつ安心して預けておく場所を必要としていたからである。

しかし、第二次世界大戦におけるスイスの役割は、より屈折したものとなった。ナチスの資金の多くが、スイス銀行の口座に隠されており、大戦の終結後は徐々に、渋々ではあるものの、その詳細が明らかにされてきた。[13]だが、ナチスの「血塗られた金」を守るという役割をしていたのにもかかわらず、スイスの隠れ蓑は、衰えることはなかった――むしろそれはかえってスイス銀行の徹底した守秘性についての名声を高めさえしたのである。２００７年までに、スイス銀行の非居住者口座は、３・１兆ドルに達しており、その資金の半分は、他のヨーロッパ諸国からもたらされたものである。これらスイスの口座にある所得や富の少なくとも５分の４は、「自国の」税務当局に申告されていないのである[14]。

優れた「隠れ蓑」とは、安定性とモビリティが一つに統合されたものでなければならない。安定性は、このビジネスのまさに本分である。安定しているからこそ、誰もが預金の安全性を信じ、企業を簡単かつ安心して設立したり、再編したりすることができる。人々の言葉を信頼することができ、法的環境について安心できる。安定性は、詐欺をつかまされたり、銀行が破綻したりしないことを保証してくれるのである。モビリティは、資金を安全かつ確実に「宝島」を出入りさせ、また人々も容易かつ安全に、そして効率よく出入りできることを保証する。ここでは、金融取引の際に完全な秘密を保障する通信手段と、「投資家たち」による頻繁な訪問に対応するための快適な交通システムの双方が必要とされる。したがって、優れた「隠れ蓑」とは、安定性とモビリティの適切な組み合わせを必要とする。最近ではかつてほどではないものの、スイスは数十年間にわたって、優れた隠れ蓑のお手本とされてきたのである。

このほかのヘイブンは、ここまで効果的な隠れ蓑を提供してはいない。多数のオフショア金融センターは、より最近になって開発されたものであり、イギリスやアメリカ、それらに関連する「帝国」によって仕向けられたものである。その多くは、ポストコロニアルの時代において、グローバル経済のなかで新たな経済的地位へと追いやられた基本的に小さく貧しい発展途上国である。これらの地域では、オフショア階級を指向した「低税率」と「高所得者層向けの観光」を狙った開発戦略が構成される。

このようなオフショア金融センターでは、資金の流入を誘導するために金融と法律の専門的知識を発展させているが、それは租税回避、ないし脱税のための規則や法規のためである。パランとマーフィー、シャバニュー Palan, Murphy and Chavahneux が強調しているのは、タックスヘイブンは、その社会内に通常は居住せず、秘密のベールに隠された取引を行う人々が、「スムーズに」取引をするためにに入念につくりあげられた存在であるということである。そのようなヘイブン、あるいは守秘法域は、不透明さを高めその社会の一般的な「市民」ではない人々に利益を与えるように仕組まれている。そして、この支配体制を確立している会計士や銀行家、弁護士や税務の専門家が暗躍することを前提としているのである[15]。パラン Palan は、「資本主義の中心から蔓延していくオフショア技術を伝える存在である法律家やビジネスマン、そして犯罪者が、…表面的には主権を持ち独立している第三世界の国々の統治者たちに、オフショアのための環境整備の進め方をいかにして『伝授したのか』について論じている[16]。この発展のための戦略は、主導権を握る「ホスト」国との歴史的なつながりや良好な交通網を有する多くの小国にとって合理的なものである。そのような国々は同時に、著名な観光地としても開発されている。富める北側の企業と富裕層は、明らかに貧しい途上国のオフショア金融センターに依存してきたのである。世界を見渡せば、２０１３年の時点で少なくとも１００万ドル以上の投資資産を有する富裕層が、１，２００万人存在していると考えられる。このような「富裕層」の富の合計は46兆ドルにも上り、それは全世界の年間GDPの3分の2に相当するのである。[17]

多くの小国の有力者たちは、その隠れ蓑を確立ないし保証するかつての大英帝国とのつながりを発展させてきた。成功したタックスヘイブンでは、課税がきわめて限定的で、規制緩和が進んでいる。それらは、地域政治に責任を持たない隠れ蓑であるシティ・オブ・ロンドンと結合した植民地の前線基地である。シティ・オフ・ロンドンは企業が一般市民よりもはるかに数で上回る有権者であり、特殊で非民主主義的な形で統治されており、それゆえ途上国のタックスヘイブンに適切な隠れ蓑を提供する。概して「預金者たちは、実際にはイギリスの規則や規制（あるいはイギリスの税率）を逃れつつも、イギリスのような主要国家の司法権の範囲にいるように感じられる場所に資金を預けておくときに、もっとも幸せを感じるのである」[18]。イギリス王室属領（ジャージー島）とイギリス海外領土（ケイマン諸島）は、合計すると全世界におけるオフショア金融サービス市場のおよそ3分の1を占めている[19]。

多くのタックスヘイブンは、島嶼（キプロス）であるか、群島であるか（タークス・カイコス諸島）、あるいは小さな飛び地領土（ジブラルタル）である。そのような「小国家」では、金融や租税、消費や排除、そしてマネーの統治について、世界中の多くの人々の視線から逃れさせることが可能である。そのような国家は一般的に非民主的であり、適合的ではない人々を排除することができる統治システムを有している。互いによく見知った小さな社会では、村八分を恐れて、厳格さを欠いた規制による統治体制に抗して声をあげる者などほとんどいない。これらの社会は、「嫌ならば出て行け」という考え方が支配的な「金魚鉢」のようなものである。[20] タックスヘイブンは、多額の資金をオフショアへ移動させようとする人々に求められるがゆえ、「世間的な体面」としての隠れ蓑を維持できるのである。

ケイマン諸島がたどった物語は、この40年余りのそのようなオフショアリングのプロセスを分かりやすく説明してくれる[21]。この貧しく未開発の島々は、１９６７年に公式にオフショア金融のセンターとなった（実際のところそれまでも所得税が払われることはなかったが）。大蔵省とイングランド銀行はここをオフショアセンターとして開発することを支持したが、税金を徴収する内国歳入庁はこれに反対した。

ケイマン諸島でもっとも強い権力を持っているのは、女王が任命する総督である。彼は現地で選出されたケイマン人によって構成される内閣の議長を務め、統治に関わる重要な事案を処理し、主要なポストすべての任命を行う。ケイマンは、人口わずか5万3，０００人からなる、国歌が「God Save the Queen」の不思議な場所である。イギリスの隠れ蓑でなければ、このオフショアセンターは機能しなかったであろうし、ビーチにはかつてのようにマラリア蚊が群れていたはずであるが。

しかしケイマン諸島は、２兆ドルにも上る預金額を有し[22]、８万社が登記する世界第5位の金融センターに発展した。一人あたりの生活水準は世界でもっとも高い地域の一つであり、失業者はほとんどいない。消費者法もなければ、社会福祉も雇用法もない。ケイマン諸島は、企業登記から収入を得ているが、それらの企業は、設立者からも株主からも分離された法的な存在として構成されている。ケイマン諸島に登記されている企業は、誰からも監視されることなく形態や形式を変えることができ、可変的、適応的であり非常に柔軟である。ほとんどの会社は、その主要事業が他地域で行われている限り、収入や利益、資本利得に対し税金を払っていない[23]。2012年7月に発覚した香港上海銀行（HSBC）のスキャンダルから明らかになった証拠によると、ケイマン諸島は、秘密裏で行われた南米麻薬マネーの大規模な資金洗浄において中心的な役割を果たしていた。

多くの場合これら小規模国家は、このようにオフショアされた金融活動に依存している。オフショア金融は、その地域経済と国家において支配的な影響力を有している。このことは、1984年に新たな種の国際ビジネス企業を設立して以来繁栄してきた英領ヴァージン諸島（BVI）のケースにも明らかに見てとれる。わずか2万3、000人ほどの人口のBVIには、今や100万社の企業が設立されている。政府は通常、名義上の取締役はともかく、課税免除企業の所有者が誰で何をしているのか知る由もない。公式な登記において提供される唯一重要な情報は、法人設立を手配し年会費を徴収するその企業の代理人である現地法人の名前だけなのである。それらの代理人は、それ以上の情報を一切漏らすことはないだろう[24]。

BVIは、ロンドン中心部における近年の不動産価格の高騰にも深く関わっている。ロンドン中心部には、実際の所有者が印紙税や資本利得税、そして相続税を回避しながら不動産を購入するため、秘かに70億ポンドもの資金が投入されていると考えられる。不動産の購入では偽名が使われており、イギリスの公式な土地登記書ですらも購入者の身元は隠されている。秘密裏にイギリスの不動産を所有するために10万にも上るオフショアの組織が設立され、イギリスの各銀行は、購入者たちが融資を密かに行い、課税を回避させることで共犯者となっている。彼らは、不動産価格を上昇させ「最高級」市場を強化するとともに、ロンドンの住宅市場において大多数を占める納税者である「庶民」

たちから、さらなる搾取を行っているのである[25]。
ジャージー島のようないくつかのケースでは、オフショア金融活動は、地域経済から製造業やサービス業、観光業を締め出すこともある。ＯＥＣＤやＥＵ、Ｇ20は、小規模国家の租税回避の規模を縮小するよう要請をしている。ただし同時に、オフショア金融に依存する国々が、いかにしてそこから脱して小規模な経済を多様化していくのかを支援することについても考慮する必要もある。オフショアに陥っているこれらの国々が、資金洗浄を可能とする大銀行との関係を断ち、新たな技術と知識の基盤を得てオフショアとは異なる領域へと移行することは容易ではない[26]。彼らは代替的な成長戦略を必要とするが、オフショア金融の地位にひとたび「堕落」してしまうと、新たな戦略を見出し実行することは通常は困難である。

小国家の極端な形態ともいえるのが、最近進水したレジデンス型豪華客船「ザ・ワールド」である。これは「確実に隔離され、自由に漂う、豪華な個人所有の島のようでありながら、土地資産である。島々は、セレブリティや超富裕層にとって、逃避と支配をめぐる空想において重要な役割を果たす[27]」。「ザ・ワールド」は、世界の海原を半永久的に漂いながら、国家の法支配や税制、国や地域の人々への道徳上の責務、そして何より消費に関わる制約から逃れている。現代の情報ネットワークとつながりながら、富裕層の恒常的なオフショア生活のために設計されている。このような「船」はさらに７隻の建造が計画されている。それらは、世界中を漂いながら回避し続ける場所、いわば「移動する隠れ蓑」のようなものなのである。

第５章では、オリンピックやワールドカップのような大規模イベントの開催におけるスポーツ

「キャンプ」で、いかにして「一時的な」タックスヘイブンが創出されているかについて説明する。ここでの課税は、一般的にイベントを運営する国際組織によって行われるものであるが、それらの組織自体がオフショアであり、通常はスイスのタックスヘイブンに置かれている。実に47の世界的なスポーツ団体が、スイスに本拠を置いているのである。[28]

「イギリス」領土の場合、その地のナイト爵ないし貴族は、しばしば銀行や地域の行政組織において主要な人物となっている。その特権は、その地域の隠れ蓑を安定させる一助となる。悪名高い事例としては、2006年にアンティグア・バーブーダの大英勲章第二位 Knight Commander of the Order となったテキサン・アレン・スタンフォード Texan Allen Stanford があげられるだろう。アンティグアを拠点にスタンフォードは、イギリスの叙勲システムを通じもっともらしい隠れ蓑を得ることで、史上最大規模のねずみ講詐欺を引き起こした。後に彼は、70億ドルの詐欺の罪に問われ、110年の刑期を言い渡されるとともに、ナイトの爵位も剝奪された。だがこのような事件も、ありふれたものになりつつあるのである!

最近のクリスチャン・エイド Christian Aid の報告書によると、香港は世界の「10大」タックスヘイブンの一つである。[29] 香港は中国のオフショア地域として機能しており、1997年の返還以前にはイギリスにおいても同様の役割を果たしていた。中国のエリートたちは、遠隔地で統治され、節税／脱税を密かに行う彼らにとってのオフショアセンターを必要としているのであり、イギリスと中国の混成による隠れ蓑をつくりあげているのである。このような租税回避は大規模に行われており、多数の一流企業と政治家たちが関与している。

したがって、ほとんどすべての先進社会は、自らの影響力下にあるタックスヘイブンを一つないしそれ以上「囲っている」ともいえる。中国には香港とマカオ、ポルトガルにはマデイラ諸島、オランダにはオランダ領アンティル、イギリスにはチャンネル諸島、イタリアにはサンマリノがあり、アメリカにはネバダ州とデラウェア州、スペインにはカナリア諸島、多くのヨーロッパ諸国には、リヒテンシュタインとルクセンブルグなどというようにタックスヘイブンが存在している。オフショア区域はしばしば、その地域を統治する、あるいはそこと密接な関わりを持つアメリカやイギリス、フランスやオランダ、中国といった主要国による「拡張統治システム」によって運営されているのである。

この「拡張統治システム」は、同様に大半の経済的、政治的なエリートたちに、彼らの個人資産の多くをオフショアへと移動させ節税ないし脱税を可能とする安全な仕組みを提供している。これは先進国と途上国双方において、ほぼ普遍的ともいえるパターンのようである。たとえば、海外の銀行に単独で最大の預金額を持つのは、インドに拠点を置く人物だとされているが、それによってインドは、タックスヘイブンで年間5、000億ドルもの損失を被っている。[30] インドで選出された政治家は、驚くべきほど高い割合で、汚職の前科を有している。これはもはや「インド的な無差別の汚職（indiscriminate criminality）」とも呼び得るものである。[31] イギリス人ニール・ヘイウッド Neil Heywood のケース（薄熙来事件）では、中国からの不正な資金のオフショアリングもまた奇妙な様相を呈している。彼は、世界でもっとも急成長を遂げている都市である重慶の共産党書記であった薄熙来 Bo Xilai の妻、谷開来 Gu Kailai に殺害されたことが明らかになった。[32] 薄一家は、オフショア、とりわけ香港へと資産を移転しており、その総額は1億3、600万ドルに上るといわれている。[33]

ところで、タックスヘイブンとは何かについては、統一された定義は存在しておらず、いまだに論争の場となっている[34]。「守秘法域」の多くは、オフショア金融センターが間違いなく遵法的なものであるという幻想を保とうとしている。しかし、そのような場所の宣伝サイトを覗いてみると、そこには通常、規制が最小限で、税率が低く、情報公開要件が限定的であることが示されている。成功したオフショアのタックスヘイブンは、しばしば以下のような特徴を有している。収入や利得、相続に対し非課税で、多様な通貨を取り扱い、本人が訪れることなくオンラインで処理が可能であり、新たな銀行口座は最小限の書類で開設でき、他国と課税情報交換協定が未締結で守秘性が高い銀行が存在し（およそ10％のヘイブンはそのような協定を結んでいない）、銀行口座が「無記名の株式法人」で開設可能となっており、個人名が公的な記録やデータベースに掲載されることがない[35]。タックスヘイブンは、これらすべてを秘密裏にかなえてくれるのである。

それゆえ多くの主要国は、地理的に近接するか優れた交通手段で結ばれている、あるいは象徴的な意味で「母国」とつながっている自らの宝島をしばしばつくりだしその成長を促す。新自由主義経済の進展とともに、主要国経済がオフショアのタックスヘイブンを「囲い込む」傾向は高まりつつある。コロニアル、あるいはポストコロニアルの権力は、これらの隠れ蓑を支援し保証する主要な存在となっているのである。グローバル化する世界において、オフショアの銀行業は今や巨大なビジネスとなっており、これら多くの宝島間で激しい競争が展開されている。

歴史的に有力な社会の金融エリートたちのほとんどは、自らの宝島をつくりあげそれを維持することに強い関心を持ってきた。彼らの資金や企業の本社は、一般市民の目とスキャンダルを避けながら、都合良くオフショアのヘイブンに移転されてきたのである。近年に至るまで、このような自分勝手なやり方は、大半が暗黙裏のまま、いわば「共謀的な沈黙」のうちにあった[36]。金融に支配された世界でビジネスは、このように行われてきたのである。もちろん、ＯＥＣＤやアメリカ、ＥＵはじめヨーロッパ諸国政府は、オフショア銀行の規制に向けた取り組みを多少なりとも行ってきたものの、節税や脱税のしっぽをつかむような重要な証拠はいまだ手にしていない。これらの秘密は、金融が持つ権力と金融市場の絶対的な地位に不可欠な存在なのである。

金融の過剰

第２章では、モンペルラン協会の発展について簡単に議論を行った。モンペルラン協会は、１９３０年代の経済不況に対する、ケインズ理論をもとにした国庫からの歳出や規制による対応に対抗して、スイスの諸銀行によって構想された組織である。この組織は、１９７０年代後半までそれほど影響力を持っていなかった。だが、小説家アイン・ランド Ayn Rand や経済学者アラン・グリーンスパン Alan Greenspan らの著名人が中心となり、１９５０年代以降にはいくつかの成果を上げた。それらは、前世紀の終わりごろに形成された富裕な階級をさらに豊かにするとともに、収入と富の不平等が拡大するように分割された世界、より民営化が進みオフショアされた世界を形づくる基盤を提供した。

１９５０年代、とりわけ１９５６年のスエズ危機以降、大英帝国は急速に影響力を失っていった。

世界の貿易は、イギリス通貨ではなく、アメリカドルで取引されるようになった。そして、ユーロドル市場とも呼ばれる、まったく新しい金融市場が形成されることとなった。国営イングランド銀行は、この新たに登場した市場を規制することもできたが、そのような選択はしなかった。国有化以降でさえもこの銀行は、財界の利益の代弁機関であり続けたのである。その結果、成長を続ける市場の中心には、規制の真空地帯が存在することとなった。そこでは、アメリカではないオフショアに位置しつつも、イギリス通貨ではなくドルが指定の通貨となって資産が取引される自由な「オフショア市場」の存在が可能となったのである。これは、主要な市場でありながらも実際の取引が行われず規則や規制がほとんど存在しない金融市場が初めて形成されたということであった。アメリカとイギリス、両当局の規制がここに及ぶことはない。しかしこの市場は、キャロル Carroll が詳細な社会ネットワーク研究によって明らかにしている「北大西洋支配階級の恒久的な影響力」の維持において中心的な役割を果たしてきた[37]。

ユーロドル市場は、すぐさま世界中の資本の最大の供給源となり、金融市場の潜在的なオフショアリングを確立させた[38]。シティ・オブ・ロンドンは自ら「オフショアの島」へと姿を変え、イギリスの海外領土となった14の島嶼国家のうち、その半数がオフショアのタックスヘイブンとなった。これを端緒として、ユーロドル市場は1960年代には大幅に拡大し、シティ、そしてとりわけイングランド銀行の影響力の再確立に一役買うこととなった。シャクソンは、イングランド銀行総裁による「為替管理は市民権の侵害である」という1963年の宣言を例示しながら、シティの自由主義的な性質を指摘している[39]。1960年代においても、このようなオフショア市場への圧倒的な流れは、国家による通貨政策の遂行をますます困難なものとさせていった。アメリカの政策立案者たちは、この新たな規制なき市場の潜在的な非安定性に繰り返し脅かされることとなったのである。

さらに重要な展開となったのは、１９６３年に登場したユーロ債であった。これは、実際の所有者についての記録が残らない、規制なき無記名債券であった。ユーロ債市場は急速に成長し、１９７０年には額面上は世界の外貨保有額全体を凌ぐこととなったと考えられている。そのような債権は、課税を回避することが可能であり、銀行券以上に重要なものであると評する者もいる。[40]通常の銀行は、将来の払い戻しに備え現金を保有しておく必要があるが、ユーロ債市場における銀行は、そのような必要がなくはるかに利潤を得やすい状況にあった。また、ユーロ債の登場は、いわゆる投資銀行の急成長をもたらした。アメリカは、このシステムの中心に位置していた。なぜなら、１９６０年代のベトナム戦争時、あるいは自国民が膨大な数の中国製品を購入した２０００年代など、必要時にはドルを追加で発行するという奇術によって債務を返還することができるという、他にはない優位性があったからである。

こうして、ロンドンとニューヨークの連合による金融権力が結託して、オフショア世界が形成されたのである。シティ・オブ・ロンドンは、長きにわたってその隠れ蓑のなかで秘密を蓄えてきた存在であり、この結合権力の中心に位置していた。その重要な特徴は、自治区であり外国企業ですらも選挙権を持つことが可能であったということ、海外投資金融に関する専門的人材を数多く有していたこと、アメリカやドイツに比べ国内主要産業との結びつきが強くなかったこと、そして規制が緩かったことなどがあげられる。[41]シティ・オブ・ロンドンは、オフショアでありながらも、同時にイギリスの経済と社会の完全なる中心に位置していたのである。

エバンス Evans は、ユーロ市場の登場がいかに「ブレトン・ウッズ体制の公式チャンネルを通じて管理される国際的金融から、ユーロドルシステムの民営化市場への転換を意味しているのか」について論じている。[42] ユーロ債市場によって、銀行家たちは多くの債務をオフショアにすることで、財務体質を改善することができた。シャクソンは、1960年代以降、いかにして「これら半植民地化された島々やロンドンと結合した衛星地が、会計帳簿をすり抜ける半ば虚構で秘密の抜け道、世界でもっとも富裕な個人や企業が秘密裏に無税で自らのマネーを預けておく隠れ家、すなわちユーロ市場の記帳所として真価を発揮していったのか」について論じている。[43] 1980年代に入っても、この資金移動の規模は、貿易と投資の「必要性」と直接的に比例するものではなかった。そこでの資金の移動は、新たな投資に妥当な国際貿易金融に「必要とされる」額の少なくとも20倍となっていたのである。[44]

これは、銀行がどこからともなく魔法のようにマネーをつくりだす過程とも似ている。ガルブレイス Galbraith の有名な言葉のように、「銀行はマネーを創造する」のである。[45] 銀行は、預金されたマネーを他人に貸しつけ、またそのマネーがさらに他人に貸しつけられ、それが連鎖していくことで収支を黒字にする。この信用によってマネーが創造されていく過程は、危険に満ちている。なぜならば、銀行からの融資が焦げつく可能性があるからである。おおむね1940年代から1970年代までの「西側」の組織化された資本主義の時代においては、このマネー創造プロセスは厳格に規制されていた。各国はとりわけ、適切な支払準備金を設定することによって、自国の銀行の活動を管理してきた。

銀行の破綻を避けることは、各国政府にとって主要な関心であるようにも思えた。1933年に制定されたグラス・スティーガル法は、アメリカにおいて通常の商業銀行と投資金融の区分を確立していた。

しかし、1970年代に入り、「脱組織化した」資本主義、あるいは新自由主義資本主義が登場すると、これら多くの業務隔離がなくなり、状況はオフショアを通した収入と富に有利なように整えられていった。1982年には、すでにアグリエッタ Aglietta が、「いかなる主権国家の規制も及ばない脱領土化した、完全に独立した国際信用制度」の出現について論じている[46]。そのような、脱領土化したシステムが拡散するにつれ、世界中で守秘性と低税率、緩やかな規制を提供し合法化しようとする地域間競争が発生することになった。多数の新たなるタックスヘイブンの設立とオフショアリングの拡大は、組織資本主義の核心にあった国家による規制から自由であったため、金融の中心となった。そして、世界的な格差の拡大をともないながら、多くの個人や企業から、富裕層がなお一層豊かになるためのオフショア化された金融サービスを提供する途上国へと、富がかすめ取られていったのである。

パランとマーフィー、シャバニューは、いかにしてタックスヘイブンがこの金融世界の発展において核心となっているのかを明らかにしている。それぞれのヘイブンは、必ずしもそれ自体がとり立てて重要な存在であるとは限らない。だが、「それらが組み合わさることで、ヘイブンは世界経済において中心的な役割を果たす……『新自由主義的グローバリゼーション』の……枢軸の一つとなるのである[47]」。1999年のグラス・スティーガル法の廃止に明らかなように、適切な業務隔離がない寛大な融資環境がつくりあげられていった。廃止によってアメリカでは、２００７年から２００８年にかけての経済恐慌以前の７〜８年のあいだにシェア上位３銀行の資産が倍増した。このように、かつてないほど短期間での資金の集中が生じることとなったのである。[48]

今や、オンショアにとどまっているマネーのほうが例外的に見えなくもない。そのようにしているのは、いまだに税金を払い続けわずかな金しか持たない「庶民」のみなのである。２００７年には、好況にもかかわらずイギリスの大手企業の３分の１は税金をまったく支払わなかった。[49] オフショアにはすべての主要銀行と金融機関が包含されており、大型資金の大半は、部分的にオフショア化されている。パランが指摘するように、様々な規制の変更を通じて、「グローバル政治経済のなかにオフショアが埋め込まれてきた」のであり、オフショアはもはや、文字通りに「海外」を意味しているのではないのだ。[50]

実際シャクソンは、アメリカがいかに「他の追随を許さない世界でもっとも重要な守秘法域」なのかについて論じている。[51] 小州のデラウェアには、一つの建物に21万7、０００社が入居しているビル——ある意味世界最大のビルである！——も存在している。ゼネラル・モータース GM やウォルマート Walmart、フォード Ford、ボーイング Boeing やコカ・コーラ Coca-Cola など、全米で５００位以内の資産を有する企業のうち、ほぼ３分の２がデラウェアに拠点を置いている。企業統治に対する自由放任的な態度が存在しており、株主や出資家が有する権利はほとんどない。ここは、「企業機密」の重要性が強調される秘密の場所なのである。[52] カレトリオ Caletrio は、この金融の世界ではいかに「プライバシーと沈黙、そして守秘性が常に業務上の取引を決定づけているのか」について論じている。[53]

さらに、資金が「オフショア」へと移動すると、そこでは資金洗浄や不正な資産、犯罪に関連したり、テロリズムを支援する資金と同様の口座や設備を用いることとなる。コーチャン Kochan が冷静に指摘するように、誰かが銀行で融資を受ければ、「その人が借りた資金は、かつて独裁者や大物麻薬密売人の銀行口座を経てきた金である可能性が非常に高い」のである。[54] ２０００年代中盤の推測では、これら「違法な」形態の資金は、１・１兆アメリカドルから２・５兆ドルという莫大な額に上るとされている。[55] すばやく移動する資金は、その多くが租税回避を目論む者たちとつながっている銀行の手によって、法的な規制から抜け道を使って逃げていく。つまり、密猟者と猟場の番人は仲間なのである！

そのような銀行は通常、賄賂や資金洗浄、テロ資金や犯罪に関わる資産がその口座を利用することを防ぐことができない。１９９０年代、かつて信頼されていたニューヨーク銀行は、国家の監視の目をすり抜けた莫大な額の洗浄済みのロシアンマネーが「通り抜ける」導管であった。コーチャンは、いかにしてオフショア口座が大規模な資金洗浄を可能としているのかについて記している。[56] １９７２年に設立された国際商業信用銀行 BCCI のように、オフショア化された世界の出現によって急速に成長した銀行が、この20年ほどのあいだに設立されてきた。ＢＣＣＩには、１９９１年に巨大な共謀詐欺が発覚した。その全体像を把握することは、いかなる監査人でも不可能だろう。ブリテェイン＝キャトリン Brittain-Catlin が述べているように、この銀行は「国家の権力と金融システムの隙間で成長した化け物」だったのである。[57]

2012年7月、アメリカ上院常設調査小委員会（Senate Permanent Subcommittee on Investigations）は、巨大銀行HSBCとそのアメリカ支社がアメリカの金融システムを用いて行った資金洗浄や麻薬取引、テロリストの資金調達について明るみにした。HSBCは、80か国以上に7、200の営業拠点を有しており、2011年には22億ドルの収益を得ている。しかし今や10億ドルの罰金を支払う危機に直面しており、その流動的で違法な資金移動の規模を物語っている。これは、資金洗浄の統制不足が招いた構造的な欠陥である。アメリカ上院常設調査小委員会による330ページにも及ぶレポートでは、主要銀行の傍らで幾多のエージェントとともに活動する「コルレス銀行」の重大性について辛辣かつ詳細に記述されている。このレポートでは、不正な資金の流れ、とりわけ巨大なメキシコ麻薬帝国からの資金ルートが明らかにされた。HSBCは、世界の自動車産業の評価額の2倍にも上るとされるこの大規模な麻薬マネーの資金洗浄を防ぐための法的措置を講じなかったのである。[58]

ペトラスPetrasは、いかにして「犯罪的金融エリートとその共犯者たち、そしてそれに加担する国々による支配が、法と秩序を無力化し、規制のネットワークと司法体系全体に対する不信を招いたのか」について整理している。すなわち、犯罪的なエリートが処罰を逃れて取引を行う一方で、批判的な市民たちが憲法の権利を遂行しながら起訴されるという「不平等で不正義な」国家システムが引き起こされているのである。[59]

それゆえ、このオフショアリングの世界と繰り返される不法行為は、巨大な影の銀行システム、そして「金融化」と「実体経済」のあいだの不均衡の中心に位置している。世界経済の大部分が、今や「金融化」されている。[60] 2010年の年間の外貨取引総額は955兆ドルであり、世界のGDPの総計63兆ドルの15倍以上となっている[61]。このような莫大な金融資産の循環は、所得の再分配の循環と「実体経済」の地位を奪い去る「金融市場の独裁」と呼ばれる状況を生み出す[62]。さらに、現在の金融取引の大部分はアルゴリズム取引によって行われており、アメリカ株式市場の総取引の70％はコンピュータによる高頻度取引によるものといわれている[63]。

したがって経済は、他者の生産する商品やサービスを管理する組織から、金融資産の循環と仲介に関連する組織へと富と権力を移行させながら再構築されているのである。我々が目にしているのは、いかにこのようなオフショアでの仲介が数多く行われているのかということであり、そしてそれらは、この30～40年のあいだに登場した多様な相互依存的新興金融エリートによって担われているのである[64]。この金融仲介の権力は、新たな商品や関連サービスの創造を行う小規模企業によって成り立つ生産的経済の関心には背を向ける。

金融と貨幣、債務が有する権力の重要性の中心に位置するのは、プライベート・エクイティ買収である。機関投資家や債務者は、買収先企業の将来的な資産を担保にして融資を引き出し、プライベート・エクイティ企業は小規模の購入コストで買収される。ひとたび公開企業が買収されると、「私的なもの」となり視界から消えることとなる。プライベート・エクイティ企業の活動には、ごく限られた規制しかかからない。その証拠に、ほとんどのプライベート・エクイティ・ファンドは、法制の免除によって規制や監督を免れている。しかも、プライベート・エクイティによって所有された企業は、雇用の水準が低下し、成長率が緩やかになり、破産へと向かう傾向にある。それと同時に、オフショアで登記され運営されているプライベート・エクイティ所有の企業は、節税／脱税の戦略のために置かれている傾向がある。[65]

オフショアの世界は、巨大な企業によってつくりだされ、彼らに有利なように形づくられている。オフショア世界は、「創造的な弱者」にとって競争が困難な場所であり、たとえ彼らが成功を収めても、収益の大半がオフショア化された大規模な多国籍企業の官僚機構の一部へと組み込まれてしまうであろう。[66] いかにしてオフショアの世界がローカルで、小規模な企業の力を組織的に弱体化させてきたのかについては理解が深まりつつある。彼らは、大規模オフショア企業と同じ土俵にいるわけではまったくない。

したがって、そのようなオフショア世界は明らかに、非課税で非統治、統制不可能な「カジノ資本主義」の発展の核心に位置している。カジノ資本主義は、銀行業というよりもギャンブルのようなものであり、地球上のほとんどの国々において経済的、社会的、そして富の不平等を拡大してきた。[67] 金融は今や、アメリカにおいて営業利益のおよそ41%を創出している。けれども全営業利益の16%であった1980年と比べても、10%に満たない付加価値しか生み出していない。[68] イギリスでは、100年間にわたり銀行の資産はGDPの約半分の規模にとどまっていたが、この10年足らずで10倍以上に増加した。2006年には、イギリスの銀行の資産は、自国のGDPの10倍となり、構造的リスクが急激に高まる結果となっている。[69] オフショアリングを通じて発展した金融の支配力は、それゆえボルタンスキーとシャペイロ Boltanski and Chiapello によって「資本主義の新たな精神」と描かれた要素の一つ、経済と社会の重大な構造的変化に関わるものなのである。[70]

租税をめぐるポリティクス

しかし、このオフショア化された租税システムは、突然に登場したものではない。20～30年前までの「西側」においても、収入と課税については、一般的には私的な問題であり、お抱えの会計士や弁護士を除いて他人が関与するものではなかった。それらは個人の事業に関わるものであり、著名人や有名企業がどれだけ多くの（あるいは少ない）税金を支払っているのかは、誰も知ることはなかった。セレブリティの富裕な生活の特徴の一つは、多額の税金を支払うことを避けるという方法で報酬を受け取るということであった。同様に企業は、しばしばその収益に比してきわめて少額の法人税しか納めていなかったが、それが問題であるとはそれほど考えられていなかった。なぜなら、多額の資金を有することは、企業が自らの関心で「投資する」ことができることを意味していたからである。

それゆえ、租税はどうであれ多少は秘密めいたものであり、多くの人々による協議事項でもなければ、一般社会で暮らす人々には関係ないものである。実際のところシャクソンが指摘するように、イギリスでは知らぬ間に「租税回避の常習者がこの王国では爵位を得て……少しずつ、オフショアの腐敗した倫理観が我々の社会に受け入れられてきた」のである[71]。とりわけ重要なのは、会計士と弁護士という専門職は、たとえ彼らの顧客の活動が非合法で反倫理的であったとしても、顧客の活動はあくまで個人的で私的なものとして扱うことが許され、さらにはそうすることが期待されもしてきたということである。専門職と顧客の秘密の関係は、神聖不可侵のものであるという考えが重要なのであった。

租税をめぐる重要なポリティクスの一つは、特定の集団が選挙権を有していないこと、もしくは賃金闘争を含め政府への道義的な異議申し立てを理由とした、税金の支払いの拒否に関わるものである。1970年代のアメリカにおける納税者の反感は、1980年のアメリカ大統領選挙におけるレーガンの当選へとつながった[72]。強力な課税をめぐるポリティクスは、カリフォルニアに端を発するものであった。特に重要だったのは、その当時アメリカ最高裁が認めた憲法修正案を通じて資産への課税と将来にわたる税率の上昇を制限しようとする13号提案であった。2009年以降のアメリカのティーパーティー運動は、将来的な税負担の増加に抵抗して精力的な活動を行っており、政府による財政支出計画と課税に反対する候補者を支援している[73]。

しかし、2000年頃から、富裕層や権力者による脱税やタックスヘイブンの役割に関する問題もまた、課税への対抗的な政治活動の中心に浮上するようになった。新たな世紀への幕開けとともに、課税をめぐる政治も新たな段階に入ったのである。現在では、オックスファムOxfamによるものをはじめ、タックスヘイブンが世界にもたらす貧困についての多くの批判的な報告書が出版され、ウォール・ストリート・ジャーナルやエコノミストといった経済専門誌などのメディアでも記事が書かれている。オフショア・ウォッチOffshore Watchのような新たな社会活動を進めるNGOが設立され、タックスヘイブンに対抗するグローバル・キャンペーンを展開する世界社会フォーラムによる介入も行われている。国際調査報道ジャーナリストコンソーシアムInternational Consortium of Investigative Journalistsは、新たな研究プロジェクトを組織化している。不正な課税競争の抑制を目的としたOECDの役割は増大しており、2013年3月には38のメディア組織が金融情報を受け取るなどメディアに金融情報が公開される比率も高まっている。積極的な租税回避/脱税に「スキャンダラスに」関わる企業への批判と一般市民による認知が進みつつある。[74]

この課税をめぐる対抗的な政治活動は、今や大きなうねりとなりつつある。多くの直接的な行動、NGOの活動、政府機関の公式な報告書、そして新たな行動指針が、「租税回避」の多様な形態と諸側面を暴露し、非難している。そのような租税回避は、収入と富が発生する場所での税収を減じさせるものであり、公平性を欠いたものであるとみなされている。なぜなら、地域に基盤を置く企業は税金を全額支払っているのに対し、多国籍企業は払わないからである。[75] UK Uncut は、とりわけボーダフォン Vodafone、トップショップ Topshop、ブーツ Boots、フォートナムメイソン Fotnum and Mason、バークレイズ銀行 Barclays、香港上海銀行 HSBC、ロイヤルスコットランド銀行 RBS といったイギリスに拠点を置く大企業が行う「疑惑の」租税回避をターゲットとしている。同様に、ニューヨークの「ウォール街を占拠せよ」運動の参加者たちは、バンク・オブ・アメリカ Bank of America、ウェルズ・ファーゴ Wells Fargo、ゼネラル・エレクトリック GE、ベイン・キャピタル Bain Capital とJPモルガン・チェース J.P Morgan Chase への抗議として、2012年4月17日のタックス・デイ（確定申告締切日）には、メジャーリーグ球団ロサンゼルス・ドジャースをもじった「Tax Dodgers」のユニフォームを着て抗議活動を行った。税をめぐる恥部は、今や多くの国々において重要な政治的問題であり、急速に地球規模の運動として展開しつつある。[76]

2013年初頭に国際調査報道ジャーナリストコンソーシアムによって明らかにされた調査結果は衝撃的なものであった。この調査は、企業データや個人情報、eメールのやり取りが入ったハードディスクドライブをもとにしたものであった[77]。そこには、約250万のファイルと200万件以上のeメールで合計260ギガバイト以上のデータによるオフショア情報が含まれていた。ドライブには、四つの大規模データベースに加え、50万ページに及ぶ文書、PDF、スプレッドシート、画像、そしてファイルが収められていた。

このデータは、英領ヴァージン諸島、クック諸島、キプロス、シンガポールなど10のオフショア法域に由来するもので、12万2、000以上のオフショア企業や信託、およそ1万2、000の仲介者（代理人ないし「手引きをする者」）、約13万件のオフショア企業の陰に隠れ、あるいはそれらを経営や所有することで利益を得ている人々やその代理人たちの記録が含まれていた。この膨大なデータからは、オフショアの連合体をつくりあげている者たちの大部分が、中国、香港、ロシアおよび旧ソ連諸国に居住していることが明らかになった。

国際調査報道ジャーナリストコンソーシアムの分析は、多く組織がオフショアに置かれている資産の実際の所有者や管理者を隠蔽するよう設計されていることを解明している。企業の多くの役職は、いわゆる「名義貸し取締役」で占められており、同じ名前が数百社に登場することすらある。名義貸し取締役たちは、自らほとんど知ることもない企業の役員に名義を貸すことで報酬を得ている人々である（このような方法はオフショア世界では広く用いられている）。このデータにおいて彼らの所在は、170以上の国と地域に拡がっている。

租税正義ネットワーク Tax Justice Network は、秘密裏に行われている租税回避活動を政治問題化させたもう一つの組織である。この組織は、富を所有し管理する者たちが、自らの富を生み出す源泉となっている社会に対する責任を逃れることを目的としたあらゆる手法に対して抗議している。[78] デラウェアの守秘法域は、「デラウェアは政治運動からあなたを守ることが可能である」と主張しているが、租税正義ネットワークは、コンプライアンスと開放性、透明性を重視し、そのような保護が不可能であることを明らかにしようとしているのである。

このほかにも、たとえば「税はフェミニストの問題」であるというように、税をめぐる問題をより広範囲に適用しようとする人々もいる。[79] 隠れ蓑を利用して組織的に税の支払いを回避するような人々や企業が無税であったり、少額の税金しか納めなかったりするのに対し、その他の人々がより多額の税を納めたり、本来よりも低いサービスの水準に甘んじるということは、スキャンダラスであり、法的な異議申し立てが必要な問題であるということは、今や多くの国々において認識されている。巨大企業や富裕層は、スキャンダルに飢えたメディアや待ち構える抗議活動家から身を守るため、「税金洗浄」の必要にも迫られている。

この課税をめぐる問題は、情報公開と衆目の監視を用心深く回避しながら、あくなき利潤追求のために積極的な租税回避を目論んでいると批判されている世界中のメジャーブランドの多くをますます脅かすようになっている。その一例として、バークレイズ銀行があげられる。この銀行は、数々の疑惑に関わってきたが、常に新聞社を口止めしようとしてきた。バークレイズは、「極度の恐怖と男性性」が支配する租税回避工場で年間およそ10億ポンドを稼ぎ出してきたとされる。[80] その醜悪さゆえに、バークレイズは２０１３年2月にその工場を閉じることとなった。この「大儲けできる裏技」は、「一大産業ともいうべき規模」の租税回避が行われていた自社の構造化資本市場部門のみならず、バークレイズのブランド全体をも脅かすものであった。

同様の事例として、終わりなき成長と債権を貪欲に追求するヴァンパイア・ブランドという装いを強めつつあるゴールドマン・サックスがあげられるだろう。吸血鬼のひそやかで夜行性の生活は、金融オフショアリングの暗黒の蓄財、シャドー・バンキング、貸借対照表から隠された多額の不良債権、そしてデリバティヴ取引市場の漆黒の闇とも共鳴するようである。フロイドとジャコビーFreund and Jacobiは、今や仮面を引きはがされ、丸裸にされ、劇舞台にあげられた、疑惑の輩の中心に浮かびあがる悪魔とみなされている多くのブランドの状況を理解するために、「ブランド・モンスター」という概念を提唱している。マット・タイービMatt Taibbiによる2009年7月のRolling Stones誌の記事は、ゴールドマン・サックスに関する強烈なイメージを急速に広めることとなった。彼によれば、「ゴールドマン・サックスについてまず知っておかなければならないのは、その遍在性である。この世界でもっとも強大な投資銀行は、巨大な吸血イカである。人類の顔に巻き付いた吸血動物は、金の匂いがするところならどこにでも容赦なく牙を剝き、生き血を啜る」のである。[81]

結論

本章ではオフショアが、法律や金融、そして税に関するあらゆる専門家たちが集結し、様々な形態で機密が保守され、合法ないし非合法の多様な活動がせめぎ合い、絶え間なく変化し続けるエコシステムであることを明らかにしてきた。オフショア・サービスは、個人や企業がある国家で得た利益に対し、その国家だけでなく自らが拠点を置く他国でも課税されるという二重課税を避けるためにつくりだされたともいえる。しかしオフショアリングは実際のところ、守秘性や金融フローの複雑性が高まるにつれ、いわゆるラダリングやサラミ法と呼ばれる方法によって「二重非課税」をも可能としている。今や、規制当局がその詳細を把握することは困難となっており、このことがしばしば組織的な租税回避を許しているのである。オフショア世界の金融によって生じる課税の損失額は、少なくとも年間数千億ドルと推定されている。[82]

さらに本章では、オフショアは、経済パワーの中枢から必ずしも文字通りの意味でオフショアされているのではないことも明らかにしてきた。言うなれば、オフショアは至るところに存在するのである。ある一つの企業のオフショアは、他の企業のオフショアである。そしてオフショアは、強大な世界を形づくっているものの、その世界はどこにも存在せず、オフショアが有するパワーはその空虚な性質がもたらしたものである。マーフィーは、「不正な資金の流れは……不正な場所を通じて流動するのではなく、むしろ守秘法域がつくりだした秘密の空間を通じて行われる……そのような資金は、自らの存在を可能とする規制がまったくないまるで真空地帯のような場所を漂っているのである」と述べている。[83]

結果として、この幾重にも折り重なった「秘密の世界」、「無規制の真空」は、一つの国家によって規制されることはないし、実際のところ、まったく規制されていないともいえるだろう。秘密の世界が、かくも巨大化し「無規制の真空」となるにつれ、時折その行き過ぎが衆目にさらされ非難の対象となることはあっても、それらを打ち破ることも手なずけることもほとんど不可能となっている。

この秘密のオフショア世界は、金融が有する、とりわけ諸国家や産業を超えたパワーに由来するものである。金融の独裁権は、貨幣が公共財ではなく、利潤を拡大させるための私的な財であると考えられていることを意味している。この貨幣から金融への「民営化」は、様々な方法によって生じる。たとえば、新たな金融商品やサービスをめぐる競争の激化、金融のほとんどすべて（少なくとも95％）が投機市場となること、低税率、ないしまったく税を払わずに済む場所を探し出すこと、そして潜在的な「投資家」にとってより魅力的な税率や環境を提供しようとする課税当局間による競争などである。大企業や富裕層は疑いなく、巨大で「民営化」された金融による無規制のオフショア世界の成長を通じて望外の利益を得てきたのである。

したがって、貨幣システムは資本家の投機の対象へと転換されたのであり、もはや産業やサービスのための機能ではなく、経済それ自体になりつつもある。メラー Mellor はこのような状況について、資産がさらなる資産を生み出すために金融資産へと投資される「ターボ（過給機付き）資本主義」と表現している。株主価値は、オフショアリングの核心である。[84] 貨幣の有用で公共的な役割は、金融による支配と悪企みによって失われてきた。そしてこれは、以下の章で論じる他の多くのオフショアリングの過程を反映したものでもある。

現代社会において資本は、より「生産的」な場所へと移動するわけではなく、まして社会的にもっとも有益な場所へと移動するわけでもない。イギリス金融サービス機構 UK Financial Services Authority の会長（アダル・ターナー Adair Turner）でさえも、ニューヨークやロンドンの金融センターで働く聡明な若手たちが開発する多くの「商品」が、「社会的に有用ではない」だけではなく、むしろ社会的に有害なものであると論じている[85]。すなわちマネーは、もっとも守秘性が高く、税率が低く、可能な限り規制と法律を回避できる場所へと移動していくのであり、より一層緩やかな規制の形態を求めて世界を旅しているのである。金融は、経済にとって財政的なエネルギーをもたらすものではない。さらにいえば、20兆ドルの損失を出したとされる２００７年から２００８年にかけて発生した経済金融危機に象徴されるように、ネットワークが複雑に連関しているにもかかわらず業務隔離が不十分なため、金融は過去に類を見ない不測の非常事態に対してきわめて脆弱なのである[86]。

注

1　Daniel Boffey,“George Osborne in pledge to help world's poor fight tax abuse', www.guardian.co. uk/politics/2013/feb/16/George-osborne-pledge-tax-abuse（２０１３年2月17日閲覧）.

2　Rob Evans & Rajeev Syal,‘Lord Ashcroft “avoided £3.4m in tax” ahead of rule change', www.guardian.co.uk/politics/2010/sep/27/lord-ashcroft-tax-conservative（２０１２年8月2日閲覧）.

3　Jason Groves,‘Cameron's tax tangle', www.dailymail.co.uk/news/article-2172697/Jimmy-Carr-tax-evasion-After-attack-avoidance-David-Cameron-backs-down.html#ixzz1zAsUD2ts; Ian Cameron の節税計画に関しては、Ed Howker & Shiv Malik,‘Cameron family fortune made in tax havens', www.guaridan.co.uk/politics/2013/apr/20/cameron-family-tax-havens 参照（いずれも２０１２年6月29日閲覧）。

4　Javier Caletrio,‘Global elites, privilege and mobilities in post-organized capitalism', *Theory, Culture and Society*,

29(2012):135-49, p. 139. 参照。

5　金融守秘性指数（financial secrecy index）にもとづくタックスヘイブンのリストを参照。http://en.wikipidia.org/wiki/Financial_Secrecy_Index（２０１２年１月28日閲覧）.

6　以下の資料における推定値を参照。Nicholas Shaxson, ***Trasure Islands*** (London:Bodley Head, 2011), pp. 7-10.（＝『タックスヘイブンの闇』pp. 17-20.）および、Mark Hampton & John Christensen, 'A provocative dependence? The global financial system and small island tax havens', in Feargal Cocrane, Rosaleen Duffy & Jan Selby(eds), ***Global Governance, Conflict and Resistance*** (London: Palgrave, 2003) および、'The price of offshore', www.taxjustice.net/cms/upload/pdf/Price_of_Offshore.pdf（２０１２年７月17日閲覧）および、'Revealed: global super-rich has at least $21 trillion hidden in secret tax havens', www.taxjustice.net/cms/upload/pdf/The_Price_of_Offshore/Revisited_Presser/120722.pdf（２０１２年７月23日閲覧）.

7　関連する推定値は、Ronen Palan, Richard Murphy & Christian Chavagneux, ***Tax Havens:How Globalization Really Works*** (Ithaca, NY: Cornell University Press, 2010)（＝青柳伸子訳、２０１３『タックスヘイブン——グローバル経済の見えざる中心のメカニズムと実態』作品社）の第２章参照。

8　http://en.wikipedia.org/wiki/List_of_Countries_by_GDP_(nominal)#List（２０１２年７月23日閲覧）.

9　'Revealed: global super-rich has at least #21 trillion hidden in secret tax havens'. 富裕層の社会・経済・政治的関心に関しては、www.thewealthreport.net/（２０１３年１月３日閲覧）参照。世界人口の１％未満の人間が、21兆ドルの富を所有しているのである。

10　どこが「最高」のタックスヘイブンなのか、実用的なガイドも多数存在している。たとえば、Lee Hadnum, ***The World's Best Tax Havens*** (Kirkcaldy: Taxcafe, 2011), www.taxhavens.biz/（２０１２年７月４日閲覧）など。アマゾンでは、ハドナム Hadnum の著書やシャクソンによる類書が多くの人々に購入されていることが明らかにされている。もっともアマゾンのイギリス法人も、ルクセンブルグに本部を置くことでイギリスにおける法人税の支払いを回避している。

11 David Runciman, 'Didn't they notice?', *London Review of Books*, 14 April 2011, pp. 20-3. および、Shaxson, *Treasure Islands*, chap. 3. ロバート・ハリス Robert Harris の小説 *The Fear Factor* (London:Random House, 2011) では、ヘッジ・ファンドの設立者にとってスイスの「隠れ蓑」がいかに魅力的なのかが描かれている。

12 Deborah Ball, 'Tax haven's tax haven pays a price for success', http://online.wsj.com/article/SB1000142405311904875404576528123989551738.html（２０１２年7月19日閲覧）.

13 Tom Bower, *Blood Money* (London:Pan, 1997) 参照。

14 Vivienne Walt, 'Zug's secrets: Switzerland's corporate hideaway', www.time.com/time/magazine/article/0,9171,2040142,00.html（２０１２年7月19日閲覧）.

15 Palan, Murphy & Chavagneux, *Tax Havens: How Globalization Really Works*, p. 236.（＝『徹底解明　タックスヘイブン』pp. 389-390.）

16 Ronen Palan, *The Offshore World* (Itcha, NY: Cornell University Press, 2006), p. 185.

17 www.indianexpress.com/news/high-net-worth-individuals-india-second-to-only-hong-kong-in-growth/1131137/（２０１３年６月27日閲覧）、とりわけ地域ごとに異なる成長率を参照。

18 Runciman, '*Didn't they notice?*', pp. 20-1.

19 www.telegraph.co.uk/finance/personalfinance/offshorefinance/8805988/Tax-Haven-activity-rife-despite-G20-crackdown-promise-says-Tax-Justice-Network.html#（２０１２年７月４日閲覧）.

20 Runciman, '*Didn't they notice?*', pp. 20-23.

21 William Brittain-Catlun, *Offshore: The Dark Side of the Global Economy* (New York: Picador, 2005)（＝船見

侑生・長坂陽子・熊谷義彰訳、２００７『秘密の国 オフショア市場』東洋経済新報社）、その成長が如何にユーロドルの発達と関連しているかに関する第１章の記述を参照。

22 *Cayman Islands: Off-shore Financial Center Assessment Update*, www.imf.org/external/pubs/ft/scr/2009/cr09323.pdf（２０１３年５月13日閲覧）.

23 Brittain-Catlin, *Offshore*, pp.21-2.（＝『秘密の国 オフショア市場』pp. 22-24.）および、Shaxson, *Treasure Islands*, chap. 6. および、Carrick Mollenkamp, “Senators doubtful as HSBC toutsmoney-launderingfixes’,http://uk.reuters.com/article/2012/07/18/uk-hsbc-compliance-senate-idUKBRE86H03J20120718（２０１２年７月23日閲覧）.

24 Bill Maurer, *Recharting the Caribbean* (Ann Arbor: University of Michigan Press, 2000), chap. 8. および、www.bviincorporation.com/2/Other.advantages/（２０１２年７月23日閲覧）参照。www.icij.org/offshore/video-how-dodge-tax（２０１３年４月４日閲覧）および、www.bvifacts.info/（２０１３年５月18日閲覧）の映像を参照。

25 ＢＶＩに関しては、www.gurdian.co.uk/uk/series/offshore-secrets（２０１２年11月27日閲覧）のガーディアン紙のレポートを参照。ロンドンの最高級不動産マーケットに関しては、www.opendemocracy.net/Rowland-atkinson/car-parks-for-global-wealth-super-rich-in-london（２０１３年７月20日閲覧）参照。

26 ジャージー島に関しては、Mark Hampton & John Christensen,‘A provocative dependence? The global financial system and small island tax havens’,Feargal Cochrane, Rosaleen Duffy & Jan Selby (eds), *Global Governance* (London:Palgrave, 2003) 参照。

27 Rowland Atkinson & Sarah Blandy,‘A picture of the floating world: grounding the secessionary affluence of the residential cruise liner’, *Antipode*, 41 (2009): 92-110, at p. 105.

28 www.swissinfo.ch/eng/specials/Switzerland_for_the_record/world_records/How_Switzerland_champions_champions.html?cid=8149794（２０１２年７月15日閲覧）.

29　www.telegraph.co.uk/finance/personalfinance/offshorefinance/8805988/Tax-haven-activity-rife-despite-G20-crackdown-promise-says-Tax-Justice-Network.html#（２０１２年７月４日閲覧）.

30　'India "Loses $500bn to tax havens"', www.bbc.co.uk/news/world-asia-india-17013314（２０１２年８月２日閲覧）.

31　ここではDavid Tyfieldの調査に感謝する。

32　Chongqingに関しては、'Jonathan Watts, 'Invisible city', www.guardian.co.uk/world/2006/mar/15/china.china（２０１３年５月18日閲覧）参照。

33　'Bo's family assets in HK being probed', www. ytlcommunity.com/commnews/shownews.asp?newsid=59940&category=featured（２０１３年５月18日閲覧）.

34　Palan, Murphy & Chavagneux, ***Tax Havens: How Globalization Really Works***. 参照。

35　ＯＥＣＤの政策は、「税の透明性及び税務目的の情報交換に関するグローバル・フォーラム（Global Forum on Transparency and Exchange of Information for Tax Purposes）」www.oecd.org/site/0,3407,en_21571361_43854757_1_1_1_1,00.html（２０１２年７月17日閲覧）で確認することができる。

36　Pierre Bourdieu, ***The Logic of Practice*** (Cambridge: Polity, 1990), p. 133.（＝加藤晴久訳、２００７『実践理性――行動の理論について』藤原書店）

37　William K. Carroll, ***The Making of a Transnational Capitalist Class: Corporate Power in the 21st Century*** (London: Zed, 2010).

38　初期の分析に関しては、Scott Lash & John Urry, ***The End of Organized Capitalism*** (Cambridge: Polity, 1987), pp. 202-9. とShaxson, ***Trasure Islands*** の第5章参照。

39　Shaxson, ***Trasure Islands***, p. 90.（＝『タックスヘイブンの闇』p. 132.）

40　同書、pp. 91-3.（＝同書、pp. 133-135.）.

41 独特の「非民主的」性格を持つシティ・オブ・ロンドン行政府とその市長の権力に関しては、同書第12章を参照。通貨や金融、資本主義に関する一般的な事項に関してはGeoff Ingham, *Capitalism* (Cambridge: Polity, 2008) 参照。

42 Trevor Evans,'Money makes the world go round?', ***Capital and Class***, ***Incredible Eurodollar*** (London: Unwin, 1984); Lash and Urry, ***The End of Organized Capitalism***, pp. 204-5.

43 Shaxson, ***Trasure Islands***, p. 101; 第5章と第6章参照（＝『タックスヘイブンの闇』p. 147.）。

44 Hogan and Pearce, ***The Incredible Eurodollar***, pp. 158-60.

45 Mary Mellor, ***The Future of Money*** (London: Pluto Press, 2010), pp. 26-7とLash and Urry, ***The End of Organized Capitalism*** 参照。

46 Michael Aglietta,'World capitalism in the eighties', ***New Left Review***, 136(1982): 5-41, p. 25およびMellor, ***The Future of Money*** の第2章参照。

47 Palan, Murphy & Chavagneux, ***Tax Havens: How Globalization Really Works***, p. 236.（＝『徹底解明　タックスヘイブン』p. 389.）

48 Andrew Haldane & Robert May,'Systemic risk in banking eco-systems', ***Nature***, 469(2011): 351-5, p. 354および、YouTubeの映像 'Who repealed the Glass-Steagall Act?', www.youtube.com/watch?v=x0k2PmF-o5Q（２０１３年1月4日閲覧）参照。

49 Shaxson, ***Trasure Islands***, pp. 12-13.（＝『タックスヘイブンの闇』p. 24.）

50 Palan, ***The Offshore World***, p. 135.

51 Shaxson, ***Trasure Islands***, p. 146.（＝『タックスヘイブンの闇』p. 211.）

52 デラウェアで企業を設立する手順に関しては、www.incnow.com/?gclid=CMi1rs2uw7gCFfMQtAoddUYAPg（２０１３年7月22日閲覧）参照。

53 Javier Caletrio, 'Global elites, privilege and mobilities in post-organized capitalism', *Theory, Culture and Society*, 29(2012): 135-49, p. 13および Britain-Catlin, *Offshore* の第4章参照。

54 Nick Kochan, *The Washing Machine* (London: Duckworth, 2006), p. 157.

55 以下における推定値を参照。Raymond Baker, *Capitalism's Achilles Heel* (Hoboken, NJ: John Wiley, 2005)および、Kochan, *The Washing Machine*, p.xxiv; 'Magnitudes: dirty money, lost taxes and offshore', www.taxjustice.net/cms/front_content.php?client=1&lang=1&parent=91&subid=91&idcat=103&idart=114（２０１２年８月１日閲覧）.

56 Kochan, *The Washing Machine*' 特に第1章参照。

57 Brittain-Catlin, *Offshore*, p. 177.（=『秘密の国 オフショア市場』p. 218.）

58 Kochan, *The Washing Machine*, p. 124

59 James Petras, 'The two faces of a police state: sheltering tax evaders, hinancial swindlers and money launderers while policing the citizens', http://axisoflogic.com/artman/publish/Article_64836.shtml（２０１２年８月14日閲覧）.

60 Josph Stiglitz, *Making Globalization Work* (Harmondsworth: Penguin, 2007)および、Paul Krugman, *The Return of Despression Economics* (Harmondsworth: Penguin, 2008)および、George Soros, *The New Paradigm for financial Markets* (London: Public Affairs, 2008)（=徳川家広訳、２００９『ソロスは警告する——超バブル崩壊=悪夢のシナリオ』講談社）参照。

61 www.spiegel.de/international/business/out-of-control-the-destructive-power-of-the-financial-markets-a-781590.html（２０１３年４月13日閲覧）.

62 Serge Latouche, *Farewell to Growth* (Cambridge: Polity, 2009)

63 Felix Salmon & Jon Strokes, 'Algorithms take control of Wall Street', www.wired.com/magazine/2010/12/ff_ai_

flashtrading/（２０１３年２月９日閲覧）.

64 このような変化に関しては、Mike Savage & Karel Williams(eds), ***Remembering Elites*** (Oxford: Blackwell, 2008) 参照。

65 Eileen Applebaum & Rosemary Batt, ***A Primer on Private Equity at Work: Management, Employment, and Sustainability***, www.cepr.net/documents/publicaions/private-equirity-2012-02.pdf（２０１３年１月４日閲覧）参照。

66 Saxson, ***Treasure Islands***, pp. 190-1.（＝『タックスヘイブンの闇』pp. 275-276.）

67 Susan Strange, ***Casino Capitalism*** (Manchester: Manchester University Press, 1977)（＝小林襄二訳、２００７『カジノ資本主義』岩波書店）および Nouriel Roubini & Stephen Mihm, ***Crisis Economics*** (London: Penguin, 2011), p. 231. および、Robert Holton, ***Global Finance*** (London: Routledge, 2012) 参照。

68 Kathleen Madigan,'Like the phoenix, U.S. finance profits soar',http://blogs.wsj.com/economics/2011/03/25/like-the-phoenix-u-s-finance-profits-soar/（２０１２年１月４日閲覧）および、http://www.speigel.de/international/business/out-of-control-the-destructive-power-of-the-financial-markets-a-781590.html（２０１２年７月28日閲覧）.

69 John Thompson,'The metamorphosis of a crisis',Manuel Castells, João Caraça and Gustavo Cardoso (eds), ***After-math*** (Oxford: Oxford University Press, 2012), pp. 68-9. 参照。

70 Luc Boltanski & Eve Chiapello, ***The New Spirit of Capitalism*** (London: Verso, 2005)（＝三浦直希ほか訳、２０１３『資本主義の新たな精神（上）（下）』ナカニシヤ出版）参照。彼らはこのような新しい資本主義の理念型が、軽量で持ち運び可能、差異に寛容で両義的、友好的で格式張らない、遊動的な「ネットワーク拡張者」であると主張している。

71 Saxson, ***Treasure Islands***, p. 31.（＝『タックスヘイブンの闇』p. 51.）

72 David M. Gross (ed.), *We Won't Pay!: A Tax Resistance Reader* (Create. Space, 2008) に網羅されている議論を参照。

73 ティーパーティーという用語は、１７７３年にアメリカの植民地住民がイギリスへの納税を拒否した歴史的な抵抗運動「ボストン茶会事件」から由来する。

74 Hampton & Christensen, '*A provocative dependence?*', p. 204.

75 www.ukuncut.org.uk/（２０１２年1月27日閲覧）参照。「回避」と「制限」という用語は、節税（合法）と脱税（違法）の双方を容認してはならないものとしてとらえ区分していない。

76 Vanessa Barford & Gerry Holt, 'Google, Amazon, Starbucks nad rise of "tax shaming"', www.bbc.co.uk/news/magazine-20560359（２０１２年12月31日閲覧）参照。

77 www.icij.org/offshore/how-icijs-project-team-analyzed-offshore-files（２０１３年４月４日閲覧）参照。

78 'Tax havens cause poverty', www.taxjustice.net/cms/front_content.php?idcatart=2&lang=1（２０１２年７月24日閲覧）.

79 Sylvia Walby, ***The Future of Feminism*** (Cambridge: Polity, 2011); Women's Budget Group の調査 'Gender budget analysis', www.wbg.org.uk/GBA.htm（２０１２年7月24日閲覧）を参照。

80 Felicity Lawrence, 'Barclays secret tax avoidance factory that made £1bn a year profit disbanded', www.guardian.co.uk/business/2013/feb/11/barclays-investment-banking-tax-avoidance（２０１３年2月18日閲覧）参照。

81 上述の James Freund & Erik Jacobi, 'Revenge of the brand monsters: How Goldman sach's dopplegänger turned monstrous', ***Journal of Marketing Management***, 29/1-2 (2013): 175-94, doi:10/1080/0267257X.2013.764347 および第１章参照。

82 'Revealed: global super-rich has at least $21 trillion hidden in secret tax havens'.

83 Richard Murphy, *Defining the Secrecy World* (London: Tax Justice Network, 2009), p. 7.

84 Mellor, *The Future of Money* の第４章参照。

85 www.spiegel.de/international/business/out-of-control-the-destructive-power-of-the-financial-markets-a-781590.html（２０１２年7月28日閲覧）. The FSA no longer exists (2013). J.P. モルガンの破滅的ともいえるイノベーションに関しては，Gillian Tett, *Fool's Gold* (London:Little, Brown, 2009) 参照。

86 Philip Ball, *Why Society is a Complex Matter* (Heidelberg: Springer, 2012), p. 57. 参照。

第5章 オフショア化されたレジャー

海賊

前章で記したことは、多くのタックスヘイブンが同時にレジャーや娯楽の場所でもあるということだった。クレイン Krane は、たとえば、ドバイについて次のように記している。「それは地球上でもっとも魅力のない景色で、歴史的な場所はといえば何もない。だというのに、多くの訪問客がここを見るために、飛行機で世界を半周してやって来る」[1]。そしてここに来るのはまた、租税回避の銀行口座を開くためでもあるのだ。この章では、私は、消費とレジャーのための場所が、どのようにしてオフショアを発展させ、新自由主義の時代の最中に特に重要なものとなったのかを考察する。過去半世紀にわたって、娯楽のためのオフショアリングは、オンショアの法律や規範を、まったくか、あるいは部分的に無効にさせている。多くの訪問客が、自国での法律や規範から逃れるために、楽しく自由な場所へと旅立つ誘惑にかられてきたのである。

オフショアの娯楽の初期の例は、今では平凡なものに思えるのだが、絶え間なくポピュラー音楽を流す1960年代の海賊ラジオ局の展開であった。[2] これより前にイギリスでは、BBCが、「いっしょに歌う」(sing along) 音楽番組とコメディを放送していたが、それは、士気を高め仕事をはかどらせるために設計されたプログラムで、しばしば工場の拡声器システムを通じて流された。しかし、1950年代を通じて、「ティーンエイジャー」の熱狂者たちが、アメリカの新しい音楽の流入とともに力を増すようになる。BBCのラジオでは、この新しい流行を知り、それに参加する機会は限られていた。というのも、テレビのショーの大半が、制限のないレコードの利用を防ごうとする既存のアーティストとレコード会社によって、提供されていたからだ。新しいアメリカのポピュラー音楽は、越境放送局の最たるものであるラジオ・ルクセンブルグによってのみ聞くことができた。

1960年代初期を通じて、オランダのラジオに関する法律は、イギリスのそれと同様に制限を加えていたにもかかわらず、同国の様々なラジオ局がオフショアで放送を始めた。というのも、いずれの場合も、法律の規制は、海岸からわずか3マイルしか及ばなかったのだ。それを超えれば公海が横たわっていたし、そこには船舶の旗国によって規定されたもの以外には何も法律はなかった。公海上にある限り、パナマに登録された船舶は、パナマの法律だけを認識しておけばよかった。かりに、旗国の法律が国際的な海上放送を違法としなかったならば、船舶は放送することができたのである。

1960年代初期の若者文化と大衆向けの産業の成長とともに、イギリスでは、新しい音楽の大衆文化を発展させる可能性が生まれた。二人のカウンター・カルチャーを支持する起業家が、ラジオ・キャロラインというアイデアを考え出した。交流発電機を船倉にある送信機とつないで、ラジオ局を船のデッキの上に設置したのだ。1964年の復活祭の日曜日に、次のように放送した。「こちらはラジオ・キャロライン199、一日中音楽をお届けします」。BBCとレコード会社の独占は、これによって打ち破られ、ラジオとテレビの放送が一変した。数百万の聴衆が、新しい音楽と若者のファッションによって一つの集団となって、このオフショアの放送空間において姿を現した。ラジオ・キャロラインは、オンショアの制約と以前から存在する文化的な保守主義とみなされるものを克服し、ほかのオフショアの音楽局をリードした。

しかし、1967年の海洋犯罪法は、無認可のオフショアの放送を禁止した。ほぼ同じ頃に、あのBBCがラジオ1を開始したが、それはオフショアの海賊ラジオの型をまねたものだった。その後のイギリスの立法は、オフショアで放送することをより困難なものにした。イギリス政府は、公海という治外法権の国際的な空間を統制することによって、領土の外から流れ込んでくるオフショアの「海賊」放送を規制しようと努めた。けれども、これは、イギリスの長く保持してきた公海自由の主義に反する点で、問題を孕んでいたのである。[3]

どこかよそでの消費

1970年までには、オフショアの音楽産業は、オンショアに移動するようになった。若者は、急速に音楽、衣服、休日、ファッションなどの大量の消費者となっていったが、これらは彼らの近くを離れて、徐々にどこかよそから来るようになった。海賊ラジオ局は、より幅広い文化的なシフトを象徴していたが、それは「近隣の生活」から、レジャー、ポピュラー音楽、消費財、旅行、情報、飲酒、ドラッグといった新たなものと経験を通じて生み出された「近隣を越えた生活」への移行であった。

近隣での生活においては、大部分の仕事とレジャーの実践は、数マイルの範囲内であった。家族と知人が経験する消費生活の大半は、主に、ゆっくりした移動の方法、とりわけ徒歩と自転車で行われた。生活は、よく知っている街の集団、つまり、仕事や社会生活を活発に営む様々な人々で成り立っている集団を中心にしていた。若い男女のしつけは、これらの近隣のなかで行われていた。消費は、既存の規範に順応することが必要だったし、それぞれの地域性のなかでそれを強化していた。生産と消費は、相対的にみて、ほとんど分離していなかったのである。[4]

多くの農業的なコミュニティと工業都市的なコミュニティは、どこかほかでつくられた商品や、背後地から入手したサービスの限られた消費をともないつつも、規範の内に承認された近隣の生活に基礎を置いていた。拡大する労働者階級の余暇が発展をみたときでさえ、それらは普通、近隣を基盤にしていたものであり、従業員や近所の人々のグループが、団体旅行の形態を利用して、経験を互いに強く規制しながら一緒に旅をしていたのである。[5] 消費のパターンは、家族と近隣を通じて規制されていたのだ。

しかしながら、21世紀の消費主義は、徐々に、近隣を越えて移動する社会的な実践を含むようになったのであり、その実践は、オフショアのラジオ、映画、テレビ、外国旅行、雑誌、広告、ワールド・ワイド・ウェブなどを通じて生み出された。生産と消費を結ぶ諸システムは、時間と空間の両方で拡張されるようになったが、それらは、特に新しい社会技術的なシステムの広がりを通じて可能になった。もっとも重要なシステムは、電力供給とその全国的な敷設網、自動車交通、ラジオとテレビの放送、そして航空機による移動であった。[6] 商品とサービスの消費は、非常に大きな距離を超えて発生した。商品は、大規模工場で大量生産された。店、モール、テーマパーク、そのほかレジャー施設は、しばしば相当の距離を超えた旅行の目的地として発展したし、世界中から湧き出てきた品目をだんだんと蓄積していった。[7]

かくして、社会的な実践は、より多様なものへと発展し、より大きな距離を頻繁に旅行することをともなうようになった。[8] このような実践は、しばしば、多様な移動を必要とし、たとえば、人々に長距離を移動してきた商品を購入し、使用し、見せびらかすことや、彼らの近隣を越えたところのサービスを消費することを要請した。新しい社会的な実践は、人々と物を広大な規模で動き回らせ、オスマン Ossman が「連続的な移動」として述べたことへとつながっていった。[9] 人々の生活は、「ほかのどこかで」生産された後、多くは無視できない距離を移動してきた、消費財とサービスに依存するようになった。また、家族や友人関係の型が、ある距離を置いて、時としてオフショアで築かれることが顕著になったのである。

このような過程は、人々が行う比較を拡大し、そのことが、しばしば、購入された商品とサービスへの不満を高めた。シュワーツ Schwartz は、近隣での生活の事例について、次のように記している。

我々は、我々の近隣と家族の成員を見渡した。我々は、自分たちの身近な社会集団の外側にいる人々に関して情報を手に入れられなかった。しかし、コミュニケーション技術の拡張［それにともなって、……ほとんど誰もが、ほとんどすべて旅行の拡張を加えることができるのだが］にともなって、……ほとんど誰もが、ほとんどすべての他人にアクセスできるようになり……この、本質的に普遍的な、そして、現実から離れた、高度な比較の水準が、中流あるいはそれ以下の人々の満足を減少させている。[10]

人々は、たびたび不安になったり、幸福感を減じさせるような選択に、徐々に直面するようになった。選択の拡大は、時間を費やし、不安をともない、間違った選択をしてしまったのではないかという意識を生む。シュワーツは、商品とサービスの消費者は、彼らが購入してしまったものへの欲求不満に加えて、彼らが選ばなかった消費財について頻繁に後悔すると論じている。[11] このことは、子どもたちのケースで顕著だが、それは、まさに豊穣と言える商品群が彼らの娯楽、喜び、便利さ、そして教育のために製造されているからだ。しかし、前の世代と比べて、これらの子どもたちは、満足していないし、よりストレスがかかっていて健康的でもない。ベーダー Beder は、子どもたちの幸福の衰退は、企業が、これまでよりも小さな子どもたちを、もはや「立ち入ってならないもの(off-limits)」ではないとみなし、標的にすることによって広く引き起こされているのだという。[12]

消費される商品とサービスへの欲求不満は、グローバルな広告によって増大している。そうした広告は、人々の近隣からずっと離れた場所から発されるか、あるいは、そこで利用できる魅惑的な機会を頻繁に提示する。[13] ラジオとテレビが視聴されればされるほど、遠い場所から来る商品とサービスの消費が増えるようにみえる。[14] 総じて、選択の拡大は、随所で多様な移動性をもたらし、それによって、どこかよそから、料理、製品、場所、友人、家族、そしてギャンブルが得られるようになるのである。「豊かさ」のもとでの目新しさというこの流れは、多くの既存の約束ごとや慣例といった基礎を浸食する。そして、ウェブによる「買い物中毒」を含む「耽溺する自由」を生み出すが、そこでは、人々が購入しているものへの近隣の規制は、ほとんどないのである。[15] ある人の近隣と、その身近な規制の形態を超えたところには、多くの中毒が潜んでいるのだ。

オフショアの過剰な場所

私はここで、より特殊な楽しみのオフショアの検証に注意を向けたい。1990年頃から、金融は特に資産開発に流れ、その結果、1990年代の終わりから2000年代の初めにかけて、不動産「バブル」が発生した。新自由主義の中心的関心は、郊外住宅地、集合住宅、別荘、ホテル、複合レジャー施設、ゲーテッド・コミュニティ、スポーツ・スタジアム、オフィス街区、大学、ショッピング・センター、そしてカジノといった膨大なものの建設によって、金融と資産開発を投機的に絡み合わせることであった。開発されなければ、まったく荒れ果てた砂漠でしかないドバイでの、まさに文字通りの「構築（construction）」のように、多くの開発はオフショアで実行された。政府、開発業者、購入者の重なり合った負債が存在する。それらの負債は、しばしばひとまとめにされ、分割されて賽の目のように切られ、資産の価格は上昇することのみ可能であるという予測のもとに、金融パッケージとして売り出された。このことは、資産価格は増大するという「賭け」に頼った、金融的に複雑で当てのない計画をつくりだすことになったのである。

巨大な新しい消費の中心が、有名な建築家によって設計された壮観な建築をともなって展開した。

次章で論じるが、このような場所の内外へと人々や物資を輸送するために大量の石油が使われている。これらの場所は、レジャーと違法の楽しみを内包することでテーマ化される。新しく建築された消費過剰の場所には、イランの砂漠にあるアルゲ・ジャディド、カリフォルニア・オアシス、香港のパーム・スプリングス・ゲーテッド・コミュニティ、ヨハネスバーグのサントン、ドバイ、シンガポールのセントーサ、グアテマラのパセオ・カヤラ、マカオなどが含まれる。[16] これらの多くは、グローバルなブランドによって、膨大なマーケティング、デザイン、スポンサーシップ、公報、広告支出をともないながら、開発あるいは販売促進された。ブランドとは、たとえば、サンダルズ、ギャップ、ジュメイラ、イージージェット、クラブ18－30、イビサ、ヒルトン、ヴァージン、クラブメッド、サンズなどである。クライン Klein は、「現実世界の商品の製造や在庫の負担から切り離されて、……集団的な幻覚のように、これらのブランドは自由に舞い上がる」[17] と述べている。

特に、ここで重要なことは、「セックス、ドラッグ、ロックンロール」といったオフショアな「集団的幻覚」である。それは、ドラッグ、ギャンブル、暴飲あるいは十代のセックスのように、郷里では違法で規範的に認められない「娯楽」を含んでいる。オフショアに開発された多くの空間は、違法な製品やサービスを消費するための場所を提供している。その周りでは、新しい種類のオフショア区域が発生し、時折、「斬新な場所」(alternative) として特徴づけられるものの、実際は、たいてい、元の空間の「イメージ」的なものなのである。もちろん、これらすべての場所が文字通りのオフショアというわけではない。

このような傾向の注目すべき事例は、特に、中国人訪問客のためのレジャー化されたギャンブルを提供しているマカオにおける何億ドルもの巨額投資である――マカオは、中国国民がカジノでギャンブルをすることを法的に許される唯一の場所だ。マカオは、かつてのギャンブルの独占が崩れた後、カジノ・ギャンブルまたは「ギャンブル・ツーリズム」の世界的な中心になりつつある。50万人前後が住む、このちっぽけな島（訳者注：半島部分と二つの島からなる）は、1年に2、500万人の観光客を招き入れているが、その半分以上は中国大陸からである。マカオは、最近豊かになった中国人に、商品や、とりわけ「カフェの文化」に結びついているサービスの購入者や利用者として、どのように振る舞えばよいかを教えるための場所だ。[18]ここは消費の実験室とも言われているが、それは、中国人が、異常な規模で生み出されている商品とサービスの個人化された消費者となることを学ぶからである。巨大な「フィッシャーマンズ・ワーフ」（訳者注：マカオフェリーターミナル近くにある、世界の有名観光地のイミテーションを集めたテーマパーク「マカオ・フィッシャーマンズ・ワーフ」のこと）が建設されているが、そこには、ローマのコロセウムの再現や、アムステルダム、リスボン、ケープタウン、そしてマイアミの建物の複製、さらには、爆発している火山の模造が立ち並んでいる。

高度に商業化された、このようなオフショアの場所は、それらが複製されたオリジナルのものよりも、もっと「リアル」であるような、多くのシミュレートされた環境をともなっている。ゲートは、しばしばデジタル化されていて、現地の人々と、信用の確かな証しがない訪問客の出入りを防いでいる。行動の規範は、多くの商品化された経験に準拠するのであって、家族ないし近所の人たちによって制限されない。こうしたテーマ化された空間は、近隣の集団による統制を受けないし、そこには消費と楽しみの制限のないやり方があるのだ。実際、これらの空間は、大量の人々が、ギャンブル、酒、ドラッグ、ショッピング、暴食などに溺れる恐れのある場所である。これらすべてが、「選択」を前提とはしているが、人々が耽溺する高い可能性に溢れている。[19] このような区域は、消費の過剰と訪問客の巨大な流れによって、グローバルに認識されるようになっている。訪問客は、本当はそうではないのだが、見せかけの逃避と自由の空間で面白さや楽しみを得ている。[20]

娯楽的な消費のオフショアリングは、クルーズ船にも見ることができる。それは、浮かんでいる島のようなものであり、ほとんど文字通りにオフショアを回遊している。これらの浮かぶゲーテッド・コミュニティは、家族や近隣による監視も非難もなく、極度に消費することに基礎を置いている。オフショアの消費区域は、従業員を除く現地の人々と、航海をする訪問客との厳格な分離を基本としている。これらのオフショアの訪問客は、たとえば、もっぱら彼らのために用意されたカリブの島々のような特別な区域に上陸することを許される。クルーズで旅行する訪問客のほとんどは、オフショアにとどまる。彼らは、現地のそばを航行するが、その経済や社会にほとんど貢献しない。ただ、クルーズ船が海岸の前を通り過ぎるときに、彼らは「現地人」に手を振りながら、その人たちの生活の様子を視覚的に消費するのである。

最近、ロイヤル・カリビアン・クルーズ・ラインが、かつてない世界でもっとも大きなクルーズ船を進水させた。この船は、約2、000の客室、スケートリンク、初の船上サーフパーク、片持ち梁で舷側を跨いで12フィートもせり出したジャグジー、噴水や間欠泉や滝のあるウォーターパーク、ロッククライミングの壁、そして、ロイヤル・プロムナードを備えている。[21] 超富裕層のある人々は、恒久的で自治的な住居群を海上に建設することを計画している。シーステッド研究所は、国家から「独立」しているであろう公海の上で、いかにして海の上の植民地を考案するのかという研究を支援している。[22]

楽しみと分離の空間は、また、サービス提供者、つまり、アトラクションを建設し、消費者に「サービス」するためにやってくる多くの移住者にとって労働の空間でもある。ことに重要なのは、犯罪組織による女性の取引を含むセックス産業である。取引のための方法は、休暇やビザの請負から、誘拐やレイプにまでおよぶ。[23]取引された女性の多くは、移動する前から日常的に性的暴力を受けていて、消費過剰のオフショア区域で最期を迎える。取引の犠牲となる女性たちは、出身国から移送され、取引業者によって監視のもとに置かれ、家をあてがわれる。そのうえ、しばしば、金銭やパスポートや免許証を取り上げられたままにされる。彼女らは、ひとたび到着すれば移動することはないし、近隣の規制の欠如によって組織された男たちの力に抵抗できないようにされてしまう。取引される人々の相当の割合は、法的に同意ができる年齢に至っていないと考えられる。

さらに、オフショアの富裕なクラスによって遂行される「ビジネス」のある部分は、取引された女性たちが陳列されている前で、あるいは交渉が「円滑」に行くように彼女らがサービスを提供する場所のなかで進められる。重要なビジネス取引は、売春宿やバーやラップダンスのクラブで完結することとなる。そこで展示される女性は、ほかのどこかから強制的に連れてこられているのである。[24]「グローバルなセックス産業」の規模は、驚くほどの拡大を遂げている。それらは、カリブ、ドバイ、タイ、そしてフィリピンのように、多くの空間の魅力やイメージのお決まりの部分になっている。[25]新自由主義においては、際限なく、ほぼすべてのものと人が商売の対象となりうるのだが、仮に消費と開発がオフショアの見えない場所を占めているのであれば、とりわけそうだ。
一般的に、性的な「娯楽」の多くの場所は、ほとんどオフショアか、ビーチの近くに存在している。レイチェル・カーソン Rachel Carson は、かつて、奇妙なそして不思議な場所として海辺を描いたが、そこが決してひとときたりとも同じではないからである。[26] そこは、まったくの陸でも海でもなく、まったくのオンショアでもオフショアでもないような場所なのだ。過去2世紀にわたって、ビーチは嫌悪される危険な場所から魅力と欲望の場所へ、そしてついには建設されデザインされる場所へと変わった。そこは、労働よりもむしろレジャーのための訪問客によって居住されるための場所に、ことに現地民よりも移動する訪問客のための場所になっていった。ビーチは、訪問客が普段着の状態で一時的に身を置き、いかにして彼らの体が、享楽的な生活を象徴する日焼けした理想の姿にまで近づくのかを見せる場所なのである。[27]
豊かな北半球の多くの人々にとって、ビーチは、工場やオフィスや家庭内の生活とは対をなす象徴的な意味を持った、いわば情緒の区域である。海と陸に挟まれたこの細い線は、現代の快楽を生み出す多様なパフォーマンスの中心地である。レジャー生活のための象徴的な空間としてのビーチは、オフショアであればなおさら魅力的で、遠方から訪れるべき場所である。オーストラリアには、多くのビーチがもともと存在するにもかかわらず、オーストラリア人は、いまだに、どこかほかのビーチへ大挙して旅行をしている。
カリブ海には、そういった楽園のビーチが多く存在する。[28] この「すべてを含んだリゾート」はありふれたものであるが、周辺の領域と現地の人々――「溢れ返るほどのサービス」を提供する人々は別として――から切り離されて「オフショア」の消費を大規模に提供している。それらはゲーテッドに、そしてしばしば要塞化されているので、地元民の詮索の視線や、「郷里」の人々が向けるかもしれない非難のまなざしから、つかの間の消費を守ってくれる。

すべての島は、折にふれ、過剰さを保証する安全な場所を提供している。島は、外の世界と「自然な」障壁を提供できるので、文字通り「ゲーテッド」である必要はない。多様なカリブの島々は、超富裕層のための排他的なリゾートとして管理されるのであり、現地のコミュニティと政府による支配や統治から隔てられている。シェーラー Sheller は、それらの展開について次のように述べている。すなわち、これらは、「インフラ、建築、ソフトウェア……の合成物であるが、現地のコミュニティ、市民、世間からの拘束を受けず、強度に資本主義化された、ぜいたくな観光と外国人所有の目的地として再度パッケージされている[29]」。

「プライベートジェット族」を標的にしているリゾート開発もあるが、彼らは、ほかの人たちが自動車を持つように、飛行機、住居、そして使用人を有する。バッド Budd は、プライベートジェットによって、利用者が、輸送の通常の諸形態とタイムテーブルに記された場所と流れをバイパスして、個人的にあつらえられた移動の配列を創造することがいかに可能となるのかを示している。超富裕層のとる軌道を、さほど裕福ではない人たちから実際に分離することによって、プライベートジェットのシステムは、身体的な移動の排他的な空間を創出し再生産するのである[30]。

プライベートジェットによって日常的にアクセスされているオフショアの島の一例が、セント・バーツだ。この島は、アンチル列島の北部に位置するフランスの領有地で、世界中でもっとも排他的な空間の一つである。ここは、特にデヴィッド・ロックフェラー David Rockefeller が島の岬を買収した1957年以来、貧窮民の島からエリートが快楽を探し求める空間へと変化してきた。ほかのきわめて裕福なオフショアの訪問客もやってきて土地を購入した。セント・バーツは、普段着のエリートの特権的な空間に変質したのである。私有の小型飛行機によってしかアクセスできないこと、定期航路便ではアクセスできない港の存在、公共交通機関がないこと、建築許可のほぼ全面的な凍結などの方法によって、この排他性は維持されてきた。

超富裕層は、セント・バーツでオフショアを享受し、単なる金持ちから空間的に隔離されることができる。ここで主張したい重要なことは、セント・バーツは「大金持ちの階級」が親睦をはかるオフショアの空間であるということだ。その空間は、ことに彼らの特製のヨットがどこかの閉鎖的な入り江で互いに寄り添うように、信頼を寄せ合わせるのだ[31]。セント・バーツのオフショア・ブランドは、島の排他性、カリブの異国情緒、フランス風の趣味と美食、そして、ぜいたくなヨット遊びを意味している。ラグジュアリー・ブランド・クラブは、このことをより一般的に、うまく表現している。すなわち、「超富裕層にとって、ぜいたくはライフスタイルではなく、必要条件である[32]」と。

ヘイスラー Haseler は、超富裕層の多様なオフショア化された移動性について述べている。彼は、超富裕層は世界的なグローバル市民であるという。

彼ら自身や彼らの家族、そして彼らの資産に尽くす義務を負っているため、……彼らの資産は、高度に移動性を持ち、そして彼ら自身もそうであって、世界中の彼らの様々な家——ロンドン、パリ、ニューヨークにある——のあいだを動いている。また、アメリカのハンプトンズ、イギリスとフランスの田舎、そして、アメリカのサンベルトにある大きな屋敷のあいだもだ。……そして、グローバルな超富裕層にとって、熱帯の楽園におけるヨットの文字通りの移動性は、現地の貧困によって脅かされはしない[33]。

同様に、エリオット Elliot は、「どこかよそで」の「グローバルな人たち」の生活と彼らの移動空間は、不安定な、移動する、流動的な生活によって生み出されると述べている[34]。ある解説者は、少なくとも億万長者について以下のように書いている。「あなたはどこにも住んでいないし、そして、あなたはどこにでも住んでいるし、そして、あなたのお金もそうだ。というよりは、むしろ、あなたのお金もそうだ[35]」。こういった世界は、次のようなものを含んでいる。すなわち、世界中に点在する家、終わりのないビジネス旅行、私立学校、偶然的な集まりをめぐって構築される家族生活、プライベートなレジャー・クラブ、高級な自動車、空港ラウンジ、プライベート・ジェット、ぜいたくな旅行目的地、そして、ほかの超富裕層に出会い、その人の「ネットワーク資本」を広げるための特別待遇の豪勢な場所などである。キャロル Carroll は、ロンドン、ニューヨーク、パリといった、北西ヨーロッパと北アメリカの北東の主要な都心を拠点にして、高い地位を享受している役職者のあいだのネットワーク化された関係を通して、グローバルなオフショア階級がいかに堅固に守られてきたかを述べている[36]。そのようなネットワーク化された金持ちの階級を形成し維持することにおいて、空間と資産と権力は絡み合っている。

これらのオフショアのエリートの場所は、よい生活のモデルを確立する。そののちに、開発業者は、大衆市場向けにそのコピーを開発する。たとえば、より安いクルーズ船、低所得者向けのリゾート、大衆市場向けの島や郊外のショッピングモールのようなものである。エリートたちのために想像されつくられるものは、どこかほかに「動く」し、あるいは、現在ドバイで起こっているように、同じ開発そのものが大衆市場向けに移動していく。超富裕層のためのオフショアの世界は、具体的に示された生活の理想を提供するのだが、それは、多様なメディアとグローバルな旅行を通して、ほんの少しばかり裕福な人々による類似の大衆的な経験や、消費と排除とセキュリティへの欲求を刺激するのである。[37]

もちろん、非常に多様な種類の消費と排除とセキュリティがある。多くの「やや若い」人々は、薬物によって夜通し踊り狂い（ゴアやイビサのように）、暴飲し（「パーティに耽る」若者を標的にするパッケージツアーのように）たりして、「お遊びのリスク」に自らの身を置いている。とりわけ重要なのは、多くの型破りな新しい空間において、レジャーの場所を発展させる際の「自己表出する国外在住者」によって演じられる役割である。ドゥ・アンドレアD'Andreaは、特に、そのような表現力豊かな国外在住者の社会的および習慣的な生活を検証している。ドゥ・アンドレアがニュー・エイジとテクノといった対抗文化的な実践と呼ぶもののグローバルな循環のなかで、国外在住者たちは生活し、旅行し、経験をする。彼は、イビサを、「エキゾチックな人々や実践や架空のものにおける国際的なフローの結節点であり、それらのものが離れた場所のあいだを循環し交雑するようなグローバル化された現象を示す地点として」説明している。[38]パンガン島、バイロン湾、ゴアあるいはイビサにおける若者のこれらの危険な実践は、彼らの郷里からは見えないままである（フェイスブックに載せられたときは別にして）。そのようなレジャーを探し求める人たちとカウンター・カルチャーを支持する起業家たちは、自宅からはオフショアになっている生活を経験する。彼らのグローバル化された循環は、その意味では、超富裕層のそれと同様に、まさにオフショアである。

これまで私は、分かりやすい楽しみと過剰の区域へ旅立っていく人々について述べた。しかし、オフショアリングのもう一つの特徴は、犯罪や個人の安全に関わる不安を主とする危険な空間に楽しみを見出すことである。カリブ海の魅力の一部は、「危険」がちょうど角を曲がった所や、ベニヤ板のすぐ下にあることだと言われている。海賊の話、ラスタ（訳者注：ジャマイカにおける黒人運動家ラスタファリ）の信奉者、ドラッグ、ヤーディ（訳者注：ジャマイカ出身者を中心とした犯罪シンジケート）といったものは、カリブ海の楽園の島で「危険な観光」を演出することに貢献している。かつてのBBCテレビの「危険地帯の休日」シリーズだけでなく、訪問客が危険を感じながらオフショアを手に入れるのを助けるために、「危険な旅行」のためのガイドブックさえある。

リオでは、いわゆる貧民街ツアーにおいて、観光と犯罪性との非常に強い結びつきがみられる。近年、貧困ツアーは、本当にビッグビジネスとなった。フレイル＝メデロス Freire-Medeiros は、非常に異なる社会的な行為者と機関が、どのように「観光的な貧困」を編成し、演出して消費するのかについて、ケープタウン、ソウェト、ムンバイだけでなく、リオのロシーニャでも立証している。増加する不平等は、ことに極端な他者を捜している訪問客に対して、商品化される観光に向けた新しい機会を提示している。彼女は、次のよう論じている。「貧困ツアーのすべては、地球の南側にある目的地へ海を横切って渡るものであり、それらは貧困の象徴的な場所として、観光客の市場で広告されて無批判に消費されている[39]。貧困でさえ、豊かな北側の人々からすれば消費されるオフショアになりうるし、非常に危険な場所が『貧困の経験』の比較的に円滑な消費を促進しているのである」。

また、郷里の家族や友人によって観察や監視がされない、身体的に極端なほかのパフォーマンスも存在する。それらには、バンジー・ジャンプ、ゲレンデ外のスキー、パラグライディング、スカイダイビング、急流でのラフティング、そして高地でのウォーキングが含まれる。ニュージーランドは、多くの地帯を、そのような極端なパフォーマンスに提供している。つまり、若い人々が、かつてない新しくてより危険な方法で死を欺くことを探し求めるのと同様に、「観光客が世界じゅうを制覇したい、あるいは、自身が主演する映画のなかで冒険的なヒーローでいたいという彼らの夢を満足させる場所を、自然は提供するのだ[40]」。ニュージーランドでは、気遣いの要る「郷里の人々」の覗き見る目が届かないところで、比較的に若い人たちによって消費されるための景色がパッケージされている[41]。しかし、オフショアリングは、彼らの隣人の目にはふれないかもしれないが、パラグライディングで偶然通り過ぎる誰かのフェイスブックや携帯電話のカメラにとらえられないとは必ずしもいえない[42]。

これらのオフショアされたレジャーと楽しみの特徴の多くは、現代のドバイの異様ともいえる物語のなかで、一斉に発現してきたのである。

ドバイ

1960年頃まで、ドバイは地球上でもっとも貧しい場所の一つであった。それは、海辺に位置して、一つの川もない広大な厳しい砂漠の端にある、一連の小さな取るに足らない村々だった。誰も、そこが都市になりうるとは考えもしなかった。村は、実質的にエネルギーを使用しなかった。移動の主要な手段はラクダによるものであり、電気はなかったのだ[43]。ドバイは、アラブ首長国連邦の一つとして、1971年にようやくイギリスから独立することになった。そのときには、非識字率は70％以上で、大学は存在しなかった。

2000年代までに、ドバイは地球上で8番目に訪問客の多い都市に、そして、世界でもっとも大きな建設が行われる場所となった。史跡もない荒涼とした土地のなかの、もっとも荒涼とした一角に位置する「黄金の都市」の例外的な成長は、現代のオフショアリングにおける多くの異常な特徴を明示している。

石油をポンプで汲みあげることは1966年に始まったが、しかし、周囲の多くの地域とは異なり、ドバイは現在、小規模の石油生産国に過ぎない。それにもかかわらず、どこかほかで石油が発見されるという有利な条件を利用して、ドバイは、膨大な訪問客、不動産、輸送、租税の回避、消費ベースの経済といったものを築いた。ドバイは、石油を次のような目的で消費しているのだ。すなわち、島とホテルと特別な魅力を構築するためであり、現代的な空港（世界で8番目に大きい）と主要な航空会社（エミレーツ）を通して、非常に多くの訪問客や建設労働者や売春労働者を輸送するためであり、世界最大の人工港を経て、多くのショッピングセンターで売られる食物と商品の膨大な量を輸入するためであり、世界で十指に入る巨大なコンテナ港のうちの一つによって、輸送の世界的なセンターになるためであり、多くの淡水化プラントによって、世界でもっとも高い水の消費率を生み出すためであり、そして、莫大な量のエネルギーを使って、砂漠での気候調整をすることで温度を一定に保つためである[44]。

ほかのどこよりも速く、ドバイは現代的な社会の基盤を開発したのであり、ほとんど一晩のうちに、その「遺産」の多くを取り除いた。選挙によらない父権的な部族の王朝によって支配されるイスラム社会のなかで、このインフラの現代化は起こった[45]。ドバイは、西洋の商品とサービスを消費するために、とりわけ重要なグローバルな場所へと発展した。２０００年代に入ると、そこは、派手な買い物、食べ物、飲酒、ギャンブル、そして売春（人身取引の何千もの被害者をともなう）のための、おそらく、一番のグローバルな場所となった。そして、それは主に男性の消費であった――女性は、公式のドバイ人口の4分の1を占めるにすぎない。このイスラムの国で制限を越えて消費することに罪の意識はない。70以上のショッピングモールがあるが、人口はわずか２００万である。ドバイの公式の祭日は、1か月間のショッピング・フェスティバルである。

ドバイにおける資産の開発には、海岸線を１２０キロメートルも拡張することになった、二つの手のひら状の島が含まれている。そこには次のようなものがある。世界の諸国の形を模した新しい島の一群、ドーム型のスキー・リゾートと多くの主要なスポーツの施設、世界でもっとも高い建物である８１８メートルのブルジュ・ハリファァ、６、５００室を持つ世界最大のホテル、アジア・アジア、また100マイルも眺望できる世界で唯一の七つ星ホテル、ブルジュ・アル・アラブ、そして、アトランティス・ホテル・コンプレックスのオープニングで行われた世界最大のパーティーなどである。[46]ドバイには多くの遊びのための空間が存在する。すなわち、バビロンの空中庭園、タージマハル、ピラミッド、雪山などである。これらの「リアルな」もののコピー、つまりエーコ Eco が「ハイパー・リアル」と呼ぶものは、オリジナルより完璧である。[47]視覚に訴える環境の過剰さを競ったため、ドバイの年間成長率は、2008年に減退するまで18％であった。[48]

現地住民は、ドバイが「最高のライフスタイル」の場所であることを自負している。ドバイは、過剰を展示しているのであり、何が本当にぜいたくであるのか、そして、どのようにそれは体現できるのかを学ぶための場所である。ブルジュ・アル・アラブ・ホテルの宿泊客は、蛇口、パワー・シャワー、特大の浴槽、個人用のジャグジー、噴水、滝、運河、人工の湖などで、淡水の過剰を目にする。しかし、この水のほとんどすべては、途方もないエネルギーを集中させた淡水化プラントから送られている。[49]多すぎる水の量は、異常なぜいたくと過剰を意味している。

この過剰の空間はまた、21世紀の始めから不動産を買うための空間になった。それは、ゴールド・ラッシュを引き起こした。つまり、巨大な規模で家屋と集合住宅を建設することで、ドバイは世界でもっとも成長の早い都市になったのである。[50]たとえば、ジュメイラ・ビーチ・レジデンスは、世界のどこよりも規模の大きな、同型のビルが林立する住宅開発であり、40のタワーがおよそ1万5､000人を収容しており、そのほとんどの人たちはドバイの外に基盤を置きつつ資産を購入している。

所得税、労働組合、法人税、計画法、野党や選挙、あるいは環境規制がないため、ドバイ全体が自由企業のオアシスである。それは、少なくとも、ある人々にとってオフショアの楽園なのだ。しかし、そこで引き受けられる大部分の仕事が、パキスタンとインドから季節的に移動する契約労働者によってなされているからこそ、このことは可能なのである。これらの労働者は、通例、単独の雇い主に束縛され、入国と同時にパスポートを取り上げられてしまう。彼らは、遠方にある労働者収容所に住むことを強制される。もっとも有名なのはソナプールだが、それはドバイの遠い端にあって大規模な汚水問題が起きている廃棄物処理場の隣に位置している。[51] 30万にものぼる人々が、非常に過密な状況で暮らしている。労働者は、少なくとも片道1時間かかる道のりを、家畜輸送車かバスで建設現場まで運ばれた後、容赦ない暑さのなかで14時間シフトの労働をこなす。ドバイのようなオフショアの「楽園」において、楽しいレジャーと過酷な労働は、常に隣り合わせで並んでいるのである。

オフショアリングのレジャー区域

この章では、ここまで、オフショアが文字通りのオフショアを意味するものを考察してきた。しかしながら、ある特定の法的存在は、オフショアの区域として機能するオンショアのエリアをつくることができる。すでに私は経済特別区に注意を払ってきたが、特定の法的な、および課税の地位を持っている「特別なレジャー区域」もある。オリンピック・パークが、これにあたる。国際オリンピック委員会（IOC）の原則に従えば、このような公園は、免税の飛び地として構成されなければならないのである。これは、その他主要なスポーツの統括組織のように、ＩＯＣが「非営利的なスポーツ組織」としてスイスに登録されている事情を反映している。ＩＯＣのような組織は、たとえ、その「ビジネス」が数十億ドルの価値があり、何百人もの労働者を雇用するとしても、免税の地位を保有しているのである。[52] 明らかに適正さを欠くような国際的スポーツ組織さえ、スイスでは免税の地位が与えられるが、「引きかえとして」スイスは多くのスポーツ・イベントを主催できるようになっている。

２０１２年のロンドン・オリンピックとパラリンピックが、紛れもなくイースト・ロンドンで開かれているのに、この地域は免税でオフショアであった。[53] ロンドンが競技を開催するための一つの前提条件は、組織と個人に、イギリスの所得税と法人税を特定の期間（実際には競技自体より長い期間）、免除する法律が成立しなければならないことだった。この一時的なタックスヘイブンには、競技者、メディア従事者、公式のオリンピック団体の代表者、外国の政府、技術者、チームの役員、審判、そして、マクドナルド、コカ・コーラ、ＶＩＳＡのようなオリンピックのパートナー、さらに、公式式典のパフォーマーとロンドン組織委員会が含まれていた。数か月間、オフショアの状態にあったイースト・ロンドンのこの区域から生じた課税の損失は、6億ないし7億ポンドにのぼった。[54]

一般的に、オリンピックを主催しようとしているどんな国でも、オリンピック憲章のすべてに同意しなければならない。憲章は、運動や何気ないスポーツや遊びではなく、「競技」の価値にもとづいている。その価値は、独自の論理と実践、すなわち、記録の世界、パフォーマンス、毎日のトレーニング、薬物テスト、国家間競争、専門医療、国際的なマネジメントなどを含んでいる。[55] オリンピック競技会が、そのすべての権利とデータを所有しているＩＯＣの独占的な資産であるからには、これは統治の独占である。2012年のオリンピック競技会に関して、イギリス政府は、法的保護を広げることによる競技の完全な独占を保証した。

法的保護を、2012年のロンドンのオリンピックとパラリンピックに結びつくすべての資産にまで広げる。さらに、イギリス政府は、どんな存在に対しても、商業的な優位を得るために、オリンピック競技会で、それ自体またはその製品やサービスと結びつくことを認めない……この法律は、また、便乗広告をするアンブッシュ・マーケティングを効率的に抑止し、オリンピックの会場や周囲の放送チャンネルで、オリンピックのチケットの無許可の販売と、そのほかのアンブッシュ・マーケティング活動を防ぐ手段を、地方自治体とLOCOGに提供する。[56]

スポーツは、概して、ますますオフショア化されつつある。たとえば、20のイギリス・プレミア・リーグのフットボール・クラブのうち11は、外国の個人と会社によって所有されているし、その多くはタックスヘイブンで登録されている（2012年時点）。これらのヘイブン（訳者注：避難所）は、投資家に、イギリスのキャピタルゲイン税と、時として所得税を回避するための秘訣を提供している。しかし、このオフショアの地位は、そのようなクラブの特定のブランド・アピールがサポーターたちに向けられているため、矛盾している。なぜなら、サポーターたちは地域主義者であること、または地域のアイデンティティに強く執着していて、彼ら自身を、多くは100年以上続くクラブの「魂」と考えているからだ。[57]

おそらく、世界的なスポーツでもっとも有名なブランドは、マンチェスター・ユナイテッドである。現在、この「クラブ」は、マンチェスターでプレイしているのだが、アメリカ人によって所有され、ケイマン諸島に登録されていて、さらに、ヨーロッパ、アフリカ、アジア、および中東にスポンサーがいる。[58] サッカーやほかのスポーツの多くのスターたちも、ある意味では「オフショア」なのである。というのは、彼らの報酬は、クラブによって承認され、また、強い影響力を持つエージェントによって交渉されるのだが、その報酬の枠組みの一部として節税計画が提供されているからだ。この事情は、世界の一部地域では異なっている。たとえば、ドイツとスペインの一部の成功したクラブは、彼らのメンバーによって所有されている。このように、レジャーの所有のオフショアリングに対して別の選択肢があるのだ。

セキュリティ

イースト・ロンドンのオリンピックの区域のもう一つの重要な特徴は、その物理的な形態であった。イースト・ロンドンの主要な区域やキャンプは、以前は市民に開放されていた土地の500エーカーの場所であった。しかし、それは今や囲い込まれてしまっている。5,000ボルトの電気レーザーワイヤで頂部をおおわれ、少なくとも900台の監視カメラで「保護された」長さ11マイルにおよぶ防御用の鋼鉄線によって公園は囲まれたのである。オリンピック・パークは、収容所のようになってしまったのである。この区域を仕切ることは、現代における土地の「エンクロージャー」であると揶揄されたのだが、それは北京オリンピックの場合でも起こったことであり、100万人以上が、オリンピックの「公園」をつくることによって追い出されたと考えられている。[59]

総合スポーツ・スタジアム、国際的なホテル、ショッピングモール、テーマパークなどは、キャンプのなかで消費者を孤立させるように設計されたセキュリティの構造を、ますます発展させている。オリンピック村は、自己充足的な「キャンプ」であった（オリンピック・パークの場合では、ウェストフィールド・ストラトフォード・シティである）。それは、「小売の機会」を競う最初の闘技場を必ず通り抜けなければならない現代の空港と、デザインの点でかなり似通っていた。

空域は、急速にあらわれつつあるグローバルな秩序における典型的な「空間」である。[60] 空域の例外的な陣営は通例になりつつあるが、なかでも、新しくつくられた娯楽やレジャーのゾーンがある所ではそうである。乗客がオフショアにますます移動するだけでなく、移動と保安のシステムもまた、世界を動き回り、多くの町、都市、そして、特にレジャーの場所に降り立つ。フラーとハーレイ Fuller and Harley は、少なくともセキュリティ産業による「安全」に委ねる「必要がある」ような、どこかほかの所から来た人々で都市が満たされるとき、「空港は未来の都市である」と論じている。[61] ロンドン・オリンピックでは、軍と民間の警備員と無給のボランティアの混成による2万3、700人の治安部隊があったが、2008年の北京オリンピックでは、8万人のセキュリティ・スタッフが52の異なるセキュリティの計画を遂行した。[62]

オリンピック・パークのように、娯楽のゾーンのなかではどこでも凝視されているため、そうした場所での匿名性というものは幻想にすぎなくなる。多くのセキュリティ・スタッフだけでなく、連続的に作動するデジタル式の監視カメラも存在する。つまり、こういうことだ。

すべてを見わたす、溢れかえるほどのカメラの凝視は、公的な領域が伝統的に提供してきた匿名性の機会を危険にさらす。高度なＣＣＴＶシステムは……、データベースや自動の識別ソフトウェアと結びついて、人が正当に、誰かは分からない公共の一員として匿名であることを望むであろう空間や状況においてさえ、目立たずに個人と彼らの行動を記録する。[63]

通常、観光客やスポーツ・イベントへの訪問客は、犯罪や暴力やテロリズムという認知された危険性によって正当化される、強力なデジタル式の一望監視の機械によって補足されているし、支配されている。たとえ、かりに人がオンショアにいるとしても、オフショアの技術は移動していくし、オフショア的な種類の世界が持つセキュリティの凝視へ、ほとんどの人々を従属させる。

オフショア化されているレジャーには多くの例があり、それらの多様で奇妙な空間が展開を見るにつれ、近隣での生活は、近隣を超えて経験される生活によって広く置き換えられていく。次の章では、私は直接にエネルギーの問題に着目するが、それは、これらのレジャーと娯楽の多くの場所で見られるように、オフショアリングにとって非常に重要である。

注

1 Jim Krane, *City of Gold* (London: Picador,2010), p. 117.

2 Kimberley Peters,'Taking more-than-human geographies to sea: ocean naturres and offshore radio piracy',in Jon Anderson and Kimberley Peters (eds), ***Water Worlds*** (Farnham: Ashgate, 2013).

3 「海の地理学」の展開については、Kimberley Peters, 'Sinking the radio "pirates": exploring British strategies of governance in the North Sea,1964-1991',***Area,*** 43(2011): 281-7. 参照。

4 Richard Hoggart, ***The Uses of Literacy*** (London: Penguin, [1957] 2009) , p. 49.（＝『読み書き能力の効用』晶文社、pp. 54-63.）および、Barry Smart, ***Consumer Society*** (London: Sage, 2010).

5 ブラックプールの歴史については、John Urry and Jonas Larsen, ***The Tourist Gaze 3.0*** (London: Sage, 2011)（＝加太宏邦訳、２０１４『観光のまなざし　増補改訂版』法政大学出版局）の第2章および、John Walton, ***Riding on Rainbows*** (St Albans: Skelter, 2007) 参照。

6 David Nye, ***Consuming Power*** (Cambridge, MA: MIT Press, 1998), p. 182. および、Ben Fine, ***The World of Consumption*** (London: Routledge, 2002), chaps 5, 6.

7 Smart, ***Consumer Society,*** pp. 160-1. および、John Urry, ***Societies beyond Oil*** (London: Zed, 2013).

8 On social practices, Elizabeth Shove, Mika Pantzar and Matt Watson, ***The Dynamics of Social Practice*** (London: Sage, 2012).

9 Susan Ossman, ***Moving Matters*** (Stanford, CA: Stanford University Press, 2013).

10 Barry Schwartz, ***The Paradox of Choice*** (New York: Harper, 2004), p. 191.（＝瑞穂のりこ訳、２００４『なぜ選ぶたびに後悔するのか――「選択の自由」の落とし穴』武田ランダムハウスジャパン、pp. 227-228.）および、

Anthony Elliott and John Urry, ***Mobile Lives*** (London: Routledge, 2010)（＝遠藤英樹訳、２０１６『モバイル・ライブズ――「移動」が社会を変える』ミネルヴァ書房）および、Fred Hirsch, ***Social Limits to Growth*** (London: Routledge & Kegan Paul, 1977), pp. 39-40.（＝都留重人監訳、１９８０『成長の社会的限界』日本経済新聞社、pp. 69-72.）

11 Schwartz. ***The Paradox of Choice***, p. 191.（＝『なぜ選ぶたびに後悔するのか』p. 228.）

12 Sharon Beder,***This Little Kiddy Went to Market*** (London: Pluto Press, 2009).

13 ２００８年の広告費は、６、４３０億ドルにのぼった。Worldwatch Institute, ***2010 State of the World*** (New York: W. W. Norton, 2010), p. 11. 参照。

14 同書、p. 13.

15 Avner Offer, ***The Challenge of Affluence*** (Oxford: Oxford University Press, 2006) および、Smart, Consumer Society, pp. 149-51.

16 Mike Davis and Daniel Bertrand Monk (eds), ***Evil Paradises*** (New York: New Press, 2007).

17 Naomi Klein, ***No Logo*** (London: Flamingo, 2000), p. 22.（＝松島聖子訳、２００１『ブランドなんか、いらない』はまの出版、p. 40.）

18 www.macaudailytimes.com.mo/macau/27277-Over-million-tourists-may-visit-Macau.html（２０１２年８月26日閲覧）および、Tim Simpson,'Macao, capital of the 21st century',***Environment and Planning D: Society and Space***, 26(2008): 1053-79 および、Tim Simpson, 'Neo-liberalism with Chinese characteristics: consumer pedagogy in Macao', in Heiko Schmid, Wolf-Dietrich Sahr and John Urry (eds.), ***Cities and Fascination*** (Aldershot Ashgate,2011) 参照。

19 これらは２００９年のマイケル・ムーア監督の映画 ***Capitalism: A Love Story***（『キャピタリズム――マネーは

踊る』）にうまく描かれていている。

20 Jennie Germann Molz, ***Travel Connections***(London: Routledge,2012), chap.7. 参照。

21 www.royalcaribbean.co.uk/our-ships/features-comparison/（２０１２年８月25日閲覧）.

22 ‘Cities on the ocean’, www.economist.com/node/21540395（２０１３年５月13日閲覧）.

23 Sietske Altink, ***Stolen, Lives*** (London: Scarlet Press, 1995).

24 Kathryn Hopkins,‘City bankers “regularly offer prostitutes to clients”’, www.guardian.co.uk/business/2009/oct/14/banking-prostitution（２００９年11月９日閲覧）.

25 Dennis Altman, ***Global Sex*** (Chicago: University of Chicago Press, 2001).

26 Rachel Carson, ***The Sea Around Us*** (New York: Oxford University Press, 1961), p. 2.（＝日下実男、１９７７『われらをめぐる海』早川書房）

27 Adrian Franklin による、この点の指摘に感謝する。

28 Mimi Sheller, ***Consuming the Caribbean*** (London: Routledge, 2003).

29 Mimi Sheller,‘Infrastructures of the imagined island: software, mobilities, and the new architecture of cyber spatial paradise’, ***Environment and Planning A***, 41 (2008): 1386–403, at p. 1399 および、Mimi Sheller, ‘The new Caribbean complexity: mobility systems and the re-scaling of development’, ***Singapore Journal of Tropical Geography***, 14 (2008): 373–84.

30 Lucy Budd,‘Aeromobile elites: private business aviation and the global economy’, in Thomas Birtchnell and Javier Caletrio (eds), ***Elite Mobilities*** (London: Routledge, 2013).

31 Bruno Cousin and Sébastian Chauvin,‘Islanders, immigrants, and millionaires: the dynamics of upper-class segregation in St.Barts, French West Indies’, in Iain Hay (ed.), ***Geographies of the Super-Rich*** (Cheltenham: Edward Elgar,

2013) 参照。

32 Mike Featherstone, 'Super-rich lifestyles', in Birtchnell and Caletrio (eds), ***Elite Mobilities***, p. 99. および、この編著の多くの論考を参照。

33 Stephen Haseler, ***The Super-Rich: The Unjust New World of Global Capitalism*** (Basingstoke: Macmillan, 2000), p. 3. 超富裕層向けのぜいたくな家の重要性については、Mike Featherstone, 'Super-rich lifestyles' in Birtchnell and Caletrio (eds), ***Elite Mobilities***, pp. 109-10. 参照。

34 Anthony Elliott, 'Elsewhere: tracking the mobile lives of globals', in Birtchnell and Caletrio (eds), ***Elite Mobilities***. Elliott and Urry, ***Mobile Lives***（＝『モバイル・ライブズ――「移動」が社会を変える』）.

35 Featherstone, 'Super-rich lifestyles', in Birtchnell and Caletrio (eds), ***Elite Mobilities***, p.115. からの引用。

36 William K. Carroll, ***The Making of a Transnational Capitalist Class: Corporate Power in the 21st Century*** (London: Zed, 2010), pp. 224-5.

37 Davis and Monk, 'Introduction', in ***Evil Paradises***, p. xv.

38 Anthony D'Andrea, ***Global Nomads*** (London: Routledge, 2007), pp.2-3, および、より一般に「ノマドの民族誌」による。

39 Bianca Freire-Medeiros, ***Touring Poverty*** (London: Routledge, 2013), p. 167.

40 Claudia Bell and John Lyall, 'The accelerated sublime: thrill-seeking adventure heroes in the commodified landscape', in Simon Coleman and Mike Crang (eds), ***Tourism: Between Place and Performance*** (New York: Berghahn, 2002), p. 22.

41 同書、p. 36.

42 新しい種類の「デジタルな」旅行者の物語については、Jennie Germann Molz, ***Travel Connections*** (London:

Routledge,2012) を参照せよ。

43 Krane, ***City of Gold,*** chap.1. 参照。

44 Urry, ***Societies beyond Oil*** 参照。

45 これについては、Krane, ***City of Gold*** の第５、６章で十分に明らかにされている。

46 www.burj-al-arab.com/ 参照。 Christopher Davidson. ***Dubai: The Vulnerability of Success*** (London: Hurst, 2008) および、Heiko Schmid, ***Economy of Fascination*** (Berlin: Gebrüder Borntraeger, 2009); Krane, ***City of Gold*** 参照。

47 Umberto Eco, ***Travels in Hyper-Reality*** (London: Pan, 1987).

48 Mike Davis,'Sand, fear, and money in Dubai',in Davis and Monk (eds), ***Evil Paradises,*** p. 52.

49 ぜいたくをすることの学習については、Crispin Thurlow and Adam Jaworski,'Visible-invisible: the social semiotics of labour in luxury tourism', in Birtchnell and Caletrio (eds), ***Elite Mobilities*** を参照。

50 Krane, ***City of Gold,*** chap.6. 参照。

51 Davis,'Sand, fear, and money in Dubai',pp. 64-6. および、Krane, ***City of Gold,*** chap.11. および、Matilde Gattonni, 'Sonapur-Dubai's city of gold',http://invisiblephotographer.asia/2011/09/15/photoessay-sonapurdubai-matildegattoni/（２０１２年８月26日閲覧）.

52 さらなる議論については、www.playthegame.org のウェブサイトを参照。

53 'Tax exemptions for the 2012 games',www.hmrc.gov.uk/2012games/tax-exemptions/index.htm（２０１２年７月15日閲覧）参照。

54 Tim Hunt,'The great Olympic tax swindle',www.ethicalconsumer.org/commentanalysis/corporatewatch/thegreatolympictaxswindle.aspx（２０１２年７月15日閲覧）.

55 Marc Perelman, ***Barbaric sport: A Global Plague***(London: Verso,2012), p. 27.

56 Marianne Chappuis, 'The Olympic properties', www.wipo.int/wipo_magazine/en/2012/03/article_0003.html（２０１２年８月25日閲覧）.

57 David Connによる多くの論説を参照。たとえば、１８７１年に公開の会合で設立されたクラブであるレディングについては、'Reading, tax havens,secrecy and the sale of homely football clubs', www.guardian.co.uk/football/david-conn-inside-sport-blog/2012/aug/21/reading-zingarevich-offshore-tax-havens（２０１２年８月24日閲覧）.

58 Bill Wilson,'Sir Alex Ferguson's retirement: will it hurt Man Utd?', www.bbc.co.uk/news/business-22445807（２０１３年５月９日閲覧）.

59 Stephen Graham, ***Cities under Siege*** (London:Verso, 2011), p. 125. および、Jacquelin Magnay,'One year on', www.telegraph.co.uk/sport/olympics/10127550/One-year-on-the-transformation-of-Londons-Olympic-park.html（２０１３年７月24日閲覧）参照。

60 Saolo Cwerner, Sven Kesselring and John Urry (eds), ***Aeromobilities*** (London: Routledge, 2009).

61 Gillian Fuller and Ross Harley, ***Aviopolis: A Book about Airports*** (London: Black Dog, 2005), p. 48.

62 Perelman, ***Barbaric sport: A Global Plague***, p. 6. および、Ben Quinn and Conal Urquhart, 'G4S boss discovered Olympic security guard shortfall only a few days ago', www.guardian.co.uk/sport/2012/jul/14/london-2012-olympic-security-g4s（２０１２年８月25日閲覧）参照。

63 Lynsey Dubbeld, 'Observing bodies: camera surveillance and the sig-nificance of the body', ***Ethics and Information Technology***, 5 (2003): 151-62, at p. 158. および、第８章参照。

第6章　エネルギーのオフショア化

エネルギー問題

社会が時間と空間のなかでどのように築かれてきたという点で、それがどのようなエネルギーに支えられているかということは非常に重要である。エネルギーの生産、流通、消費には多種多様なシステムがあり、それらを基盤として社会ごとに異なった、時には非常に不平等な経済、社会、政治パターンが生み出されている。ある意味、エネルギーは社会にとって酸素を供給しているようなもので、適切な場所に適切なエネルギーがなければ社会は死に至ることもある。

18世紀半ばまでは、動物や人間の筋力がエネルギーの80～90%を占め、残りは風力、水力、太陽光、木材や泥炭の燃焼によるものだった。このような形態のエネルギーはほとんどその土地で利用され、遠くまで運ばれることはなかった。局地的で地域限定、かつ低エネルギーであったため、「余剰エネルギー（energy surplus）」は非常に限られていた。[1] 原料を遠くに運ぶ手段や生産されたエネルギーを移動させる手段はなく、エネルギーは生産された地域の周辺で大抵は消費された。化石燃料が登場する以前、エネルギーは局地的なもので、生産地と消費地のあいだには時間的にも空間的にも隔たりがほとんどないか、あるいはまったくない状態だったのである。

この章では、地域のエネルギー源から、遠方のエネルギー源や運搬可能なエネルギーといった様々な形態の「移送可能なエネルギー」への移行、特にオフショア化されたエネルギーへの長期的移行について考察する。「移送可能なエネルギー」は生産者から消費者へ運ばれなくてはならないのであるが、この輸送自体に莫大なエネルギーをともなう。遠方のエネルギー源に社会はますます依存するようになっているが、その理由の一つは、20世紀のあいだで世界の人口が20億人から60億人に増加したことにある。都市、町、村、個々の家、どれもが新たな「エネルギー変換装置（energy converters）」に依存する高消費のエネルギー中心地となり、そのことは各種エネルギー資源の長距離輸送を前提としている。次節では、人類史における過去2世紀から3世紀間の、その初期工程を簡単に検証する。この工程により、化石燃料が社会の動力源に変化をもたらしたのである。

化石燃料エネルギー

石炭、天然ガス、石油といった化石燃料は、現在、世界のエネルギーの5分の4を占めている。[2] これらの燃焼は、過去3世紀にわたり世界の経済と社会にとって最重要なものであり、それらに比類なき変化をもたらした。化石燃料により、多くの新しい「エネルギー変換装置」の開発と多方面での利用が可能となったのである。

特に顕著なのは、18世紀から19世紀にかけて「西側（West）」で発明された石炭を燃料とする蒸気機関である。化石燃料を原料とするエネルギー変換装置が開発される以前は、中国とインドが世界の二大経済中心地だった。[3] しかし、東西の道はまもなく分断された。長い期間にわたり地表で採取される石炭は熱源として利用されていたが、18世紀の二つの革新が新しいエネルギー変換につながり、石炭が社会に新たな道筋を拓くこととなった。その二大革新のうち一つ目は、地下坑道を支える木製の支柱（坑木）を含めた、新しい採掘技術の開発である。坑木により、北イングランドとウェールズの炭鉱はめざましい発展を遂げ、第一次産業革命に燃料供給を行うエネルギー源として石炭が用いられることとなった。石炭をエネルギー源とすることで、社会が工場を中心とした製造工程と蒸気機関による輸送を中心に形成されるようになった。この新しい生活様式により、産業革命以前の生活は終わりを告げた。クラッツェン Crutzen は、このような18世紀の革命により、「人間中心時代（the 'anthropocene'）」とでも呼び得る、人類史上地質学的に新たな時代が到来し、人類は地球環境の状態、力学、そして未来を変化させたと主張している。人類の活動が偉大な自然の力に匹敵するほどになったのである。[4]

二大革新の二つ目は、蒸気機関が動力の規模を著しく拡大したことである。石炭燃焼を動力とする蒸気機関は鉄道網だけでなく、規模を一層拡大していく工場、新産業や新製品、新たな都市の発展に寄与した。新しいシステムを組み合わせることで、物質世界が大きな変化を遂げた。[5] 特筆すべきは、石炭が機械を動かすために使われたこと、すなわち蒸気機関車が19世紀半ばからのイギリスで急速に発展したことである。ウェルズ Wells は１９０１年に、未来の歴史家たちが「鉄道を走る蒸気機関」

を19世紀の中心的シンボルとみなすであろうと予測していたのであった。[6]
しかし1901年には、世界初の噴油井もまたテキサスのスピンドルトップで発見された。やがてエネルギー密度の高い石油の活用が進み、動力面においても機動面においても、エネルギーの規模や影響力が一変した。石油文明が発達し、自動車、貨物車、飛行機、石油を燃料とする船、ディーゼル機関車、石油暖房が普及した。[7]この新たな文明では、数多くのものが新たに生じ、移動しはじめた。それは人、企業、モノ、金、そして廃棄物も含まれている。20世紀のあいだ、新たな構造や活動が展開した一方で、古いものは「創造的に（creatively）」破壊されたのである。
石油はエネルギー密度が高く、貯蔵可能かつ持ち運びに優れ、汎用的に活用できる便利な代物である。しかも、20世紀の大半、石油は他に例を見ないほど安価な資源だった。今や石油は、交友関係から商取引、職業、そして家庭生活の大部分に至るまでを支える唯一の資源である。石油はまた、部品や商品、食料を世界中に輸送する。何かしらの移動をともなう活動は大抵石油に依存している。そして現代において輸送がともなわないような活動はほとんどない。[8]オフショアリングは、潤沢な石油の供給があってこそ成り立っているのである。
この石油文明は、国内のエネルギー源を移送可能なエネルギー変換装置で運ぶことでもって、アメリカから始まった。密度の高さと記録的な安さにより、このシステムはアメリカの「石油依存」の礎となった。[9]安価で潤沢な石油は、20世紀のアメリカ経済、文化、軍事の中心となった。コットレルCottrellは「イギリスよりもアメリカの事例こそが、高エネルギー社会のプロトタイプとみなされていただろう」と述べている。[10]アメリカでは世界の自動車の3分の1（および世界の大型車の大半）が走り、交通機関由来の二酸化炭素排出ガスの世界のほぼ半分を産出しているのである[11]。巨大な油田が次々に稼働することでコストが減少するにつれ、特に1970年頃からは石油から得られるエネルギーは無限であるかのようにみなされるようになった。世界の石油産業の価値の総額は、世界中の銀行の総資産を超えると試算された。1バレル100ドルとすると、世界の既知の石油埋蔵量は104兆ドル、つまり、世界の年間のGDPの50％に相当する[12]。1901年の時点から見ると、自動車、貨物車、電車、船、飛行機を動かすために石油を燃やし尽くす日が来るとは到底考えられないことだった。ルービン Rubin は「石油からプラスチックなどをつくるほうが、石油をガソリンやディーゼルに換えることよりも価値がある……石油や天然ガスを石油化学製品に換えるほうが、輸送燃料として売るよりも5倍も儲かる」と指摘している[13]。

2度の大戦のあいだにアメリカでは電力、送電網、家電製品のあふれる郊外住宅が飛躍的に発展した。電力は、化石燃料の燃焼により生じる蒸気や、核反応により放出される熱、風力や、流水から抽出した運動エネルギーを動力とする電気機械発電機により生み出された。チャールズ・パーソンズ Charles Parsons が1884年に発明した蒸気タービンは、いまだに5分の4の発電所で使用されている。石炭から発電された電力はきわめて広範囲に拡大し、1970年の平均的なアメリカ人家庭は、18世紀にアメリカの小さな町で使われていたエネルギーよりも多くのエネルギーを消費していたのであった[14]。

照明、発電、輸送のためのエネルギーの生産量と消費量が増加したことで、アメリカは人類史上最大の「ハイパワー社会（high-powered society）」となった。ナイ Nye は、20世紀のアメリカでは「高エネルギー体制が日常生活のあらゆる側面に関わっていた。それが約束したのは、すばらしい服飾品、経済的な食料、より大きな郊外住宅、より高速の移動手段、より安価な燃料、環境制御、そして限りない発展であった」とまとめている。[15]

エネルギーは「経済予測（economic calculations）」のファクターとして考える必要はないとみなされていた。石炭、天然ガス、石油といった化石燃料はあまりにも豊富だったために、これらの利用が社会間の経済成長において相関的な比率を生む要因になるとは考えられていなかったのである。[16] エネルギーはあり余り、資本主義という虹の根元には金が埋まっていた。このことが、20世紀を通し、とりわけ世界人口の10分の1にすぎない裕福でエネルギー集約的な生活を営む人間たちによる、地球上のエネルギー資源の乱開発につながったのである。マクネール McNeill は、人類が1900年以降に消費したエネルギーは、1900年以前の人類の歴史で消費されたエネルギーの総量よりも多いという報告を行っている。[17] 化石燃料の急速な燃焼によって発生した二酸化炭素は、今後数百年にわたって大気中に残留し、地球の気候を変えるほどまでになった。2013年5月、大気中の二酸化炭素レベルは、ここ300万年から500万年のなかで初めて400ppm に達した。この数値はハワイにあるキーリング研究所で観測されたものである。この研究所には、古いものは1958年にまで遡ることのできる、二酸化炭素濃度についてもっとも長期間にわたる記録が残されている。[18]

二酸化炭素の排出は、世界的な不平等の問題にもつながる。2010年の『地球白書』はこのように報告している。

世界の500万人の富裕者（世界の人口の約7％）が、世界の二酸化炭素排出量の50％の責任を負っているという報告がでている。一方、30億人の貧困者のそれはわずか6％である。富裕層が豪邸に住み、自動車に乗り、世界中を飛行機で飛び回り、多くの電気を消費し、肉や加工食品を大量消費し、よりたくさんの商品を購入している。[19]

500万人の裕福な消費者と彼／彼女が排出する二酸化炭素排出を削減すれば、世界の二酸化炭素の量は半分に減らせることになる。

「西洋文明」が世界の他の文明より本質的に優れているわけではないといえよう。むしろ、石炭、石油、天然ガスなどをあてにして、気候変動を起こすほどの二酸化炭素を排出するような急速な資源開発によって、「西側」のエネルギー変換装置は過去3世紀にわたる優位を達成したのである。西洋文明の優位性を確実にしたものは啓蒙思想や自然科学、自由主義だけではない。遠方からの供給を拡大し、著しい不均衡のもとで燃焼する、西洋の炭素ベースのエネルギー資源もまたその一因なのである。

次に、過去数十年にわたり発展してきたエネルギーのオフショア化における三つの形態を検証し、そして多くのエネルギー依存の事例をより掘り下げていくことにする。

遠隔地からのエネルギー

これまで述べてきたように、人類史の大半の期間、熱や動力を得る手段は地域ごとに分散していた。エネルギー変装置器は家庭や作業場にあった。石炭の火や薪を燃やすかまど、給湯設備や調理設備、小型タービンなどだ。そして燃焼により得られた燃料はほとんどが近場で使用された。このような地域中心型のエネルギー利用は1950年代に入ってもヨーロッパで広く見られ、世界中に拡大していった。輸送のためのエネルギーは、動物の筋力（馬に引かせた馬車、牛）や人間の筋力（徒歩、自転車）に依存していた。

ついに20世紀の後半には、多くの社会が高エネルギーシステムに布置されて、非常に遠方の土地や特定の地域からエネルギーを入手したり輸送したりするようになった。フロイデンバーグとグラムリング Freudenberg and Gramling は、遠隔地、特にオフショアの石油や天然ガスを利用することを「大量消費の手段（weapons of mass consumption）」への果てしない追求だと述べている[20]。アメリカ政府はこのようなエネルギー源の開発を推進し、領地内での掘削権について、石油会社やガス会社に課す税金を他国より安く設定している[21]。

今日の多くの社会では、遠隔地の「ジャスト・イン・タイム」（訳者注：大量生産に変わり必要なものを必要なときに必要なだけ供給する、という考え）な大規模のエネルギー供給システムに依存している。石油輸入量世界第2位の中国は、戦略上の石油備蓄が2週間分しかないため、石油タンカーが途切れることなく確実に入港するようにしなくてはならない。この緩慢に運ばれる石油の80％が南シナ海を通過している。[22] 短期間でも石油の供給が止まるとしたら、中国は世界中に安価な労働力を供給することを停止してしまうであろう。グローバル化は今や、北大西洋の上空よりも南シナ海内の動向に焦点化されているのである。

５、５００の石油タンカーと６、０００の石炭運搬船以外にも、エネルギーは二種類の「チューブ」を通して運ばれる。一つは天然ガスや石油が汲み上げられるパイプであり、もう一つは石炭や天然ガス、石油の燃焼や、水力発電、地熱発電、核転換炉による発電で得られた電力を運ぶケーブルである。エネルギーはこのような「チューブ」を通して運ばれ、離れたところで大規模な経済活動を可能にする巨大な「エネルギー変換装置」を実現している。石炭や天然ガス、石油の燃焼や、水力発電、地熱発電、核転換炉による発電で得られた電力が、船やチューブ状の輸送用供給設備等を介し各地に移送されてきたことで、広大な世界規模のオフショアなシステムが発展してきたのである。

マリオットとミニオ＝パルエッロ Marriott and Minio-Paluello は、カスピ海の海底から汲み上げたエネルギー源が輸送されるオイル（および天然ガス）ロードは地元の消費者のためのものではなく、西ヨーロッパの経済、特にドイツの自動車組立工場の「動力となる」ためにある、と述べている。[23] 汲み上げられた石油や天然ガスは船で何千キロも離れた精製所に運ばれる。そして中央ヨーロッパと西ヨーロッパや、ヨーロッパへの旅行客に高収入と高消費をもたらす。カスピ海の石油が「西側」に届くのは、エネルギー会社、国、法律家、そしてEUのあいだで数々の調整が行われた結果である。このなかでは、「天然資源」が産出国から確実に運び出され、パイプラインや、場合によってはタンカーで、西ヨーロッパの消費者のための動力源として届くことが確実なものとなるよう設計されている。この「チューブ」は「エネルギーの回廊（energy corridors）」と呼ばれることもあるが、その中身は一方通行で運ばれるのみである。

多くの社会がオフショアのエネルギー源に依存しているが、とりわけオフショアリングが進んでいるのがエネルギーの98％を輸入に頼る台湾である。[24] こうした社会のほとんどが、供給されたエネルギー、そして事実上よそで決定されているその価格帯に依存している。日本とフランスは石油と天然ガスの100％を輸入し、韓国は石油の97％を輸入している。世界第3位の石油生産国であるアメリカは、原油の4分の3を輸入している。[25]

経済や社会は高エネルギー消費体制に布置されているが、そのエネルギー資源の大部分はまだよそからやってくる。近年のいわゆるバイオ燃料やアグロ燃料の急速な開発は、エネルギーのオフショア化の好例だ。農地で育てられた作物は燃料に変換され、どこかの自動車ドライバーに使われる。アグロ燃料の開発を正当化するために「サステナビリティ」（持続可能性）の言説がよく引き合いに出されるが、オフショア化された石油の代替品として農作物と農地を使用することはきわめて否定的な結果につながっている。例として、食料の生産量の減少と価格の高騰、地元の農業に対する評価の低下と女性の農業離れ、単一作物への極端な依存、森林伐採、二酸化炭素排出量の増加などがあげられる。[26]

バイオ燃料などのエネルギーの多くを輸入するのは大企業や公共団体だが、その所在地や所有権、管理は別の国にあるということもある。このようなオフショア法人は、そのような他国における「国の」政策に従っていることが多い。大規模な石油会社はすべて国有である。サウジアラムコ、国営イラン石油会社、イラク国営石油会社、そしてクウェート石油公社は、公式な世界石油埋蔵量の半分を所有している。世界第一位の石油生産会社はサウジアラムコである。「西側」のなかでの1位は「エクソン」だが、世界全体では12位にとどまっている。[27]

安価で入手しやすいエネルギーの将来にわたっての供給にはきわめて明確な限界があり、石油の場合はすでにピークを越えたと考えられている。埋蔵されている石油の採取には始まりがあり、中間があり、そして終わりがある。採取可能量の半量に達したときに、それは最大の出力に達する。個々の油田の産出量がその総量の中間地点を通過したとき、トラブルも次第に多くなり、採取にも費用がかさむようになる。[28] エネルギーの産出量がピークを過ぎ、減少するにつれて、石油の入手はますます困難になる。石油の採取は利益率が減り、同じ供給量を確保するために必要なエネルギーが増大する。現在、アメリカと「ヨーロッパ」は1日あたり10億ドルもの巨額を石油の輸入に費しているのである。[29]

世界最大の油田が発見されたのは半世紀以上前で、油田発見のピークは１９６５年であった。１９７０年代以降、大規模といえるほどの油田は発見されてない。発見された油田一つあたりに少なくとも4バレルの石油が消費されるが、この比率は間もなく1対10まで上昇するだろうという予想もある。[30] 国際エネルギー機関のチーフ・エコノミストは、現存する油田からは急激に産出量が減っており、現在の産出量を今後25年間維持するためにはサウジアラビアで新たに四つの油田を開発しなければならない、と主張している。石油の産出量のピークは２００６年頃に達した。[31] 似たような形で、ロンドンのロイド紙も、現在の石油生産の採取レベルを維持するには、サウジアラビアで3年ごとに新しい油田が見つからなくてはならないと示唆している。[32] 人口の増加と、石油の新しい「消費者」の比率の高まりにより、世界の一人あたりが消費できる石油の量はすでに大幅に減少している。ＢＰの計算によれば、世界の一人あたりの石油生産は1世代前の1973年にはすでにピークに達していたのだという。[33]

これらの「石油限界論者（peak oilists）」とは逆に、ヘルムHelmをはじめとして、石油豊穣論の立場を採る研究者もいる。ヘルムは、化石燃料はまだ豊富であることを主張し、「石油限界論者たちにより、我々はエネルギーについて間違った政策立案に導かれている」という。[34] この主張にもかかわらず、多くの公的機関あるいは準公的機関は、エネルギー危機を一層募らせている。多くの国は不確実かつオフショア化された供給源に依存している。「ピークオイルとエネルギー安全保障に関する英国産業タスクフォース（The UK Industry Taskforce on Peak Oil and Energy Security）」の報告によれば、「石油危機」の危険性が高まっており、世界の人々の収入や拡大しつつあるオフショア化に対して、2007年から2008年にかけての金融危機並みの大打撃がもたらされる恐れがあるという。[35] また、現在石炭が世界のエネルギー利用のおよそ3分の1を占め、しかもその割合が格段に増えつつあることも補足すべきであろう。[36] しかし、世界の石炭生産は2005年には早くもピークを迎えるというのが大方の予想であり、しかも既知の埋蔵量は頻繁に下方修正されているのである。[37]

極地からのエネルギー

このような不確実性は、ここでの二つ目の考察によって強化されることになる。つまり、21世紀の代替エネルギー資源は「極限」の環境にあり、非常に危険な労働条件とそれにともなうエコシステムに特徴づけられる。「極地からのエネルギー（extreme energy）」は文字通り「陸から離れた《オフショア》」ところにあり、海中で発見されることが多い。海洋とその暗い神秘は、多くの将来のエネルギー開発の鍵とされている。一般的には、エネルギーの輸出入とは海上で、海中で、または海を超えて行われることを意味し、オフショアの風力発電や深海での掘削、海底ケーブルの敷設、タンカーやパイプラインの建設などを通じて行われる。このような極地からのエネルギーの獲得には莫大な費用がともない、不確実要素も非常に多く、しかもリスクもきわめて高い。とりわけその理由として、開発者がオフショアの組織であることが多いからである。

加えて、世界の大海には海賊やテロリストによって石油その他の資源が狙われやすい難所がある。世界の海でもっとも重要な箇所は、ペルシャ湾から外海に出るところに位置するホルムズ海峡である。ここは幅が21マイル（およそ34キロメートル）ほどしかないが、石油貿易の5分の1が毎日のようにここを通過する。次に重要な箇所はインドネシア、マレーシア、シンガポールにかけて延びるマラッカ海峡で、そこを通る石油タンカーは主として中国や他のアジア諸地域に向かう。もっとも幅の狭い部分はほんの1・7マイル（およそ3キロメートル）弱でしかない[38]。

極地からのエネルギーには深海での石油採取など様々な形態があり、その舞台はメキシコ湾、アラスカ、ナイジェリア、ブラジル、果ては北極にまでおよぶ。このような深海の油井での掘削が可能になったのは、現在の採掘技術が相当の深度での発掘を可能にしたからである。

２０１０年4月20日にメキシコ湾で起きたＢＰのディープウォーター・ホライゾン施設の爆発事故は、このような極地からのエネルギーについて多くの議論を巻き起こした[39]。ディープウォーター・ホライゾンは巨大な半潜水式の石油掘削施設で、ルイジアナ沖で作業中だった。この辺りではオフショアの石油産業が実際に進められており、水深1マイル（およそ1，600メートル）の地点で、さらに海底から2・5マイル（およそ4，000メートル）の地下に「油層」があった。このような油層には岩、水、油、ガスが含まれており、そのうち油やガスには爆発の危険性がある。BPによる細分化させた権限をともなうシステムの一部として、ハリバートン社は爆発を防ぐためのセメント作業を行った。だが、その施設自体の所有者はトランスオーシャン社で、法規制を受けることもわずかで、人員配置水準も低いものであった。なぜなら社の船籍登録は世界三大便宜置籍船国の一つ、マーシャル諸島にオフショア化されていたからである（第9章参照）。

　BPはまた、徹底した経費削減で知られている。BPでは過去5年のあいだに1万2，000以上の石油関連の安全性に関わる事故をメキシコ湾で引き起こし、「裏切りの製油所（renegade refiner）」と称されていた。今回の事故に関わったメジャー企業はBP、ハリバートン社、トランスオーシャン社であり、爆発により11人の作業員が死亡、世界最大の石油流出事故となり、湾内には原油500万バレルが流出した。3年がたってもこの石油流出事故による損害賠償請求が増え続けており、その災害規模があまりにも大きなため、BPの今後の存続が危ぶまれているのである。[40]

　ブラジルでは何十億バレルもの石油が最近「発見」されたが、その場所は南部の沖合200マイル（およそ320キロメートル）以上、水深5マイル（およそ8，000メートル）以上のサブソルト層である。これは現在安全とされている掘削や採取の限界を超えている。このような深海での探査、掘削、開発には、関係する企業や技術のあいだで、並外れた技術的および人間関係的な協調体制が必須である。

さらに広範囲での石油掘削が展開され、もっとも過酷な環境とされる北極まで及んだとき、一体どんな災害が起こるかを未然に想像することは難しい。課題は多い。適切なインフラ、特に採取された石油や天然ガスを運ぶ設備が欠けている。その開発の成否は、氷の融解を促進する気温の上昇にかかっている。石油の掘削期間は1年のうちほんの数か月で、捕鯨期間と重ならないようにしなくてはならない。この広大な地域については所有権についての大きな問題もあり、見込みがある場所は広く分散し、石油の総量にも限りがあると考えられている。総合的に見て、独特の困難な条件下での、深海での採取が必要となる。[41] また、大規模な事故対策装置を設置するためのインフラ整備に欠け、大規模な石油流出事故が起きた場合、現在の技術では十分な対応をとれない。さらに、石油の封じ込め設備がまだテストされていない。最近になってシェル石油は、氷で覆われた環境でも普及させ得るキャッピング・システム（訳者注：採掘作業にともなう汚染物質の漏れを防ぐ装置）のテストを実施しないことを明らかにした。北極で何らかの規模での採取を行う場合、結果として抽出される石油のエネルギーの回収率が非常に低く、同時に石油流出と爆発の危険性は非常に高いから、というのがその理由であった。また、流出した石油の回収をどのように行うかも未知であり、関係する企業にどのくらい費用がかかるかが誰にも分からないのである。[42]

２０１５年までに、メキシコ湾や北極、ブラジル沖の深海プロジェクトが、新しい石油量のおよそ3分の1を供給するだろうと想定する評論家もいる。もしこの供給が実現しなければ、想定される世界のエネルギー不足はさらに厄介なことになるだろう。[43]

タールサンド、またはオイルサンドも極地からのエネルギーの一つだ。この抽出は、１９９９年にシェル石油がカナダのアルバータ州アサバスカのオイルサンドプロジェクトを立ち上げたことから始まった。他に大規模なタールサンドの堆積地としてはベネズエラとシベリアがある。オイルサンドやタールサンドは、ビチューメンが浸み込んだ砂や泥岩の堆積地である。ビチューメンは固体または半固体で、流動化させるためには５３８度の熱を加えなくてはならない。結果として採取される「油」は原油に変換された後、様々な石油製品に精製される。この重油の価値は、「軽質原油」の価値より劣る。タールサンド2トンからは、ほんの1バレルの精製油しか採れない。タールサンドからの石油抽出は、様々な技術上の難題や、多くの政治上の論争にさらされている。なぜなら環境への負荷が高く、また長期の投資が必要なために経済面での不確実性が大きいからだ[44]。カナダのタールサンドから抽出される石油は、２０３５年までに1日あたり多くても４７０万バレルだろう[45]。通常の石油の抽出に比べて、この石油の抽出は最低でも3倍の温室効果ガスを排出する。また必要なエネルギーも大きく、特に天然ガスと大量の水を要する。現在アルバータのタールサンド抽出に使用されている天然ガスは、カナダ全体の半数の家庭に熱を供給できるほどの量なのである。

その他の極地エネルギーとして、特にアメリカで進んでいるシェールオイルがあげられる。シェール自体には石油は含まれていないが、まだ石油になる前のケロゲンと呼ばれる固形の物質には石油が含まれている。様々な生成工程後、シェールオイル1トンから、1台の自動車を2週間運転させるのに必要なガソリンをつくりだすことができる。この生成工程には、採掘、輸送、大量の水の使用、華氏９００度（およそ摂氏４８２度）までの加熱処理、水素化、廃棄物の処理作業が含まれる。エネルギーの回収率が非常に低いため、現時点ではシェールオイル産業の大規模かつ長期での開発に成功した企業はまだない。

しかし、アメリカの僻地には巨大な「埋蔵地」があり、特にコロラド砂漠では採算性のある採掘の開発を行う企業には多額のインセンティブが設定されている。マウゲーリMaugeriはアメリカのシェールオイルはパラダイムシフトの一因になり得ると主張している。ノースダコタとモンタナにはシェールオイルの広い地層が20以上あり、アメリカでの巨大石油生産地になりつつあるからだ。大半は1バレルあたり50ドルから65ドルの利益率があり、この地層があれば石油価格が急激に下落したとしてもそれを十分に回復させることができるという[46]。シェールオイル層とタイトオイル層から生成される石油を合わせると、二〇二〇年までには、1日あたり多くとも660万バレルに達する見込みである（現在の世界の石油消費量は1日あたり8、500万バレル）。

しかし、そこには多くの障害が残されている。不十分な石油輸送システム、国家による原油精製構造、シェールオイルとあわせて製造される天然ガスの量、水圧破砕法が環境へ及ぼす悪影響、そしてシェル石油が40年にもわたってシェールオイルの抽出に取り組んでいるにもかかわらず、経済的な成功がほとんど収められてはいないという事実である。最大の問題は水圧破砕法あるいはフラッキングが環境に及ぼす影響で、水質汚染や土壌汚染、新鮮な水の帯水層への天然ガスの浸透、下層土の汚染、小規模の地震、そして他にも無数の反対意見がこれに対してあがっている[47]。マウゲーリは熱心に提唱しているものの、アメリカ以外の社会ではシェールオイル革命を容易には再現できないだろう[48]。

サハラのメナ地区に広がる太陽光発電と風力発電システムとヨーロッパを高圧直流送電ケーブルで

つなげる広範なネットワークであるデザーテックは、極地からのエネルギーの進化形である。このアイデアはここ数年勢いを増しており、特にドイツの企業がこれに力を入れている。建設の初期段階はモロッコで開始されるようになっている。エネルギーの大部分は、天然ガスとソーラーパネルの両方を使う集中型太陽熱発電所で生み出される。液体の天然ガスは摂氏400度まで加熱され、標準的なタービン発電機の蒸気を熱するために使われる。2050年までには、ヨーロッパの電力の15～20%を賄えると予想されている。この事業の一つの大きな壁は、過酷な砂漠そのものであり、強い風と埃っぽい環境のために巨大なパネルを毎日清掃しなくてはならない。また経費も馬鹿にならず、政治的な論議も起きている。メナ地区では電気への汎用的なアクセス手段がないために、エネルギーの大部分は地元で使わざるを得ない[49]。

最後に、極端な自然現象の増加にともない、極地からのエネルギー開発のリスクがますます高まっている。そのような現象がここ2、3年のあいだに数多く起きており、資源に恵まれているオーストラリアでも自然発火や洪水が頻繁に起き、アメリカのニューヨークでは、2012年に「フランケンストーム」サンディの被害に500億ドルを投じている[50]。このような極端な自然現象が起きた際には、家や所持品を失い絶望に陥る市民に暖房やシェルター、食料や照明を供給するために予備のエネルギー資源を必要とするが、このときは同時に、ほとんどのエネルギーはオフラインとなっている。

このような極端な自然現象の例として、2005年にルイジアナ州の沿岸を直撃したハリケーン、カトリーナとリタがある。この二つのハリケーンにより、ミシシッピ川のデルタが浸水した際には、何十億ドル相当もの天然ガスと石油のインフラが破壊された。世界中のほかの製油所が最大限稼働したが、生産量を上昇させることができなかった。これらのハリケーンは、世界の石油とそのオフショアリングを支える主要資源の供給能力の脆弱性を露呈することとなった。メキシコ湾からの供給量に代わる供給が実現しなかったため石油価格は高騰し、２００７年から２００８年にかけてのアメリカ郊外のサブプライムにおける金融危機を引き起こす大きな引き金となったのである。[51]

金融化

エネルギー供給の遠隔地化と極地からのエネルギーに加え、エネルギーの金融化がある。過去20年から20年のあいだにエネルギー市場と金融市場のいずれも規制が緩和され、その結果エネルギーは次第に重要な金融投機の対象となった。

規制緩和の影響は、10年ほど前のアメリカの巨大エネルギー会社エンロンの劇的な成長と破綻に現れた。エンロンの社長で最高執行責任者のジェフリー・スキリング Jeffrey Skilling は、会社は資産を持たずともエネルギー市場の動向を追うだけで儲けを出せると主張した。あらゆるものが金融化できると信じられていた。１９８０年代後半、エンロンは各種オフショア会社を設立することで、通貨と他の資本源の動きを自由にし、ケイマン諸島だけで６９２の子会社を設立した。[52] これらのオフショア会社により、エンロンは実体よりも利益をあげているように見え、利益の幻想を維持するためにさらに不正行為のスパイラルをつくりだした。エンロンはオフショア化した口座の絡み合いを通じて、増大する損失を隠したのである。

スキリングの指揮の下、エンロンは「時価評価（mark to market）」会計を採用し、取引から見込まれる将来の利益をすでに実現したものとして記録した。エンロンは時間が経つと損失になる可能性があるものを利益として会計に記録し、企業の財政の健全性は株価の二の次とされた。エンロンの活動は多くの場合、不正を続けることで株価を上げ、最高のものだとみなされていた株主価値を維持するというギャンブルだった。エンロンは６年間連続でフォーチュン誌の「もっとも賞賛される」企業として銘打たれ、アメリカで７番目に大きい企業となったのである。

エンロンのトレーダーは、２０００年から２００１年にかけてカリフォルニアで起きた深刻な停電をともなうエネルギー危機を著しく助長した。エネルギーの需要はカリフォルニアに設置されていた供給能力より低かったものの輪番停電体制をとることとなったが、その原因は様々なエネルギーコンソーシアムによる市場操作や不法なパイプラインの遮断であった。猛暑、発電所新設の承認の遅延、供給操作により供給量が減り、２０００年４月から12月のあいだに卸価格が８００％も高騰した。この格差はエネルギー会社、主にエンロンにより生み出された。エネルギートレーダーはピーク需要時にメンテナンスのために発電所をオフラインにし、電力が最高価格で売れるようにした。時には通常価格の20倍にも跳ね上がった。この金融面およびエネルギー面における危機は１９９６年の部分的なエネルギーの規制緩和の結果であり、カリフォルニア州は４００億から４５０億ドルの費用を投じた。最終的に、エンロンは税金をほとんど収めていなかっただけではなく、数々の粉飾行為を組織ぐるみで行っていたことが発覚し、２００１年に莫大な負債とともに破綻したのであった。[53]

ごく最近では、石油、天然ガス、電気の先物価格にもとづく金融デリバティブが開発されたことがあげられる。ほんの15年前は1種類だけだった原油デリバティブは、現在75種類以上に上る。デリバティブは金融商品の一つで、石油の先物価格など、他の基礎となる商品の変数によって価値が決まる。金融面でオフショア化されたエネルギーの所有権とエネルギーの管理を分ける流通市場がここでは関係している。このような金融面での革新には、予備のエネルギー供給源を開発するための新しい発電所や、機械への「投資」は含まれていない。

したがって、石油の供給には新しい種類の資金が組み込まれることになった。石油価格の動向は、輸送と製造のための石油の需要と供給の変動への投機に合わせて決定される。ロンドンのロイド紙による重大報告によれば、投機は供給と価格を不安定にし、エネルギーの安全性をさらに低下させているという。[54] この報告は、金融取引が石油価格を上昇させ、より不安定にし、石油価格がささいな需要の変化にも非常に敏感なものとなっていることを示している。[55] また、「オイルシャーク」と呼ばれるものがある。価格が高騰するまで荷物を乗せないよう指示されているタンカーである。これらのタンカーはオフショアに停泊している。イギリスでは、イギリス自動車協会（AA）のポール・ワッタース Paul Wattersが、「タンカーはイギリスの海岸からもアメリカの海岸からも離れている。それらはまるで貯蔵用タンカーのごとくふるまっている。いつも通り犠牲になるのはマイカー運転手だ。運転手たちはは食物連鎖の最後にいる」とコメントした。[56]

アメリカ政府は、大手銀行や主なファンドによる投機とエネルギー価格の操作を許容している。ある評論家は、「投機が石油価格に見事なプレミアムを加えていることを示す50もの研究があるが、なぜかそのことは世間一般の通念として浸透していない。いったん投機が市場を支配すると、そこはまさにギャンブルのためのカジノだ」と報告している[57]。

石油市場の規制緩和により、一握りの銀行と金融機関、エネルギー会社が、石油に支払われる価格の短期変動を大いに操作できるようになった。銀行やヘッジファンドといった先物取引のトレーダーは、エネルギーそのものを受け取る意図なく、単に架空利益を得るために、現在のエネルギーの先物市場の80％を操作している。10年前はこの割合は最大でも30％だった。したがって、オフショアに停泊するタンカーはますます増え、投機されるのを待っている。文字通り「陸から離れた（オフショア）」ところで、将来価格とは異なる価格に変動するのに賭けているのだ。２０１２年5月、ＥＵはヨーロッパの一流の石油・ガス会社を、カルテルを組んで価格操作を行い、消費者にとって本来の価格よりもずっと高い価格を設定し続けたとして告発したのである[58]。

金融化は、世界のエネルギー会社の多くが一部をオフショアに登録しているという事実に支えられている。たとえば、ケイマン諸島を拠点とするケイマンズ97という企業は、世界に広がるＢＰ事業の多くの管理所有権を1か所で集約している。ＢＰは公開会社で、理論的には透明性が高いが、裏ではあまり知られていないオフショア子会社のネットワークがあり、実際に行っていることは政府からも一般市民からも分からないようになっている。ＢＰが事業を行っている他国においての実際の納税額に対して政府機関の監査を避けるため、秘密主義がそのプロセスの核心となっている[59]。１９９０年代初頭以降、石油会社と天然ガス会社がロシアからオフショア化するのに併せ、ロシアのエネルギー会社の多くは中央銀行だけでなく、キプロスにオフショア口座を特別に開設したのであった[60]。

結論

この章では、地域ごとに分散していたエネルギーから、文字通りにも金融的にも比喩的にもオフショア化が進むエネルギーへの、長期にわたる移行を明らかにした。多くの場合、エネルギーがオフショア化されるにつれ、ほかのオフショアリングプロセスとも相互に関係してくる。エネルギー輸送の拡大や極地からのエネルギーの採掘、エネルギーの金融化といったことを逆行させることはきわめて困難である。

また、主要なエネルギー革新の大半は開発に非常に長い時間を要し、たいてい数十年単位の時間がかかる。この理由の一部は、新しい「テクノロジー」が単一の技術ではなく、何十年もかけて様々な要素を組み合わせ、新しい「ソシオテクニカル（socio-technical）」なシステムを形成するからである。オフショアリングを逆行させるような新しいシステムには、既存の要素を何十年もかけて複雑に組み立てなければならない[61]。あるエネルギー資源から他のエネルギー資源への移行は1世紀に1度だけ起きるようなことかもしれないが、その結果は計り知れない[62]。化石燃料のオフショアリング文明からの移行は巨大なタスクであり、今世紀の時間の大半を費やす可能性もある。しかし、オフショア化された世界は極度に炭素に依存した世界であるのに、本著で検討しているような様々なオフショアリングの拡張が十分にはいかなくなるということが理解されていないのである。たしかに多くの書籍や報告書、論文は、地球の気温増加を2℃以内に収めるためには残りの化石燃料は地下にそのまま残しておくべきだという立場をとりつづけている[63]。長年にわたる化石燃料の燃焼で気候は変動した。2兆トンの二酸化炭素が大気に放出され、何百年も大気中に残留する。[64] このような排出ガスは、1850年以降現在に至るまで爆発的に増加し、その速度が落ちる気配はなく、ましてや減少する様子もない。[65] 今のところ、ここで述べられるような有効な解決策はない。

関連する問題として、化石燃料の燃焼能力を基準とする大規模な金融資産がある。株式市場は、エネルギー会社が保有する化石燃料の埋蔵量を実在するものとして評価しているが、地球の気温上昇を次の世紀にかけて摂氏2℃以内に収めるとした場合、そのうち40％しか使えない可能性もある。ウィル・ハットン Will Hutton によれば、一方には広大な炭素バブルがあり、投資家と企業が決して燃やされることのない燃料の埋蔵量の価値にやたらと過度な投機を行っている。他方では、地球の温暖化を摂氏2℃以内に収めたまま化石燃料を使うことは無理だと考えるメジャー企業がある。埋蔵されている炭素をすべて燃やすと、地球の気温は最低摂氏6℃上昇する。しかし燃やされなければ、4兆円の株式市場の価値が半分に下落し、2007年から2008年にかけて起きて現在も続く金融危機と同等のさらなる金融危機が簡単に引き起こされるであろう、と言われている。[66]

このような巨大な矛盾を克服するためには、もっと極端な形態のオフショアリング、「オフアーシング（off-earthing）」を開発すべきだという意見もある。これには、冷戦時代の多数の科学者が実現させようとしたような完全に大規模な地球工学プロジェクトが必要である。地球工学は化石燃料への依存を覆すようなことはないだろうが、そのことによって今も続いている有害な結果に対して地球規模で取り組むことになるかもしれない。

このような地球工学には主に二つの形態がある。一つは、巨大な化学通気装置で大気を洗浄し、二酸化炭素を大気から取り除くことや、硫酸鉄の粒子で海を肥沃化し、二酸化炭素の吸収量の多い藻を大量発生させることだ。二つ目は、太陽放射管理として知られているもので、太陽からの光と熱を数%反射させ、地球外へ戻すものだ。これは無数の小さな「日よけ」を地球の周りの軌道上に配置することで実現できる。[67] このような地球規模のオフアーシングなスキームには、驚異的な規模の財政、組織、科学の協力を必要とする。このような「地球規模の社会実験」は、まったく新たな規模の地政学的軋轢を招くだろう。なお「プランB」として、民主主義的な政治を切り札とし、国家的で民主的なプロセスを空想的に迂回したグローバル主義者に頼るというファウスト的な駆け引きもある。

しかし、気候変動の規模が「大災害」を引き起こすほどになると、自然環境に対するこのような地球規模でのテクノロジーによる修復作業の裏側で、「気候資本主義」を発展させるかのような強力な利害関係が動く可能性がある。[68] このような地球規模の社会実験は、化石燃料の炎を除去するただ一の方法として提示されうるものである。新自由主義が公言するように、危機を無駄にしてはならないのだ。

注

1　名著 Fred Cottrell, *Energy and Society* (Bloomington, IN: McGraw-Hill,［1955］2009) 参照。

2　Matthew Huber,'Energizing historical materialism: fossil fuels, space and the capitalist mode of production,' *Geo-*

forum, 40 (2009): 105–15. および、エネルギー変換器については Cottrell, ***Energy and Society***, pp. 13–14. 参照。

3 Giovanni Arrighi, ***Adam Smith in Beijing*** (London: Verso, 2007).

4 www.anthropocene.info/en/anthropocene（２０１２年９月18日閲覧）参照。

5 Ian Morris, ***How the West Rules – for Now*** (London: Profile, 2010), chap. 10.

6 Ian Carter, ***Railways and Culture in Britain*** (Manchester: Manchester University Press, 2001), p. 8. からの引用。

7 John Urry, ***Societies beyond Oil*** (London: Zed, 2013) 参照。

8 David Owen, ***Green Metropolis*** (London: Penguin, 2011), chap. 2. および、Urry, ***Societies beyond Oil***.

9 Ian Rutledge, ***Addicted to Oil*** (London: I. B. Tauris, 2005), pp. 2-3.

10 Cottrell, ***Energy and Society***, p. 120.

11 John DeCicco and Freda Fung, ***Global Warming on the Road*** (Washington, DC: Environmental Defense, 2006).

12 Manraaj Singh, ‘What’ s all the oil in the world worth?’,http://daily-reckoning.co.uk/oil/oil-outlook/oil-world-worth-00027.html（２０１３年９月４日閲覧）.

13 Jeff Rubin, ***Why your World is about to Get a Whole Lot Smaller*** (London: Virgin, 2009), pp. 76-7.

14 David Nye, ***Consuming Power*** (Cambridge, MA: MIT Press, 1998), p. 202.

15 同書、p. 215.

16 Timothy Mitchell, ***Carbon Democracy*** (London: Verso, 2011), pp. 139-42. 参照。

17 John R. McNeill, ***Something New Under the Sun*** (New York: W. W. Norton, 2000), p. 15.

18 ‘Carbon dioxide passes symbolic mark’,www.bbc.co.uk/news/science -environment-22486153（２０１３年５月10日閲覧）; Aradhna Tripati,‘Last time carbon dioxide levels were this high’,www.sciencedaily.com/ releases/2009/10/091008152242.htm（２０１３年３月22日閲覧）.

19　Worldwatch Institute, ***2010 State of the World*** (New York: W. W. Norton, 2010), p. 6.
20　William Freudenberg and Robert Gramling, ***Blowout in the Gulf*** (Cambridge, MA: MIT Press, 2011) 参照。
21　アメリカ連邦政府が石油採掘から得る収入は１９９５年に減り、２００５年にはさらなる軽減が明らかとなった。
22　www.iea.org/publications/freepublications/publication/key_world_energy_stats.pdf（２０１２年８月15日閲覧）. 世界のほぼすべての社会に向けた不断のエネルギー供給が抱える不安定な側面についてはPaul French and Sam Chambers, ***Oil on Water*** (London: Zed 2010) 参照。
23　James Marriott and Mika Minio-Paluello, ***The Oil Road*** (London: Verso, 2012) 参照。
24　http://en.wikipedia.org/wiki/Energy_in_Taiwan（２０１２年８月６日閲覧）.
25　Charles Hugh Smith,‘We’re no 1 (and no. 3)!’,www.dailyfinance .com/2011/02/28/surprising-facts-about-us-and-oil/（２０１２年８月17日閲覧）.
26　Les Levidow and Helena Paul,‘Global agrofuel crops as contested sustainability, Part 1: sustaining what development?’,***Capitalism, Nature, Socialism,*** 21 (2010): 64-86.
27　Vaclav Smil, ***Oil: A Beginner’s Guide*** (Oxford: One World, 2008), chap. 1. 参照。
28　１９５６年、シェル石油のＭ・キング・ハバートは、アメリカの石油のピークが１９６５年から１９７０年のあいだに起きると予測した（予測よりも高いレベルではあったものの、実際のピークは１９７０年だった）。
29　James Murray and David King,‘Climate policy: oil’s tipping point has passed’,***Nature,*** 481 (2012): 1–19, at p. 8.
30　Report cited in Michael C. Ruppert, ***Confronting Collapse*** (White River Junction, VT: Chelsea Green, 2009), p. 19. James Morgan,‘Peak oil’,www.scienceomega.com/article/1135/peak -oil-preparing-for-the-extinction-of-petroleum-man（２０１３年６月26日閲覧）の要約参照。
31　‘The age of cheap oil is now over – and that’s official’,www.irishtimes.com/newspaper/world/

2011/0429/1224295673147.html（２０１３年９月13日閲覧）.

32 Antony Froggatt and Glada Lahn, ***Sustainable Energy Security*** (London: Lloyd's and Chatham House, 2010), p. 13. および、UKERC 公式レポート www.ukerc.ac.uk/support/tiki-index.php?page=0910GlobalOilRelease (２０１２年６月３日閲覧）参照。

33 Jeremy Rifkin, ***The Hydrogen Economy*** (New York: Penguin Putnam, 2002), p. 174.（=「柴田裕之訳、２００３『水素エコノミー――エネルギー・ウェブの時代』ＮＨＫ出版、p. 235.）

34 Dieter Helm,'The peak oil brigade is leading us into bad policymaking on energy',***The Guardian***, 11 October 2011.

35 UK Industry Taskforce on Peak Oil and Energy Security, ***The Oil Crunch*** (London: Ove Arup, 2010).

36 www.worldcoal.org/coal/market-amp-transportation/（２０１２年８月15日閲覧）.

37 Murray and King,'Climate policy: oil's tipping point has passed',pp. 6-7. 参照。

38 Gus Lubin,'A brief tour of the 7 oil chokepoints that are crucial to the world economy',www.businessinsider.com/oil-chokepoints-suez -canal-2011-1?op=1（２０１２年12月27日閲覧）参照。第９章の海賊行為についても参照。

39 Freudenberg and Gramling, ***Blowout in the Gulf*** 参照。

40 'BP to seek Cameron's help as oil spill costs escalate',www.bbc .co.uk/news/business-22549710（２０１３年５月16日閲覧）参照。

41 最近のケアン・エナジー社によるグリーンランドでの掘削には10億ドルかかったが、特筆すべき発見はなかった。www.thetimes.co.uk/tto/business/ industries/naturalresources/article3243624.ece（２０１３年９月13日閲覧）. Yereth Rosen,'Time running out for Shell drilling in Arctic',http://uk.reuters.com/article/2012/08/13/uk-shell-alaska-drilling-idUKBRE87 C14R20120813（２０１２年８月15日閲覧）.

42　プラットフォームの最近のレポートを参照。http://platformlondon.org/wp-content/uploads/2012/05/Shell-Arctic-investor-briefing.pdf（２０１２年８月16日閲覧）.

43　Industry Taskforce on Peak Oil and Energy Security, ***Briefing Note on Deepwater Oil Production*** (London: ITPOES, November 2010).

44　プラットフォーム社，'BP' シェル石油によるキャンペーンのレポート参照。***Rising Risks in Tar Sands Investments***, http://platformlondon.org/p-publications/risingrisks/ および http://platformlondon.org/about-us（２０１３年９月４日閲覧）. Morgan Downey, ***Oil 101*** (New York: Wooden Table Press, 2009), pp. 43-6.

45　Murray and King, 'Climate policy: oil's tipping point has passed'.

46　Leonardo Maugeri, ***Oil: The Next Revolution*** (Cambridge, MA: Harvard Kennedy School, 2012) 参照。

47　http://platformlondon.org/wp-content/uploads/2013/06/Pages-from-Shell-Global-Megafrackers.jpg（２０１３年６月26日閲覧）参照。

48　Maugeri, ***Oil: The Next Revolution***.

49　http://inhabitat.com/solar-energy-from-sahara-will-be-imported-to-europe-within-5-years/（２０１２年８月16日閲覧）.

50　Louise Boyle, 'After the storm', www.dailymail.co.uk/news/article-2225112/Superstorm-Sandy-Death-toll-hits-FIFTY-damage-set-50BILLION.html（２０１２年11月６日閲覧）.

51　拙著 ***Societies beyond Oil*** 第2章での分析を参照。

52　以下については William Brittain-Catlin, ***Offshore: The Dark Side of the Global Economy*** (New York: Picador, 2005), chap. 3. 参照。

53　２００５年のドキュメンタリー ***Enron: The Smartest Guys in the Room***, www.imdb.com/title/tt1016268/（２０

１３年１月４日閲覧）参照。

54 Froggatt and Lahn, ***Sustainable Energy Security***, pp. 13-15. デリバティブ市場の拡大は実質的に規制されておらず、２００７年から２００８年にかけての金融破綻の大きな原因となった。

55 Dan Dicker, ***Oil's Endless Bid*** (New York: Wiley, 2011) 参照。

56 David Derbyshire, Andrew Levy and Ray Massey,'Revealed: 50 oil tankers loitering off British coast as they lie in wait for fuel price hikes',www.dailymail.co.uk/news/article-1229337/Petrol-prices-Oil-tan kers-loitering-British-coast-lie-wait-price-hikes.html#ixzz23hTeT8Dd（２０１２年８月16日閲覧）参照。

57 F. William Engdahl,'Behind oil price rise: peak oil or Wall Street speculation?',http://axisoflogic.com/artman/publish/Article_64370 .shtml（２０１２年８月14日閲覧）からの引用。

58 www.bbc.co.uk/news/business-22533993（２０１３年５月15日閲覧）.

59 'Offshore: tax havens, secrecy, financial manipulation, and the offshore economy',www.multinationalmonitor.org/mm2005/072005/interview -brittain-catlin.html（２０１３年５月15日閲覧）.

60 Brittain-Catlin, ***Offshore***, pp. 42-3, 191-2.（＝『秘密の国 オフショア市場』p. 236.）参照。税金のオフショアリングは２０１３年初頭に起きたキプロスの経済破綻の一端である。

61 Brian Arthur, ***The Nature of Technology*** (New York: Free Press, 2009) および'Frank Geels and Wim Smit, 'Failed technology futures: pitfalls and lessons from a historical survey',Futures, 32 (2000): 867-85.

62 Vaclav Smil, ***Energy Transitions*** (Santa Barbara, CA: Praeger, 2010).

63 James Hansen, ***Storms of my Grandchildren*** (London: Bloomsbury, 2011).

64 Mike Berners-Lee and Duncan Clark, ***The Burning Question*** (London: Profile, 2013), p. 26.

65 同書、p. 12.

66 Will Hutton,'Burn our planet or face financial meltdown',www .guardian.co.uk/commentisfree/2013/apr/21/carbon-problems-financial -crisis-hutton（２０１３年５月３日閲覧）. Carbon Tracker, ***Unburnable Carbon 2013: Wasted Capital and Stranded Assets*** (London: Carbon Tracker/ Grantham Research Institute on Climate Change and the Environment, LSE, 2013).

67 Royal Society, ***Geoengineering the Climate: Science, Governance and Uncertainty*** (London: Science Policy Centre Report 10/09, 2009). 社会科学面の分析についてはPhil Macnaghten and Bron Szerszynski,'Living the global social experiment: an analysis of solar radiation management and its implications for governance',***Global Environmental Change***, 23/2 (2013): 465-74. 参照。

68 より全般的な分析についてはPeter Newell and Matthew Paterson, ***Climate Capitalism: Global Warming and the Transformation of the Global Economy*** (Cambridge: Cambridge University Press, 2010) 参照。

第7章　廃棄物のオフショア化

廃棄物の搬入

これまでの章で検討してきた新自由主義的世界とは、必要かどうかを考えもしなかったパーソナルサービスにあふれ、検討もしてこなかったほどのグローバルなつながりや監視体制を可能にする技術製品があらわれ、それらによって世界中で明らかになった事実に驚愕を覚えるという点で、従来の価値観で見れば賞賛に値するようなことのうちの一つである。本書で私は、これらの注目すべき展開についての記述と分析を行う。平凡な研究者の目の届かないところにオフショアされる製品、サービスや現実経験について記述したり分析したりすることは容易ではないが、私はこうしたことの負の側面についても明らかにしてみたい。

廃棄物にまつわるトピックは広範囲にわたるので、その負の側面を明らかにすることは実際のところ難しい。新自由主義は製品や土地を計画的に旧式化させることでとてつもない規模の廃棄物を生み出している。多くの場合こうした廃棄物は秘密裏に世界中を移動させられている。それらは最終的に、そもそも「廃棄（wasted）」された場所を遠く離れて《オフショア》、きわめて危険な廃棄物集積地に到達することになる。特定の社会と場所が、こうした国外《オフショア》廃棄物を取り扱う専門的な地域になる。時として廃棄物は別の製品へとリサイクルされて、資本主義的消費の中心地帯へと舞い戻ることもある。こうして、また「資本主義的生命（capitalist being）」の偉大なる連鎖が再開するのだ。

　廃棄物は、それを再利用する特殊な技術とともに常に社会の中心に位置していた。中国の農業は、人糞、すなわち下肥を肥料として用いてきた。中国農村の屋外便所は豚小屋のそばに置かれることも多く、その双方から排泄物が集められたのである。一昼夜でたまった屎尿を翌朝畑にまく様子は、ごくごく一般的な光景であった。上海から日ごとに出される1万トン超の屎尿は、回収して樽に詰められ、都市周辺の田畑へと運ばれていく。20世紀、「屑拾い」は多くの農村部ならびに都市部でごくありふれた光景であった。近隣の家庭や作業場から出る様々な資材を拾い集めては売り、一部は再利用するのである[1]。

　最近では、ガラス、材木、木材パルプ、プラスチック、タイヤ、そして紙といった工業製品が一部ではあるけれどもリサイクルされるようになった。戦時中から近年に至るまで、本来は「廃棄物」とみなされる様々なものを再利用する家庭と産業とによって、複合的なシステムが展開されていた。このようなリサイクルのいくつかは、法律や地方条例において義務づけられているものの、その他の廃棄物は有毒かつ危険物とみなされ、その処分に対し原則として厳格な規則が適用されている。だが、合法か非合法かを問わず有害物質の投棄を幾年も続ければ、すべての土地は汚染されて使い物にならなくなる可能性がある。化学工業ないし原子力産業から出される廃棄物には長期間にわたって危険なものがあり、それらは何百年、何千年経っても安全だと見られている「目の届かない」所に安置されることになる。

リサイクルに関わる困難の多くは、ほとんどの製品があらゆる部品を有効にリサイクルできるように設計されないまま生産されているところに起因する。産業エコロジストは、製品は各部品が精密に設計されたことを保証された完全なる「閉回路」のライフサイクルに置かれるべきだと主張している。なかには、100％のリサイクルと回収にもとづく「ゴミゼロ都市」への転換を目指し、諸々の戦略を展開している自治体もある。だが、今日の「消費駆動型社会（consumption-driven society）」が膨大な量の廃棄物を生み出していながら、都市や地域計画において廃棄物管理は必ずしも十分に留意されているとは言えないことを見れば、これを達成するのは驚くほど難しいようだ。[2]

このようにリサイクルシステムと廃棄物管理が十分でないことから、巨大な「グローバルな廃棄物の山」が世界各地で急速に増加している。このような山こそ、現代のグローバル化を劇的に指し示していると言えよう。最近の世界銀行レポートは、一般廃棄物の年間総量が間もなく13億トンから22億トンに増えると見積もっている。しかも、その増加分のほとんどは、開発途上国で著しい成長を続ける都市から排出されたものだ。廃棄物管理にともなう年間コストは、2、050億アメリカドルから3、750億アメリカドルへ増えると予測されている。[3] 低所得国ほどこの費用は急速に増えている。というのも、リサイクルされている廃棄物のなかには、国外《オフショア》から「持ち込まれる」ものも含まれているからだ。一般的には富裕国ほど多くの廃棄物を生み出すのだが、ある程度の成長が達成された社会においては、廃棄物の産出割合と経済成長の度合いとが結びつかなくなるのである。

最後に、「廃棄物」が常に望ましくないものではないことも指摘しておきたい。開発途上地域に示されるように、廃棄物から富が得られることも多くある。ゴミ捨て場には、巨大なゴミ山から金目のものを漁り取るスカヴェンジャーがひしめいている。だが、ヴェブレン Veblen にしたがうならば、無駄な消費こそが真の豊かさを示し得るということにも起因しているようだ。[4] 人は「顕示的消費(conspicuous consumption)」を通じ、他人に印象づけ、有利な地位を得ようとする。特定の社会では、時間・努力・商品の派手な浪費は、個人の富と高い地位を示す。このテーゼは、1899年に出版されたヴェブレンの『有閑階級の理論（*The Theory of the Leisure Class*）』で練成されたもので、彼の20世紀資本主義に関する理解を、消費や余暇、浪費に拡張することは意義があるだろう。

廃棄物の創出

このような規模での廃棄物拡大には、必要を超えた商品とサービスを生産している新たな産業全体の興隆に一部は起因している。巨大な消費者産業は、未知の「ニーズ」との遭遇を拡大してきた。例をあげれば、600億ドルのミネラルウォーター産業、1,200億ドルのファストフード産業、420億ドルのペットフード産業、あるいは400億ドルの美容外科産業である。[5] これらはみな、不経済なエネルギー集約型産業というほかはない。とりわけ、新自由主義が広めた主要価値とは、「私たちはみな、消費、消費、とにかく消費すべきである。あらゆる機会が、物欲は市民の責任であることを、大地を略奪することが経済の役に立つということを、私たちに信じ込ませている」、というものである。[6]

さりとて、旧式化は常に生産物に埋め込まれているのだし、サービスや土地についても同様であろう。この計画的旧式化の過程は、その早いうちでは50年も前にヴァンス・パッカード Vance Packard の『浪費をつくりだす人々』で批判されている。[7] この分析は、いかにして企業が人々に無駄遣いをさせ、借金まみれにし、そして現在の商品に不満を抱かせるように仕向けているのかを示したのだった。浪費をつくりだす者は、消費者の次なる買い物までの時間を縮めようとする。パッカードは、商品交換のサイクルを短縮することは、浪費を生み出し、消費者を搾取することであり、ほとんど価値のない美容整形を通じて資源を使い果たすことだ、と主張した。彼の分析はすぐれて先見的であったけれども、１９６０年代に執筆されてからの現在に至る「浪費をつくりだす」産業の規模を目の当たりにすれば、きっと驚きを隠せないであろう。

「計画的旧式化」、あるいは無益な浪費を多くの製品やサービスに埋め込むには、ありとあらゆる方法がある。[8] それらは浪費の手段、すなわち時代遅れにしてしまい、新品に替えさせるための手段なのだ。ティッシュペーパー、紙製の食器、商品の包み紙、使い捨てカメラ、医療用手袋、注射器、カップ、カミソリ、おむつ、そして衣類といった処分されるべくデザインされた製品の数々のように、製品やサービスはこうした浪費性にもとづいて生み出されている。[9]

自動車はすぐに流行遅れとなる製品の好例であろう。19世紀後期以来、その核となるコンセプトはいささかも変わっていないというのに。旧型モデルをあっという間に古くさく見せるために、自動車は、もっとも過激な広報、ブランド化、商品展示やモデル化の影響を被っている。この過程は、自動車保有者をその気にさせて、最新の「所有すべき」モデルのために不相応な出費をいとわせないことを確かなものにさせる。自動車のデザインや機能や外観を微修正しただけで、「一新」ないし「革命的」、あるいは単純に「未来的なもの」として広告し販売する、派手なセクシーさに溢れたモーターショーは、毎年のように強迫観念を煽るのに重要な役割を果たしているのである。このように「時代遅れを演出する」ことは、町や都市にも見出されるだろう。それらもまた、時代遅れ、流行遅れとなるのだから。土地が古くさく枯れ果てたように見えると、消費者や関連する資本が余所へと移動してしまう。もちろん、町の定期的な再構築やテーマ化というのもあるだろう。それはつまり、「統一概念やシンボルや言説から生じた、有意味な関連づけを介した土地の表象にて動機づけられたある形式」のことである。[10] 都市のテーマ化は世界各所に共通しており、企業や町はテーマ化や再テーマ化をないがしろにはできない。世界中の町や都市のどこでも起きている多方面にころころと変わっていく話題のなかで、従来のテーマ関連のものはすぐに廃棄物扱いとなり、字義通りにも隠喩的な意味でも放逐される。この古びたテーマに関するものは、その他多くの終わったテーマに関連するものが処分されている埋め立て処理場へと廃棄されることになるだろう。都市の再テーマ化の多くが、他所から——なかでも現代世界の「グローバルな中心地」から——持ち込まれたテーマに沿った計画的再構成を含んだものとなっている。

　特に重要なのは、これまたヴァンス・パッカードが半世紀も前に批評した広告の役割である。グローバルな広告費用は、一国の国民所得の2％にものぼっている。[11] 広告は、最近購入した製品、サービスや町を流行遅れにすべく企図されている。広告は、他の土地からしか手に入らない、あるいは炭素量が大きな交通機関を利用しないと行くことのできないような場所でしか手に入らない新商品やサービスへの魅惑的な機会を提供する。

特に注目すべきは、子どもの暮らしに企業がますます干渉を強めていることである。ベダー Bederは、企業が幼い子どもを相手にどのような広告活動を行い、どのようにして子どもの不満を煽り、そして自分が何者かというより何を所有しているかによって決定されるような超消費者に子どもたちを変えていくためのマーケティングをどのように実施しているかを示してみせた。子どもの遊びは、商業的な機会へと転化されてきている。そのような遊びの衰退は、幸福の悪化をも引き起こしているように見えなくはない。もはや学校でさえ、そうした小さな子どもの身にかかる商業的圧力からの避難所とはならないのだ。[12]

より一般的には、すばらしいモバイル・ライフや、グローバルブランドの新ブランド、製品、サービスといったものの重要性に対するイメージを世界のメディアは流布している。高炭素エネルギー消費量の大きな広告が、まったく有用であるはずの多くの製品とサービスを「ゴミ」にしてしまう。このような産業は、有用な商品やサービスはもう過去のもので古臭いものであり、個人ないし都市生活には再想像が必要なのだと説くのである。

前章までは、20世紀後期に超高炭素社会（hyper-high-carbon society）がどのように発展したかを論じてきた。これらは、製品、サービスや都市、巨大建造物の計画的旧式化、そしてエネルギーと水の浪費、莫大な負債、食糧・水・資源・エネルギーといった産業の浪費規模と関わるものであった。[13]『２０１０年度版世界の状況（*2010 State of the World*）』にて、この膨大な浪費の生産がグローバルな不平等から生じていると報告されていることについてはすでに触れておいた[14]。商品として直接的に、あるいはサービスや都市計画として間接的に運び込まれた資源の大半は、最後には廃棄物となるのである。

実際、生み出される廃棄物が多くなればなるほど、社会の不平等もまた大きくなるように思われる。このことは、ますますエスカレートする食糧の廃棄問題によって明示されている。ある最近の報告書は、アメリカ人は食糧の40％も廃棄しており、年間でも最低1、650億ドルに換算される食糧がゴミ処理場に運ばれていると論じられている。こうした浪費傾向は時とともに悪化してきており、アメリカ人が捨てる食糧は平均して東南アジアの消費者の10倍にもなる。全体としてみると、20億トンにも相当する世界の食糧の半分が、乏しい貯蔵、厳格な販売有効期限、大量販売、そして消費者の短気などの結果、無駄にされているのだ。食糧は埋立ゴミ処理地における最大の固定廃棄物にほかならない[15]。その結果として、廃棄される食糧の増加にともない、それを洗浄する水もまたそれに匹敵して無駄に廃棄されているのである。

廃棄物こそ古典的なオフショア問題そのものである。欧米社会のようにゴミは文字通りスマートなプラスチックのゴミ箱に放り込まれるか、または隠喩的な意味で、開発途上国のようにゴミ捨て場に放られるかどうかはともかく（訳者注：tipという言葉で「ゴミを捨てる」と、「(ゴミをさらに）ゴミの山の上に」という二つの意味がかけられている）、いずれにせよ廃棄物は遺棄される。一度捨てられてしまうと、そのことはほとんど忘れ去られてしまう。ド・カステラ de Castella は、「私たちがゴミ箱にゴミを入れてさえおけば、ゴミは当然持って行ってもらえると思っている。誰もそれがどこに辿り着くのかを知らないし、気にも留めない」、と書いている。[16] 廃棄物は焼却処理場へと運ばれる一方で、間違った方向として、全世界の廃棄物の大半は通常人目に付かない埋め立て処理場へと運ばれている。再利用されたり肥料にされるものもあるが、熱処理によるバイオエネルギーへの転換はほとんどなされていない。イギリスでは、ウォリックシャー州くらいの地域ならどこもがゴミを埋め立て処理しているのである。

概して廃棄物はグローバルな問題であり、多くの社会で、再利用できる廃棄物を手作業でより分けているウェスト・ピッカー（訳者注：ゴミのなかにある有価物を選り分け処理する業者）によって廃棄物は扱われている。全世界でゴミを漁る人々は、開発途上国を中心に少なくとも150万人おり、廃棄物の大半が公的ないし組織的な経路を通じて収集されているわけではない。都市人口の1・2％ほどがインフォーマルに資源をリサイクルしており、実に数億ドル規模の経済価値を生み出しているのである。ブラジルでは、公的なリサイクル産業がそうしたウェスト・ピッカー、すなわちカタドレス（*catadores*）に依存しており、これらの人たちはなんと資源の90％を拾い集めているのだ。[17] 当然、ゴミ収集に甚大な健康被害や環境被害がつきまとうことはいうまでもないのだが。

その上で、開発途上の経済が包装と浪費をともなう一層の「欧米的」なスタイルの製品を受け入れるのにあわせて、ゴミ拾いの規模もまた今後ますます拡大することだろう。とりわけ重要なのは、多くの資材が石油から生産されるプラスチック製品によって代用されていることだ。プラスチックは環境から残留性有機汚染物質（POPs）を吸収し、結局はそれらを再びその環境へと移し戻す。POPsは有機的な（炭素系の）化学物質であり、殺虫剤、工業用化学品、そして工業過程において生成された、人間や野生生物には有毒な副産物を含んでいる[18]。大抵の場合、廃棄物の集積地は毒性のきわめて高い所になっている。

廃棄物の移送

特定の場所が廃棄物専用の場所へと発展してきた。ジル Gille によると、かつてソ連時代の東ヨーロッパは、比喩的にも字義通りにも「ゴミ捨て場＝不毛の地（waste-land）」とみなされていた。東ヨーロッパ諸国は、時代遅れ、流行遅れで、緩慢さと非効率性に据え置かれたような状態にあった。そのような不毛の地の特定の場所が、ソヴィエト体制から排出される廃棄物を遺棄する場所となったのである。たとえば、ハンガリーのガレ Garé という小さな村では、漏出性の有毒廃棄物によって家畜が病気を発症し、農産物を売ることも困難となった。

ソヴィエト体制の破綻後に事態は推移したものの、それはあくまで部分的な動きにとどまった。東ヨーロッパは、少なくとも２００７年か２００８年くらいまでには西側経済から生み出されたますます増え続ける有毒廃棄物を再度受け入れるようになったのである。ジルは、グローバルな廃棄物を処理する焼却施設の増加を考察し、ハンガリーに新たに建設される可能性のある焼却施設の立地について検討を加えている。とりわけ危険な廃棄物は、脆弱な監督体制や緩い排出基準しか持たない社会へと送られる傾向が強い[19]。

ジルは、西ヨーロッパから持ち込まれ続けた有毒廃棄物を処理する大規模焼却施設構想を、ガレの村民たちがどのように受け止めたのかを論じている。村民たちは、殺到する焼却依頼の利点を活かし、自らをグローバルな焼却産業と結びつけ、興りつつある新しいヨーロッパの一部になろうとしたのである。焼却施設の建設に反対する地元民は環境保護運動と連携した。焼却施設の建設に対する賛否両論は、ハンガリー国内の論争よりもグローバルな勢力からの影響を大きく受けるところとなった。廃棄物の問題はグローバルな二つの勢力、すなわち世界の廃棄物産業とグローバルな環境保全主義との論争を通じて構造化されていったのである。

海外へと移送される廃棄物の問題にもそれと関連する論争が見出される。一例をあげれば、コートジボワールで多くの人々が発病したことを受けて２００６年に起訴された、石油取引企業のトラフィグラ社 Trafigura である。集団発生したこの病気は、明らかにトラフィグラ社によってリースされた船舶に起因している。その船は５００トンもの有毒廃棄物を象牙海岸に投棄していたのだ。しかも、それは本来の計画ではアムステルダムで再処理することになっていた廃棄物であった。ウィキリークスが投稿した国連の報告書によると、この有毒廃棄物の投棄は、象牙海岸に暮らす10万8、０００人の住民を、治療を要する事態に追い込んだ。ＢＢＣ放送の番組ニュースナイト Newsnight は、トラフィグラ社は廃棄物を投棄すれば危険であることを認識していたと報じている。

もう一つの海外《オフショア》廃棄物は、船舶それ自体である。開発途上国で多様に専門特化した場所のなかには、インドのグジャラート州アランやバングラデシュのチッタゴンのように、「廃」船を解体したり、部分的にリサイクルすべく確立されてきたところもある。１９８３年6月にアランで船舶の解体が始まる以前の海岸は汚染もなく昔からの姿を残していた。今ではここで途方もない光景が繰り広げられている。数百にもなる「廃」船は浜に引き揚げられ、まさに船の大量虐殺場というべきこの場所で解体されるのを待つばかりだ。ランゲヴィーシュ Langewiesohe は現在のアランを、「およそ浜辺だとは思われない。狭く、煙にむせた、6マイルにもわたる工業地帯だ。そこには2，000隻近くの船舶が解体の進行段階に応じて横並びになっている」と描写している。[20]

それまで船舶は、北アメリカやヨーロッパの巨大造船所に設置されたクレーンと重機でもって解体されていた。ところが今や、グローバル・ノース（訳者注：主として北半球に位置する先進国）の規制と高い賃金がこの産業を本来の造船所から離岸《オフショア》させ、インド、バングラデシュ、パキスタンのこうした浜辺へと着岸させたのだ。地元の企業家たちは、手作業だけで船舶がほぼ完璧に解体できることをやって見せたのだった。高価なドックなどは必要なかった。なぜなら、貧困線上のあるいはそれ以下の多数の労働者たちが、1日1ドルか2ドルの仕事を求めているのだから。船舶が引き揚げられると、すぐさま貧しき労働者たちの群れが解体にとりかかる。

アランの労働者たちは、毎年世界中でサルベージされる船舶のほぼ半数をリサイクルしている。超大型油送船、カーフェリー、コンテナ船、あるいはその他の遠洋航行船は、満潮時に引き揚げられる。潮が引くのにあわせて、数百人の労働者たちが素手でそれぞれの船を解体しはじめ、利用できるものは回収し、残りの部分はスクラップになるまで分解し続ける。数千の地元民は、今やこの大規模な廃品回収のエキスパートなのだ。数百万トンの鉄を取り出し地元で利用する労働者は4万人もいる。この種の仕事はとても危険である。というのも、船舶は多くの有毒・危険物質を含んでいるからだ。できる限りすばやく廃船をバラすべく、労働者たちは厳しい管理体制のもとに置かれていることが多い。

そのため、どの浜辺にも別の巨大船舶が引き揚げられているのだ。チッタゴンでは、毎週少なくとも一人の労働者が死亡している。労働者は裸足のまま働くことも多く、防護服を着用することもない[21]。

近年EUは、ヨーロッパで登録されている船舶は厳しい環境ガイドラインを受諾した公認の造船所でのみ解体されるべきである、と提言した。リサイクルへ回される前に船舶から有毒物質は除去されなければならない、というわけだ。しかしながら、アジア諸国のなかにはこうした新しい取り決めに対し数多くの反対意見がある。それらの国々は、船舶の解体作業に依存するようになっているのだし、リサイクルされた資源が急速な成長を遂げている製造業を支えているのだから当然の話であろう。グリーンピースやその他の団体が特に力を入れて働きかけてきたような厳格な規制の導入が意味するのは、すべて解体しつくされない船舶が生じるばかりか、私たちの目の届かない深い海の底へと謎のうちに沈められてしまう船舶が出てしまうということだ。さらに、ほとんどの船舶が実際のところヨーロッパで登記されているわけではなく、都合のよいところで登記されて多様な国旗を掲げているのである。したがって、法規制の及ばない海洋の存在が、一度は沖合《オフショア》へと逃れたものを陸岸《オンショア》へと引き戻すことを困難にしている。

オフショア化のもう一つの側面は、廃棄物産業の興隆する開発途上国が、先進世界から持ち込まれる廃棄物に依存するようになったという点である。たとえば、北京には16万もの廃品回収業者がおり、膨大な量にのぼるプラスチックシート、事務プリンタ、ボトル、ラジエター、段ボールなどをリサイクルしている[22]。事実、中国は廃棄物資源の世界最大の輸入国で、たとえばイギリスの再生利用可能物の3倍の量を輸入しているのである[23]。けれども、2008年の経済不況は、欧米諸国における多様なリサイクル製品の消費者需要を減退させた。結果として、需要の低落によって中国のリサイクル産業は深刻な打撃を受け、この時期に同国のリサイクル業者のうち5分の4までもが廃業に追い込まれている。ひるがえって、イギリスならびにアメリカ、そして増え続ける廃棄物に頭を悩ますその他の国々は、送り先を完全に失ってしまったのであった。こうして、工場から、廃品置き場、そして回収業者に至る連鎖のそれぞれの結び目が断ち切られたのである。

近年、より新たな種類の廃棄物がますます重要になりつつある。1990年代あたりまでは、植物や動物からなる自然世界と、製造物からなる産業世界の二つが、人間を取り巻く二種類のモノとして配されてきた。ところが、1990年前後から、スクリーン、ケーブル、スマートフォン、充電池、人工衛星、タブレット、ソーシャルメディア、センサー、ルーター、ソフトウェア、ネットワーク等々といった「ヴァーチャル」ないし「デジタル」と関わる、人間生活に第三の背景が出現した。[24] こうしたデジタルなモノは人間の経験の支えと化し、分刻みあるいは一日刻みで私たちの生活における日常経験を変容させた。デジタルなものへのアクセスとその影響力には多くの不均衡が生じながらも、こうした変化は世界の真実となったのである。

かつて「無重力」世界とも称されたものの顕著な特徴の一つであるデジタルネットワークには、コンピュータ製品、金属（特にアルミ）、プラスチック、希土類元素、配線、ケーブル、ガラスなどから組み立てられた物質的な基盤があって初めて実現可能となる。デジタル製品は特殊かつ危険な物質からつくられている。型落ちして用済みとなった機器は、ゴミ処理場や焼却場に廃棄される。けれども、「欧米」社会は電子廃棄物に埋め込まれた危険物質を憂慮し、自らの領内で処分することを避けるようになっているため、その廃棄処理がますますオフショア化されることとなった。この新たな世界秩序においてとりわけ重要なのが、これらの危険物質の処分と分解作業が集積する場所の存在である。

南シナ海の海岸に位置する貴嶼《きしょ》（Guiyu）は、「世界の電子廃棄物の首都」である[25]。アメリカから出されるコンピュータ廃棄物の約５分の４、同じくその他の地域から出たコンピュータ廃棄物のほとんどが、中国のこの小さな場所に持ち込まれているのだ。貴嶼に行き着く多くの物質は、豊かな北半球から旅を始めるが、もうそのときすでに「リサイクル」される運命にあった。リサイクル業者はしばしば無料でリサイクルを行い、「環境」によいという理由で税も控除される。つまりリサイクル業者は、ゆくゆくは貴嶼へと行き着く電子廃棄物のような資源を中国に売りつけることで倍の収益を上げているのである。中国の労働者たちは、廃棄物の分解、あるいはデジタル廃棄物の回収に従事している。数千キロ離れた「リサイクル業者たち」の手に落ちるところとなる廃棄したコンピュータの元の所有者は、これらのことを何一つ知らない。ＥＵ諸国では電子廃棄物の輸出は違法であるものの、バーゼル条約を批准していないアメリカはその限りでない[26]。貴嶼は新しいコンピュータの不要な部品やら欠陥品の主な到着地でもあり、そうしたコンピュータや部品は、パナソニック社、サムソン社、ＨＰ（ヒューレット・パッカード社）といった主要製造業者の保証期間内の修理に転用されている[27]。

貴嶼の事業者は、年間１５０万トンの電子廃棄物を処理することで、アメリカドルに換算して７、５００万ドル以上を稼いでいる。中国は公式には輸入を禁じているものの、関係当局のほとんどが見て見ぬふりをする。要するに原材料はあくまで配給であるため、中国企業はそうした資材を廃品回収に求めざるを得ないのだ。貴嶼の経済全体が、こうした「解体産業」を中心にして支えられている。

何よりもまず、それは豊かな北側諸国のコンピュータを処理することで可能となっているのだが、最近では中国やその他の開発途上国からの廃棄物も増加している。アメリカは1日あたり約3万台のコンピュータを廃棄しており、毎年ヨーロッパ全土で「廃棄」される携帯電話は、驚くべきことに10億台にものぼる。[28] さらに2016年までに、開発途上国から出る不必要なコンピュータの数は先進世界のそれを上回ると考えられている。[29]

貴嶼の約15万の労働者は日々16時間も働き、古いコンピュータ、プリンタ、携帯電話を分解しては、再利用や販売するための金属・部品を取り出している。数千とある小規模工場では、従業員たちがケーブルを切断し、回路基板からチップを取り外し、プラスチックのコンピュータ・ケースを細かく砕いて粒子にし、回路基板を酸浴槽に浸して導線からカドミウムや他の金属に分解する。数千の従業員がワイヤーから絶縁体を剝ぎ取り、微量の銅を取り出す。貴嶼の大気には、燃えたプラスチックや有毒金属の悪臭がただよっている。労働者たちは、回路基板や部品を石炭の火にかけて燃やし、導線のはんだを溶かして、様々な金属を選び取る。有毒ガスは空気中に放出され、有害物質は地中にしみ込む。労働者たちは複雑に入り組んだ部品を素手で分解してゆく。平均を上回る賃金が人々を貴嶼での労働に駆り立てるのであり、解体業者たちは農業労働者として得る所得の約5倍を稼いでいるのだ。高い賃金に惹かれて貴嶼へとやって来る労働者も少なくない。

環境と健康への影響はきわめて深刻である。呼吸をするのさえ安全ではない。あまりに多量のプリンタトナーが道路から川へ掃き出されているため、水を飲むこともできない。飲料水は運搬されてくるのだ。鉛、水銀、スズ、アルミニウム、そしてカドミウムを含む10以上の重金属（有毒なものもなかにはある）が散乱している。健康への悪影響を気にするような住民はほんのわずかしかいない。貴嶼の発癌性ダイオキシンは世界でもっとも高い水準にある。妊婦が流産する可能性は通常の6倍のうえ、10人中7人の子どもが他所の子どもより鉛の血中濃度が50％も高い状態で生まれてくる。貴嶼は世界第二位の汚染地域として引き合いに出されるほどだ。このように、デジタル世界の廃棄物は、その外観とデザインが光り輝くアップル社の小売店とはまったく正反対の場所へと辿り着く。だが、1990年以来途方もなく広範に発展してきたデジタル世界にあって、このどちらもがともに主要な結節点をなしているのである。

なぜこれほどまでにデジタル廃棄物が多いのかは、技術革新のスピード、ムーアの法則（訳者注：コンピュータ技術の革新とその生産に対する将来予測）の効果、そして製品に埋め込まれた計画的旧式化を含めた多くの理由がある。この点で問題となるのは、ユーザーが欲していなかった上に、新しいマシンにしかインストールできないような新たなアプリケーションを搭載したコンピュータを開発し続ける「デジタル資本」の技術にある。ほとんどすべての機器が十分には活用されているわけではないにもかかわらず、数年経てば手持ちの機器は廃棄せよと消費者に説くような広告の力もまた影響している。

もっといってしまえば、ここまで私たちは何も見てこなかったに等しいのかもしれない。というのも、4G（筆者注：第4世代移動通信システム）が、今後数年で驚くべき数の廃機器を生じさせることになるであろうからだ。4Gは移動中のユーザーに100Mbpsの通信速度を可能にする。4Gは3Gばかりでなく、固定系のブロードバンドにも取って代わる。そしてこのことは、ありとあらゆる既存のハードウェアが時代遅れとなることを意味している。既存の機器は4Gで作動することができない以上、その多くは廃棄されるほかない。4Gは、現在世界中で使用されている50億台の携帯電話を含む、すべてのハードウェアの入れ替えを引き起こすだろう。[30] 貴嶼をはじめとするその他の、とりわけインドとガーナにおける電子廃棄物の中心地には、将来の仕事もたくさんあることだろう。ただし、すべてのクラウドに「アルミニウム」の裏地があるかははなはだ疑問であるのだが。

排出物質の移送

オフショア化される「廃棄物」のもう一つの主要な源泉は海洋間の移送に依存している。第3章で示したように、アメリカや西ヨーロッパの主要な生産拠点から、メキシコ、中国、インド、ベトナム、その他の開発途上国へと、製造業が移転《オフショア》している。こうしたオフショアな場所は、組立ライン作業の低賃金労働力ばかりか、安価な局所エネルギー（大部分は石炭）をも提供する。グローバル・サウスにおける、低賃金かつ一般的には非熟練の労働者たちによる大量生産は、グローバル・ノースにおける大量消費と消費者の幻想とに密接な関わりを有しているのだ。この連関は、膨大な数にのぼるコンテナ船の、遅速ではあるが安定した運航によって成し遂げられた。第3章で確認したように、グローバルな生産や消費、供給、投資、不平等、富によって形成される広範な社会-技術システムにおいて、貨物専用コンテナは決定的な役割を果たした。海洋はますます巨大コンテナ船、大規模な港湾、そしてグローバル貿易の例外的フローをめぐって編成されるようになったのである。

このように海外《オフショア》で製造された商品のコンテナ輸送は、CO_2排出の世界規模での拡散を引き起こしてもいる。たとえば、イギリスは1990年以来排出量を約18%削減してきたと主張している。エネルギー・気候変動省（DECC）は、中国で製造されイギリスに輸出される商品に関する排出量は、イギリスではなく、あくまでも中国が排出したものとして算出されるべきであるという主張を変えていない。しかしながら、この点に関してはますます異議が唱えられるようになり、最近では通常用いられている「生産ベースの排出量報告」ではなく、「消費ベースの排出量報告」にすべきであると論じるコメンテータもあらわれるようになった[31]。輸出入と国際輸送がひとたび積算されれば、イギリスの排出量は実際のところ同じ期間内で220%を超える増加となる。2004年段階で、グローバルな消費ベース排出量のうち30%が、途上国社会から先進諸国に輸入された製品から発生したことになるのだ[32]。

高炭素エネルギー消費サービスの拠点としてドバイが著しい成長を遂げた点については第5章で論じた。安価なエネルギーと政府の補助金を受けた電力のおかげで、世界を凌駕する二酸化炭素排出量を有しているのだ。けれども、ある点で、それら排出量の多くを、旅客や不動産所有者がやって来てはまた帰ってゆくところで記録しなければならない[33]。

このような商品・サービスの国際貿易は、先進諸国から発生した排出量の減少傾向の明らかな裏返しでもある。つまり、他所で生産された商品・サービスを消費することで発生する二酸化炭素排出量は、実際よりも少なく見積もられているのだ。先進諸国の輸入網に埋め込まれた炭素がきちんと積算されると、これらの諸国で増加した排出量は1990年の4億トンから2008年の16億トンとなり、グローバル経済ないしグローバルな炭素排出量一般よりも急速な成長を遂げていることを示す[34]。同じく、物品の生産と輸送も要因として考慮されるならば、「原料」からの排出量はその他の温室効果ガスの出所を著しく矮小化することになる[35]。オフショアされた排出物は、隠されたままだ。

このように「オフショアされた排出物」は、COP15（訳者注：2009年コペンハーゲンの気候変動会議）で重要な議題となった。高炭素エネルギー集約型生産における中国、インド、その他の製造ハブへの移行は、高度消費国による温室効果ガスの排出量を削減したとする主張を、さらには開発途上国が削減目標に届いていないとして批判することを可能にしている。豊かな北半球の国々の消費者を満足させる商品を生産し続けながら、厳しい排出削減を確約している点で、南半球の国々は困難な状況に置かれている。京都議定書やその他の国際議定書にもとづく法的拘束力によって目的を達成させようとする運動がグローバル・サウスに罰金を科すような結果をもたらすなかで、真の問題は、基本的に豊かな北側の海外《オフショア》で製造された商品の消費に端を発しているのである。

2009年にCOP15が開催される直前、『スターン・レヴュー』の著者であるニコラス・スターンNicholas Sternは、イギリスは、多国間で生じている排出物の輸出入の規模をきちんと評価することで、開発途上国との協議において妥協とすりあわせを行うべきだと論じ、英国政府の政策を強く批判した[36]。このことは、著しくオフショアされてきた排出物をいかに評価し、対処するのかという問題に対する興味ぶかい運動であった。

結論

本章では、世界中の廃棄物についての驚くべき量の生産と移動に関わる様々な過程を考察した。このような「廃棄物の創出」は50年以上も前に予想されていたのに、それ以後も劇的に増大してきたのだった。とりわけ重要なのは、製品、人、土地の計画的旧式化である。これらすべてが、再想像され再創造されるのだ。計画的旧式化の産業規模は、新自由主義的な世界を特徴づけている。廃棄物の大半が生産物なのであり、世界経済の重要課題の一つは、時間的経過と空間的拡がりのなかでいかにしてその処理を組織的に行うかということなのだ。

かつて、有用であるとみなされた廃棄物もなくはなかった。今ではリサイクル可能な廃棄物でさえ、しばしば秘密裏に海外《オフショア》へと移されている。廃棄物専用の巨大なコンテナ船は、世界の航路を巡回し、往々にして有毒な物質を非常に危険な廃棄物集積拠点に下ろしていく。船舶そのものや光り輝くデジタル物を含め、特定の社会や土地がこうした廃棄物を処理する専門地域となっている。廃棄物が別種の製品にリサイクルされて、資本主義的消費の拠点に舞い戻る場合もある。だが、廃棄物は往々にしてそれが端を発している地点から遠く隔たった場所に廃棄されるだけのことなのだ。この有毒な帰結とは、ほとんどの場合、廃棄物獲得の権利に比べ、健康であることの権利が省みられないような人たちへ向けてオフショアされているということにほかならない。

この旅する廃棄物を記録する一つの方法は、至るところにコンピュータを配置することであるのだが、皮肉なことにそれ自体もまた電子廃棄物を生み出さざるを得ない。２００８年にグリーンピースが電子廃棄物の輸出を調べたところ、アメリカでは合法とされるものの大半が他国では違法であった。そこでグリーンピースは、修理不可能なほどに破損したテレビセットにＧＰＳセンサーを埋め込み、イギリスのリサイクルセンターに持ち込んだのである。電子廃棄物の運び出しを禁じる法律があるにもかかわらず、壊れたテレビの多くがナイジェリアへと持ち出され不法投棄されていることがＧＰＳを通じて明らかとなった。[37]

注

1 このことは、ＢＢＣのコメディ番組の古典シリーズで、初放映が50年前（１９６２—74年）にも遡る『*Steptoe and Son*』さえ想起させるものがある。www.bbc.co.uk/comedy/steptoeandson/（２０１２年8月27日閲覧）.

2 Atiq Uz Zaman and Steffan Lehmann, 'Urban growth and waste management optimization towards "zero waste city"', *City, Culture and Society*, 2(2011): 177-87.

3 Secretariat of the Basel Convention, *Vital Waste Graphics 3* (Basel: Secretariat of the Basel Convention, 2012).

4 Thorsten Veblen, *The Theory of the Leisure Class* (New York: Macmillan, [1989] 1912), pp. 85, 96.

5 Worldwatch Institute, *2010 State of the World* (New York: W. W. Norton, 2010), p. 14; Barry Smart, *Consumer Society* (London: Sage, 2010), p. 67. および、美容外科産業に関するアンソニー・エリオットとの個人的なやり取りから。

6 John Perkins, *Confessions of an Economic Hit Man* (London: Ebury Press, 2005), p. xiii.（＝古草秀子訳、２０

０７『エコノミック・ヒットマン』東洋経済新報社、p. 8.）; Avner Offer, ***The Challenge of Affluence*** (Oxford: Oxford University Press, 2006).

7　Vance Packard, ***The Waste Makers*** (New York: D. McKay, 1960).

8　Smart, ***Consumer Society***, chap. 4.

9　Secretariat of the Basel Convention, ***Vital Waste Graphics 3***, pp. 10-11.

10　Scott A. Lukas (ed.), ***The Themed Space*** (Lanham, MD: Lexington Books, 2007), p. 2.

11　Vance Packard, ***The Hidden Persuaders*** (Harmondsworth: Penguin, 1960) および Avner Offer, ***The Challenge of Affluence*** (Oxford: Oxford University Press, 2006), pp. 68, 70, 123 を参照。「計画的旧式化」については、Smart, ***Consumer Society*** の第４章を、同じく気候変動に関する内容については第10章を参照。

12　Sharon Beder, ***This Little Kiddy Went to Market*** (London: Pluto Press, 2009).

13　詳細については以下参照。Clive Hamilton, ***Requiem for a Species*** (London: Earthcan, 2010), chap. 3.

14　Worldwatch Institute, ***2010 State of the World***, p. 6.

15　'UK supermarkets reject "wasted food" report claims', www.bbc.co.uk/news/uk-20968076（２０１３年10月１日閲覧）. Dina ElBoghdady, 'In U.S., food is wasted from farm to fork', www.washingtonpost.com/business/economy/in-us-food-is-wasted-from-farm-to-fork/2012/08/21/2d5fed94-ebdb-11e1-9-ddc-340d5efb1e9c_story.html（２０１２年９月14日閲覧）.

16　Tom de Castella, 'The tipping point', www.tomdecastella.com/?p=429（２０１２年９月13日閲覧）および、この段落を参照。

17　Secretariat of the Basel Convention, ***Vital Waste Graphics 3***, p. 19.

18　同書、pp. 7-8, また、より一般的には消費主義・廃棄物・不平等について。

19 Zsuzsa Gille,'Cognitive cartography in a European wasteland',in Michael Burawoy et al. (eds), ***Global Ethnography*** (Berkeley: University of California Press, 2000), pp. 242-5.

20 William Langewiesche, ***The Outlaw Sea*** (London: Granta, 2004), p. 201.

21 John Vidal,'Bangladesh's gigantic graveyard for ships, where workers risk their lives for scrap',***The Observer***, 6 May 2012. 参照。

22 Tania Branigan,'From east to west, a chain collapses',www.guardian.co.uk/environment/3009/jan/09/recycling-global-recession-china（２０１２年９月14日閲覧）.

23 このことは「高炭素リサイクル」として特徴づけられるだろうか。

24 Nigel Thrift and Sean French,'The automatic production of space',***Transactions of the Institute of British Geographers***, new series, 29(2002): 309-35. 参照。

25 'Electronic waste dump of the world: Guiyu, China',http://sometimes-interesting.com/2011/07/17electronic-waste-dump-of-the-world/and 'Where does e-waste end up?',www.greenpeace.org/international/en/campaigns/toxics/electronics/the-e-waste-problem/where-does-e-waste-end-up/（２０１２年９月14日閲覧）参照' for the next few paragraphs.

26 Secretariat of the Basel Convention, ***Vital Waste Graphics 3.***

27 Shanghai Scrap のブログを参照。

28 Wikipedia entry on Electronic Waste（２０１２年９月14日閲覧）参照。

29 Secretariat of the Basel Convention, ***Vital Waste Graphics 3,*** p. 19.

30 ランカスターでマイケル・ハルムが提示した４Ｇの未来に関する分析に謝意を表したい。また' Lucy Siegle,'What is the lifespan of a laptop?',www.guardian.co.uk/environment/2013/jan/113/lifespan-laptop-pc-planned-obsoles-

cence?INTCMP=SRCH（２０１２年１月16日閲覧）も参照。

31　Mike Berners-Lee and Duncan Clark, ***The Buning Question*** (London: Profile, 2013), chap. 6.

32　Stephen Davis and Ken Caldeira, 'Consumption-based accounting of CO_2 emissions', ***Proceedings of the National Academy of Sciences***, 107(2010): 5687-92.

33　Jim Krane, *City of Gold* (London: Picador, 2010), chap. 13. 参照。

34　'The cost of trade', www.economist.com/blogs/dailychart/2011/04/greenhouse_gases（２０１２年５月19日閲覧）.

35　David Mackay, ***Sstainable Energy – Without the Hot Air*** (Cambridge: UIT, 2008), p. 94; available at www.withouthotair.com.

36　George Monbiot: 'Stern proposes radical break with British govern- ment policy', www.youtube.com/watch?v=w-m6teQ4eLhM&feature=yo utube_gdata_player（２０１２年９月２日閲覧）参照。

37　'Urban digestive systems', http://senseable.mit.edu./papers/pdf/2011_Offenhuber_et_al_al_Urban_digestive_Sentient_City.pdf（２０１２年９月２日閲覧）, p. 4. 参照。

第8章　セキュリティのオフショア化

遠隔化するセキュリティ

本章では、無数に重複し互いを補完し合う構造をなしている機密事項のあり方について考察する。機密事項とは、隠蔽されたり暴露されたりする類のすべてを指す。国家、企業、暴力的な団体や平和団体、セキュリティに関する事項はあらわれては消えて移ろいながら、研究者やジャーナリストなどを巻き込みつつ多元的な世界を構成する。たいていの場合こうした機密事項は国境を越えて、複雑に絡み合い、それらを「敵」の目から遠ざけ「味方」を勝利に導くため、多大な労力が支払われることが多々起きることになる。事物の種別や機密事項の対象、とりわけ何がオフショア化され何がオンショアのまま残されるのかは、こうした敵味方の区別によってなされてきたのである。

１９２０年代のドイツワイマール共和国下での論考にて、敵味方の区別は以下のように述べられている。このシュミット Schmit による「敵」と「味方」のアンチテーゼは広く引用されたり参照されたりするところとなり、この敵味方の区別をめぐり、現代政治思想や政治学分野ではあまたの議論が引き起こされた。シュミットは、政治的なものを、国家やその世俗的な政策に先行する原初的なものであると見ていた。シュミットは、「友・敵の区別は、結合ないし分離、連合ないし離反のもっとも強度な状態をあらわしている。……その本質は、特に強い意味で、存在論的に、他者・異質者であるということだけで事足りる」と論じている。[1] 彼は、戦争の大義名分は理想や正義や経済的繁栄に求められるのではなく、原初的な政治的なるものの実存に向けたものとしてあるという。個々の政治体、そしてそれらが有する兵器は敵の存在を前提としているのである。

シュミットの主張は、一風変わった普遍主義の様相を呈している。その主張では政治の実存的本質が曖昧模糊としており、政治は名目上の権利闘争にすげ替えられている。シュミットは、一つの世界国家が地球のすべてを包摂するようなことがあれば、すべての人類は存在することができなくなるだろうとも主張する。政治の世界とは多数的（pluriverse）であり、普遍的ではないというのだ。シュミットがよって立つところとは、政治的コミットメントとは合理的だとか計算可能だとかいうものではなく、それは「原初的なもの」であるという点なのである。

無論、こういった主張が、敵とみなす対象へ向けられた常軌を逸した差別や暴力的な行為を正統化するのに利用されるようなことが頻繁《ひんぱん》に起きることとなる。実際にシュミット自身、１９３０年代半ばにはナチの反ユダヤ主義を支持していたとして悪名高い。彼の理論は、「結果が手段を正当化する」政策や、敵対者に対する監視、拷問、暗殺や絶滅といった手段を正当化するのに利用されてきた。真の味方が縮小する一方、敵の数は増すばかりといったような、多くの革命後にありがちな危険性がそこにはある。ばらばらになることを怖れては敵も味方も原初的な敵対関係を増幅しながら両方が暴力的な関係に陥っていくような、暴力が生み出す社会の危険性についての意識がシュミットには抜け落ちている。さらに現代世界では、かつてはあおり立てられていた原初的な敵対関係を組織的に忘却し、敵を友として「やりなおす（rebooted）」「真実と和解」のような例も多々見られる。アパルトヘイト廃止後の南アフリカは、かつてもっとも苦々しい敵同士であった者たちが予期せぬ友人となり、敵も味方も共通の目的を掲げることが可能なのだということを示している。

これらの事例の重要なポイントは、グローバルな人の移動が敵と味方の区別を一層困難にしているということだ。越境的な移動が、誰が味方か、誰は味方でいてくれるのか分からない恐怖をあおり立てる。そして、今日はここにいるのに明日はどこかへ行ったとしても、明後日は戻ってきてくれるのだろうか、という具合に、多彩な愛情や友情からなる友だち未満（semi-friends）が無数に存在するこのモバイルな世界で、誰を友と呼んだらよいのであろうか。彼（彼女）らは友だちでいてくれるのだろうか。もしそうだとしても、このようなモバイルな社会の一員（である私たち）は、どうすればそのことが分かるのだろうか。

「セキュリティ国家」や「セキュリティ資本」について多くの言説が示すように、「セキュリティ」の範囲や規模が拡大してきたことの背景には、現代社会がこうした構造的不確実性を抱えていることがその一端となっている。敵味方の識別は企業にとっては大きな問題であり、新しいサイバー監視システムなど、「セキュリティ」は、とりわけ企業や調査活動の最たる分野の一つである。[2] 人やモノや情報が実際にも仮想的にもことさら移動するようになったので、誰が味方で、誰が味方であり続けるのかという話は今や単純ではなくなってしまった。だが、今日の政治の多くが、我々と彼ら、敵と味方という単純化されたステレオタイプに乗っかっている。命を（まったく）惜しむにも値しない、信頼するに足りない「悪いヤツら」イメージを増幅しているハリウッド的なメディアやヴァーチャルな映像技術が、多くの軍事訓練で採用されているのである[3]。

誰が敵か味方かを見極めるため、前世紀（訳者注：20世紀のこと）には国民国家は幅広いセキュリティ活動を展開するようになった。これらの活動は戦時期や、「戦争」とみなされた１９５０年代から１９６０年代の冷戦期のいずれの期間でも重要視されていた。とりわけ西側諸国とソヴィエト連邦による冷戦期間などは、実在した人物から架空の人物にまで至る様々なスパイの活躍が、無数の大衆文学にて取り上げられたのであった。

両「陣営」が互いの監視とスパイ活動を隠蔽する専門技術を高めた結果、誰が味方かを識別することは途端に困難となった。デジタル時代前夜、隠し撮り写真や印刷文書による情報が、これらの活動にて重要な鍵を握っていた。あちこちへ展開し、その「目」でもって状況を把握し、誰が現時点でも同士であるかを見極める諜報部員の存在はとりわけ重要であった。

敵方の諜報員を二重スパイに仕立てたり、さては二重スパイを「三重スパイ」に仕立てたりするといった風に、秘密諜報員を組織しその活動を維持するために多大な労力が費やされた[4]。そしてこの時期、諜報機関の所在地や監視実験場や兵器格納庫の大半が地図に記載されず、当時のイギリス保安局（訳者注：イギリス政府の情報機関）の活動の大半も「機密」扱いとされていた。イギリス保安局の施設は公式には存在しないことになっており、選挙で選出されたはずの国会議員ですら、そのことについて質問したり自国の諜報員の行動について説明を求めたりできないということが多々生じた。

パグレン Paglen は、世界が、「光」に属する世界と「暗黒」に属する世界とに分割され続けていることについて書いている。その「暗黒」の世界には、秘密裏に実行されている、膨大な規模のセキュリティ活動が含まれている。パグレンは、「暗黒の世界は、企業とその所有地、そしてその労働者らにより、明かされることのない公然の秘密が存在する壮大な風景を構成している。……世界でもっとも広大な、単一の地所と言われているネヴァダ州にあるネリス射爆場（The Nellis Range Complex）のように、その世界の大半は、彼方の砂漠の山々の向こうに隠されている」と述べている。[5] すべての国々において、公的にも非公式にも、多数の人々や組織が、こうした隠蔽された世界をなしていることは明白だ。

諜報機関が自身の統治者に対するスパイ活動を実行した例として、ハロルド・ウィルソン Harold Wilson 首相のケースがある。１９６０年代のイギリスでは、彼は「我々の味方ではない」とみなされたのである（訳者注：１９５０年代から70年代にかけて、二期にわたりイギリス首相を務めたイギリス労働党の政治家。ソ連のスパイだとするゴシップに巻き込まれた）。ポーター Porter は、この時代を「えげつない無差別的な公務秘密法（Official Secrets Act）によって裏書きされてしまったことで、私たちのほとんどが何が機密扱いなのかも知らされないまま、政府機密はイギリス社会の広範囲を覆い尽くしたのであった」とまとめている。[6] 敵性外国人のみならず、（東独のシュタージやソ連のＫＧＢによる）組織的関与の疑いのある自国民に対しても同様にファイルが作成されるという事態が社会全体に蔓延していたのである。

イギリス保安局は、入念に練り上げられた暗号を用いた複雑な通信手段を用い、各地のまたはオフショアの諜報員を頻繁に活用した。保安局にとって、いまでもそれは有用な存在なのか、それとも他国によってすでに「転向」させられたかどうかを判別するようなことが困難をきわめる場合が多々起きたため、オフショアの（あるいは「眠れる」）諜報員はきわめて厄介な存在であった。そこで保安局は、その諜報員がすでに寝返ったかどうかを確認するため、相手方の通信システムを傍受することに多大な労力を費やすこととなった。もしその諜報員が寝返っていたとすれば、それはきわめて危険な二重スパイになるからだ。こうして保安局は、偽造書類、偽の身分や企業の体をなしつつ機関の機密事項を設定したり保護したりする「マイスター」なのであった。機密漏洩を防止するための偽名、アリバイ、偽装生活、そして偽装書類、これらこそが機密社会の姿そのものなのである。デジタル時代前夜、頻繁に行われる移送、直接の監視や尋問、諜報員や身内の組織による拷問などがこういった活動に際して実施された。重大機密を保持したり、相手にとってきわめて重要な機密に接近したりするために多額の資金が費やされることもあった。

したがってセキュリティとは、国家や企業によって機密を発見したり、暴露したり、売り渡したり、交換したりすることをめぐる一連の組織的活動を指す。機密とは、個人や、他国や、企業や、敵対勢力に関する何かであり、合法的なものと非合法なもののいずれをも含む。真の目的を隠蔽するために長期間にわたって「敵」と意図的に接触を続けているようなスパイも含め、多くの人々の暮らしが、機密保持や機密保持の特定段階に属しているのである。[7]

この章では、現代の遠隔化するセキュリティの多彩な側面、特にこのセキュリティがいかに実施されてきたか、そしてどのようにオフショア化されているかを検討する。一つ目は、遠方での戦争についてであり、社会の中心からオフショアリングされていること、特にそれがドローンの急速な小型化によって可能となったことについてである。二つ目は、「特例拘束引き渡し（extraordinary rendition）」という概念による、拷問のオフショアリングである。三つ目は、片方では情報を隠蔽し他方ではそれをあけすけにするセキュリティ関連の大企業の成長にともなう、監視体制の全般的なオフショアリングについて検討する。機密の暴露や隠蔽には多額の収益が生じる。したがって、隠蔽されている機密が大きければ大きいほど、「デジタル版黙示録（digital book of revelations）」と呼べるであろうものから膨大な収益が生み出される。21世紀に重要なのは情報経済学よりむしろ、「機密の経済学（secrecy economy）」とビッグデータの発展なのだ。

オフショアでの戦闘

「オフショア」での国家間紛争には多数の手段があり、実際にそうした類の戦争が何世紀にもわたり行われてきたのである。大英帝国による戦争は国外または帝国の軍事力で併合、搾取、支配を目論む土地でなされるのがその常であった。大英帝国軍は自国ではなく常にオフショアで戦争を行うのであり、その強力な海軍が海戦の鍵を握っていた。

こうした戦闘や軍事的侵略行為には、いつも地方の貧困地域の労働者階級に出自を持つ無数の若者が動員された。植民地支配のため、こうした多くの若者達が他の土地で戦闘に従軍したのである。植民地支配体制での兵士たちの待遇は過酷で、他の帝国列強もこのようにして国民からその男たちを帝国主義のために徴用したのである。[8]

戦争とは基本的に武装行為であるから、従軍した多くの男たちが命を落としていった。彼らの亡骸は、集合墓地や個人墓地に埋葬されたり、あるいはひっそりと家族に戻されたりするのであった。大規模な軍隊はおおむね緩慢にしか展開できなかった。軍隊は悲しいほどゆっくりとしか動くことができず、ひとたび滞れば部隊は維持できなくなる長大な補給線に依存していた。とりわけ大量の食料と水が必要な大部隊などはなおさらであった（ナポレオンは「腹が減っては戦はできぬ」、といっていたのである）。

軍隊が工場規模の殺戮現場に出くわすことも多々あった。こうしたものでもっとも悪名高いのは、たった4年間で850万人もの男たちが戦死した第一次世界大戦である。この比較的短い期間で、ヨーロッパやロシアを主戦場に3，700万人という途方もない数の若い男たちが、負傷し、収監され、戦死するかまたは行方不明となったのである。[9]

20世紀の軍事機動力に変革をもたらした航空技術によって、こうしたパターンに幾分の変化が見られるようになった。1903年にノースカロライナ州のキルデビルヒルズで、ライト兄弟による最初の航空飛行が実施された。[10] 他国の空から瞬く間に登場し空中爆撃を行うことが可能な航空機をはじめとして、空を飛ぶ機械（flying machines）は空軍の新展開を可能とした。第一次世界大戦中にも航空機は活躍したが、戦争のあり方や領空外での戦闘能力を航空機が瞬く間に変化させたのは、それから数十年後のことであった。ここでとりわけ重要なのは、航空機によって変化したその距離感覚である。

カプラン Kaplan は、熱気球に始まる航空技術の発展が我々の世界観をどのように変容させたかについて、以下のように述べている。[11] 空から見える景色が区切り（訳者注：領空のこと）のついた広大な空間としてみなされるようになった。遠くのものもはっきりと認識できるようになった。このような世界観は、世界支配感覚をもたらし、空から戦闘員やヘリコプター、爆撃、そしてミサイルが電撃的に出現し、地面の敵に向かって襲いかかるような戦争が始まったのである。

このことは、地球上の空が軍事化され、多種多様な航空機がしのぎを削り合うことになった経緯の一端をなしている。それは、領土上にある空もまた国土の一部であるという確信に至るものであった。多くの国々の空が「アメリカの空」となり、それらの国々がその上空を合法的に有しているとは認められないなかでも、アメリカ市民だけが領土上の空を「自分たちの専有物」だと確信してきたのである。

カプランは、他国機が領空に侵入したり、領空侵犯を行おうとしたりするのを阻止するために、アメリカで導入された、統合的かつ戦略的な空軍の編成について、ド・セルヴェスキー少佐 Major De Servesky による、1942年の著書『空軍による勝利（*Victory through Air Power*）』の重要性を強調している。[12]

アメリカ空軍は、他国領空に向けて数百の航空基地から戦闘機による迅速な武力行使を展開することが可能であり、領空侵犯しようとする他国機にとっての脅威となってきた（2001年の9月まで、これが突破されることはなかった）。オフショアな関係において、空軍の優位こそが、前世紀における悲劇をまさしく予言していたのである。冷戦期のアメリカではこうした状態が維持され、ソ連との主戦場はアメリカ領内ではなく、ヨーロッパへとオフショア化されたのであった。

今世紀、戦闘機による武力行使はさらなる発展を遂げた。第一に、高機動部隊、拡張した空軍、そして効率的なリアルタイム通信を可能にする人工衛星の大規模な投入をするなどした、新技術による「ネットワーク・セントリック（network-centric）」を用いた「軍事革命（Revolution in Military Affairs）」がアメリカで起きた。これらはすべてが部隊をより高速展開させるために設計されたものである。バグダッドの路地裏に関する情報制度が不完全なせいで多くのむごたらしい誤爆が起きたにもかかわらず、人工衛星は遙か上空からの監視システムの要となってきた。人工衛星映像はたびたび不正確であったにもかかわらず、軍事革命はオフショアでの戦闘では、おおむね機能したのであり、結果的にアメリカ兵の犠牲者数は減少したのであった。

より近年になって、軍需産業界が無人航空機（UWV あるいは RPAS）と呼ぶものの発達により、新たに異なる種類の遠隔装置が開発された。今では1万台以上ものドローンが作戦行動に従事していると考えられており、ドローンはきわめて斬新で重要な技術としてグローバルな軍需産業市場を席巻している。ドローンの大半が捜索や救助活動、そして偵察や監視活動に用いられている一方、およそ1、000台もの武装ドローンが存在する。いまやこうした何千台ものドローンが数万の作戦行動に従事しているのである。[13]

軍需産業界からの圧力により、バラク・オバマとその他世界各国の指導者たちは、ドローンが安全で完璧かつクリーンで、「精緻な照準」によって未来の戦争を代弁していると説き伏せられてきたのだった。自分たちは誰も傷つかない、「味方」も傷つかない、なぜならドローンは「地面から浮上し続けている」から、というわけだ。[14] 多くの技術が投入され、高性能でさらに小型化されつつあるこのようなモバイル・マシーンは、そもそもがラップトップやスマートフォン上で操作可能なように開発されている。

ドローンが監視飛行や遠距離からの殺害などと言った不正な任務に従事していることは確かだ。ドローンは「自国」の領土内に拠点を持ち、その多くは「操縦服」まで身につけている「机上操縦士（desk pilot）」によって操縦されているのが常である。このようなドローンの操縦士は、自宅や自分の愛する人々といつも一緒に暮らしている。子ども時代をビデオゲームで過ごし、どれだけの「敵」を殺したかを点数化されてきた「操縦士」は、実在の人間を監視したり殺害し終えたなら、気分転換のビールを飲みに自宅へと戻るのだ。[15]

ドローンは、「英雄不在（post-heroic）」の時代と呼ばれる現代、殺人という人間にとって重大なことをオフショア化した。ビデオゲームのなかの敵と同様、敵の姿は物理的にも倫理的にも距離の置かれたスクリーン上にのみ投影されているために、ドローンは戦争を不可視化し殺人を容易にする。敵の姿はスクリーン上に映し出されたどこか遠くにあるため、敵のむごたらしい死に対する責めを負う必要もない。

現代の戦争から説明責任というものが姿を消すにつれ、ドローンの基地が機密扱いされることが多くなった。２０１３年2月には、イエメンのアルカイーダの指導者を暗殺するためにアメリカがドローンの基地をサウジアラビアに置いていたことが発覚した。アメリカのマスコミはそのことを把握していたにもかかわらず、オバマ政権からの非公式な検閲を知っていたため、その事実は2年間も隠蔽されていた。[16] 近年になって、イギリス国防省は、リーパー型ドローン（訳者注：軍事用ドローンの一種）がアフガニスタンに投入されていることを認めたが、それはリンカーンシャーにあるウォーリントン空軍基地から遠隔操作されていたのであった。[17]

非公開の「特殊部隊」の存在とともに、ドローンは戦争の遂行を容易にしている。戦争とは、字義通りには特定の敵に対して宣戦布告することで開戦となる。ドローンや特殊作戦による外国人への攻撃は「戦争のようなもの」であるが、敵も味方もいずれもが宣戦布告をしたわけではない。双方に「敵」という認識がなくとも、ドローンは「敵」とみなすあまたのものを索敵し殲滅するのである。

ドローン攻撃による一般市民の死亡はたいていの場合が、軍の報道官により「付帯的損害（collateral damage）」として説明される。しかしその数は、9・11での「テロ」攻撃によって死亡した非正規戦闘員である一般市民の数を上回っている。その上でなお、「敵」の戦闘員に対して、そして何よりも一般市民に対する無責任なオフショアでの殺人を犯しつつ、世界中の多くの戦争ではますます大量のドローンが投入されている。[18] 一般市民や子どもが犠牲になりやすいことから、これらドローンが投入されている国々では、通常ドローンの使用は違法とされているはずなのに、である。

だがドローンの投入が裏目に出ることもある。ジャーナリストのサイモン・ジェンキンス Simon Jenkins は、ドローンは見かけ倒し（fool's gold）だと述べている。アフガニスタンでは、２００８年からアメリカによりドローンの試作版や無人航空機が投入されてきたが、ドローンの投入がタリバンやアルカイーダの活動を減少させたわけではない。アフガニスタンのハミド・カルザイ Hamid Karzai 大統領は、ドローンによる攻撃を「いかなる正当化もできない」と述べた。国民がますますドローンの標的にされるようになったパキスタンでは政府がドローンの使用許可を撤回、イエメンでは、ドローンが殺害した女性や子どもたちの写真がアルカイーダによって頒布されるという事態が生じた。２００９年以降イエメンではアルカイーダの数は3倍にも増えたと考えられている。元アメリカ大統領ジミー・カーター Jimmy Carter は、敵を増加させ味方を離反させるようなドローンの拡大投入によって、アメリカは全般的にいって国際的な人権侵害を犯していると公表した。[19]

ドローンは安価であり、瞬く間に普及している。ワイアード・マガジン（訳者注：アメリカを拠点に多言語・マルチメディアによる発信を行っている雑誌）のクリス・アンダーソン Chris Anderson は、近い将来出回ることになる２００ドルのドローンについて語っている。[20] イランを含む45か国もの国がすでにドローンを導入している。将来の中国との衝突を見越して、アメリカは日本にもドローンを売り込んでいる。中国は沿岸部にドローンの基地を建設している。アメリカ国防省は、今やパイロット以上のドローン操縦士を訓練している。バミラーとシャンカー Bumiller and Shanker は、ドローンのサイズや、バラエティ、そして大胆なまでの急展開を指摘している。[21] たとえば、重さ4ポンド（およそ1、８００グラム程度）の1、９００機もの「レイヴン」モデルが、少なくとも18の国々ですでに導入されているという。これらは兵器というよりもはやおもちゃのようだ。[22]

こうしてドローンはますます小型化し、なかにはスズメガのような飛翔昆虫の姿を模したものまで設計されている。こうした超小型ドローン、あるいはスパイ虫は、まるでSF小説のなかから飛び出してきたように窓に張りつくことさえできるため、精密な情報や個人情報をますます収集するようになっている。やがてドローンは群体をなすこともできるようになるだろう。監視用ドローンは、見つけられることも攻撃されることもないまま、多くの場所を探索し、膨大な量のデータを収集する。理論的にはこうしたデータを解析するアルゴリズムが自動的に実行され、敵を味方から峻別する、というわけだが、実際には多くの誤りが生じているのである。データが膨大すぎるのだ。このような超小型ドローンは外国の砂漠で敵を監視しているわけだが、国内にも増えてきている。これは、街は常に「包囲されている」とみなす、新たな軍事都市化（military urbanism）の一端なのである。よって、ブライドル Bridle はドローンについて以下のようにまとめている。[23]

殺傷力増大という軍事技術の長い歴史において、ドローンはまず最新のものだが、ドローンはもっとも効率的で、もっとも遠距離からの攻撃が可能で、もっとも不可視化された兵器である。ドローンの性能がその任務を不可視化し、秘密裏で無責任な終わりのない戦争が起きる背景となる。こうした殺人が非道徳的であると考えるかどうかはともかく、いかなる国際的基準においてもこれらの活動の大半は違法なのである。[24]

ドローンという魔神が瓶のなかからあらわれでたとでもいってよいのか。それぞれの国が何千機ものドローンを所有し、ドローンが互いの国境を飛び交うような事態となったら、一体どんなことになるのだろうか。実際ジェンキンスは、今や世界の脅威とは核兵器ではなく、容易に制御したり破棄したりできないドローン戦争の急増だと主張している。[25]誘導ミサイルについては、国際法や国際条約により幾分規制ができる。しかし、ドローンはその使用の大半が非合法なものであるにもかかわらず、法律や条約による規制がない。究極にオフショア化された戦争を起こすことによるドローンの急激な増加は、世界の脅威となる。しかしながら、人による判断や操縦を下さずとも「自動的に」殺戮を行う武装ロボットが将来あらわれる可能性もある。これはまさに、機械とソフトウェアによる殺人行為のアウトソーシングだ。[26]

１９８７年に設立されたアメリカ特殊作戦軍（SOCOM）による特殊作戦において、ドローンが開発されたことは前に述べた通りである。連日、70もの国の6万人という驚くべき数の人々によってアメリカの秘密作戦が実施されていると考えられている。これらの作戦内容は、非合法な殺人、暗殺、誘拐、軍事訓練、あるいは監視などである。これらはほぼ隠密に実施され、対テロリスト用殺人機器を開発する産業もそこには関わっている。[27]

こうした機器による作戦のもっとも衝撃的な例は、２０１１年にパキスタンのアボッターバードの居住区で実行された、ビン・ラディン bin Laden と彼の家族の「暗殺」である。[28] アメリカ海軍特殊戦闘集団のネイビーシールズによって指揮された「ネプチューンの矛作戦（Operation Neptune Spear）」がそれである。

この特殊作戦部隊による殺害行為は、アメリカ、パキスタン、国際法のいずれにおいても違法行為であった。それにもかかわらず、誰もがいかなる罪も問われなかったのである。アメリカのオルソン提督 Admiral Olson はこのことを概して、軍における秘密部隊には、姿を見せず、責任も負わず、法的義務も持たず、「陰に潜んで命令を実行する」ことが求められていると述べている。[29] 特殊作戦やドローンによる戦争の大半が、暗い陰に潜んだままにオフショアに遂行されているのだ。

オフショアでの拷問

多くの軍隊でとりわけ重要な活動の一つに、敵または「友軍」からも気づかれないうちに、敵の機密情報を抜き出すという活動がある。その隠密な情報収集は、その範囲がどこまで及ぶのか、何のために収集されているのか、そしてどこで収集されているのかを気取られないように行われる。拷問のようなことは、大抵が部隊全体をして目の届かぬ所に隠蔽されている。

147か国が批准している国連拷問禁止条約（UNCAT）で、拷問は禁じられている。国内でも国際的にも、拷問に類する行為を禁じた法律や第三機関にて、拷問は違法で道徳に反する行為であり実際的ではない行為だとみなされている。しかし、オンショアかオフショアかを問わず、拷問はあちこちで行われている。人権団体は、自国民に対しては拷問を執行しない国も含め、多くの国々で拷問が拡大していることを指摘している。アムネスティ・インターナショナルは、少なくとも81か国のうちのいくつかでは拷問が大々的に行われており、その他多くの国々でも拷問が秘密裏に実施されていると推測している。[30]

拷問を受ける人物はたいていの場合、何をされるかを把握しているため、拷問に耐える訓練を受けていたり、機密事項を墓場まで持って行くために自殺を試みたりする。近年、拷問に類する行為を禁じる法律の行き届かないところで、とりわけまだ罪を犯してはいない人物に対するオフショアでの拷問が増加している。2001年以降増えているのが、「特別海外引き渡し（extraordinary rendition）」である。[31]この海外引き渡しは法の適用範囲を逸脱した超法規的措置であり、テロ容疑者を拷問や拷問にも等しい過酷な取り調べ手段を実施する国へと移送することを指す。アメリカのような国ではこうした容疑者が拘束されると、拷問の実施が承知されている国の監護へとゆだねられるのである。

多くの人権団体や法律家が、特別海外引き渡しは国連拷問禁止条約第３条に反する行為であると告発している。アメリカは国内での拷問を違法とし、法律以前に憲法でも正当な法手続きが保障されている。保護拘束を回避するための特別海外引き渡しがアメリカ国内で実施されたなら、それには有効な側面もあるだろう。だが告発無しに逮捕され、弁護士を雇う機会を剝奪され、拷問や他にもアメリカでは違法な手段による取り調べを受けるべく他国に移送されてしまうことは、容疑者とされる人物にとって、正当な法手続きが否認されたことになる。

２０１１年のリビア内戦に付随してトリポリにあるリビア外務省から流出した多くの文書が、ＣＩＡやイギリス保安局が拷問を用いて機密を自白させられることを承知の上で、容疑者たちをリビアに送還していたということを明らかにしている。このことはガダフィ Gaddafi の失脚以前から実施されており、容疑者の「特別海外引き渡し」の受け入れを介し、リビアは鎖国状態を解いて欧米諸国によるオフショアの拷問プログラムに加担していたということだ。このようなときに「嫌疑がかけられる」場合というのには、何かしらの違法行為が想定されているわけだが、キューバのグァンタナモ・ベイ収容所（訳者注：グァンタナモ米軍基地のこと。２００２年以降アフガニスタンやイラクで拘束された人々がここで拷問を受けていたことが明らかとなった）でオフショア化された者の多くの例に漏れず、「過ち」を犯したことに対する直接的な証拠などほとんど出てこないのである。権利剝奪者（non-persons）は、エジプト、ヨルダン、モロッコ、サウジアラビア、そしてウズベキスタンなどへの特別海外引き渡しの対象とされたのだった。[32]近頃になって、9・11以降、54か国の政府がCIAによる特別海外引き渡し作戦に荷担していたことが報道された。[33]

多くの場合、特別海外引き渡しの対象となった者は、ジュネーブ条約の庇護対象とならない「不法戦闘員」とみなされる。拷問を支持する者たちは（ジュネーブ条約）第3条が実際に適用されるのは、明確な階級章を有し、表だって武装し、戦争のルールに従うような、正規軍の兵士やゲリラだけであると言ってはばからない。拷問を批判する人たちが、アフガニスタンで拘束されたタリバンは、ジュネーブ条約で定められた戦争捕虜としての扱いを受けず、大半の社会で一定の権利を保障されているはずの犯罪者としてすらも扱われなかったことについて言及しているのに対し、（拷問を支持する者たちは）先にあげたような証明を持たない者はそうしたルールや条約の対象外となることを自らで「選択した」のだと主張するのである。「請求書連合（coalition of the billing）」と呼ばれた2万件もの受注業者によって、イラクの治安対策は業務委託されていたのだが、政府や軍による調査ではその大半が素性の知れない謎の企業であったということもあげておくべきであろう。[34]

アフガニスタンで検挙された多数のタリバンの戦闘員が、キューバ南東部の孤立した地域にあるアメリカ海軍基地に敷設された悪名高いオフショアの拷問施設、グァンタナモ・ベイへと送られた。米国はこの海軍基地に、事実上の管轄権を有しているが、ここは「外国領」ということになっている。ここの収容者の多くが、アガンベンAganbenが言うところの、「剝き出しの生（bare life）」、あるいは、生命が死の危機にさらされた状態に置かれた非市民（non-citizen）である。[35]囚人は、様々な精神的肉体的拷問にさらされている。法の管轄外に置かれた囚人たちは、司法的手段によって、剝き出しの生へと貶められている、あるいはグレゴリー Gregory が要約するように、そこは「非-人間のための非-場所」である。[36] ホルジンガー Holsinger は、グァンタナモの収容者たちが、野蛮で劣った無国籍者であって、収容しておくに限る「中世の人間」扱いされ、どのような目に遭わされているかを書いている。[37]

グァンタナモや他の同様の収容所は「例外状態（state of exception）」というものを示している。[38] 例外状態では、囚人は声をあげたり自己を表したりする機会を剝奪されている。権利剝奪者（non-persons）にされた彼らは、市民権や主体性を奪われている。このような文脈において、ハンガーストライキは剝き出しの生にされたことに抵抗するための武器となる。囚人らは強制摂食に恐怖したりそれをこらえたりするなかで、死ぬことすら選択できない。しかし、２００５年から明るみに出はじめた、グァンタナモにおける強制摂食に対する（囚人による）告発や訴えは、遅かれ早かれメディア化された社会では露呈し売りに出されるその日を待ちわびていた機密事項であった。

世界中のメディアによって、アブグレイブや他での機密事項が暴露されたが、それは、魂尽き果てるまでの拷問や恥辱的行為が恒常的に振るわれていたということなのだ。そこでの囚人の多数が戦争捕虜としてではなく「保安上の抑留者（security detainees）」と認定されたことで、この残虐な劇場が実現したのだ。つまるところ囚人たちはジュネーブ条約における庇護対象とはされなかったのである。メディアが報道した拷問施設は例外的なものであることをアメリカは論証しようとしたが、他にも出てきた証拠が、拷問は例外的なものどころか慣例的なものであったことを明らかにしたのであった。[39]

このような収容所は例外状態が今や例外ではなくなりつつあることを明らかにしつつある、とアガンベンは論じている。このような緊急事態、あるいは危機における法の一時停止が常態化し慣例化することもあり得るのだ。本章ではオフショア化された場所がもはや例外的な場所ではなくなりつつあることを取り上げてきたが、このテーマについては第10章でも取り上げよう。

越境する監視体制

これらのプロセスにとって中心的なこととは、国家や企業によるセキュリティの領域が、物理的にもデジタルにも新たな国境を策定し管理することをいかにして可能とするのかということである。こうした新たな国境線の内側では、公的な生活だとか、民主主義だとか、合法性といった多くの概念が通用しなくなる。たとえばパグレン Paglen は、ネヴァダ州グルーム・レイクの空軍試験場（訳者注：ネヴァダ州のネリス射爆場の一角にある米空軍基地。新型機の試験飛行などを実施しているとされる。エリア51とも呼ばれる）を訪れたときのことを、「ここは『普通の』社会規則が通用しない場所だ。武装と迷彩を施した男たちがナンバープレートのないトラックに乗り込んで、人を殺害したり侵入を阻止したりする権利を有している所だ。……『この場所は公式には存在しないのだから、誰も責任を問われるようなことはない。人は火星にいるも同然だ』」と述べている。[40]

オフショア化された金融フロー内に存在するデラウェア州と同様、この場所はアメリカのなかにありながら実際にはオフショア化されている（訳者注：デラウェア州ではその独特の会社法によって、多くの企業の登記上の本社が置かれていることを示す）。グルーム・レイクは、「公式」にはどこにもない場所である。基地のなかでは合法や非合法といった概念や法令などは存在せず、そこは政府の地図にも描かれていない（訳者注：２０１３年7月にはＣＩＡによってこの場所の存在が公に認められたが、本著執筆時点ではその存在は政府によって非公認扱いされていた）。そこはアメリカの他の場所から隔絶された「剝き出しの権力（bare power）」の場である。異質なシステムを試験運用するための異質な場所として、何かしら別種の地理にて構成された場所なのだ。パグレンは、こうした内なる場所に、韓国の飛行場でありながらアメリカ領でもあるテラータウンをあげている。このエリア全体が、アメリカ領内でありながら国家の法治の外部である場所、つまりオフショア上のオンショアの運営方法をを実験する秘密試験場だ、と述べている。[41]

大量の人々と物資が国内の街や地域を行き交うことから、自国内のセキュリティはアメリカにとって悩みの種だ。コンテナ輸送のための流通科学は、アメリカ経済におけるジャスト・イン・システムの要である。この流通空間は一層のセキュリティが施されつつある。[42]国境そのものを実際にオフショア化することで、米国はセキュリティを「遠征試合」と化そうとしている。

これは、流通を維持しながら、アメリカの領空や領土や海岸線に近接する地域の安全を脅かすものを未然に防ぐことを目論むものである。アメリカにおけるセキュリティは、オフショア化されている。アメリカによる国土防衛のセキュリティについて、キーティング提督 Admiral Keating は、「悪者が北米に近づく未然に急襲し、拘束し、殺害することで、奴らの攻撃を阻止することに……全力をあげている」と要約している。[43]

民間企業が開発しアメリカや海外の多くで展開している強力なコンピュータシステムによって、このようなオフショア化が可能となっている。携帯電話や、交通系ICカード、顧客特典カード、クレジットカード、電子タグ（RFIDタグ）や、商品やパスポート、インターネット、携帯電話の通話履歴などに組み込まれたGPSや生体認証技術が（あるいはそのすべての組み合せが）、人や物資の動きをデジタルに記録し、補足し、コンピュータのアルゴリズムと結びつけパターン化する。これらは、膨大な量のデジタルデータを常時マイニングし、危険な輩、疑わしい取り引き、怪しい動き（実際にはまだ動きには至っていないもの）を検出する企業によって開発されている。オフショアとオンショアいずれでも、このデジタル監視システムは多くの場所で実装されている。

多くの場合、こうしたシステムはじわじわと拡大してきている。ロンドンの渋滞緩和スキームのために自動車ナンバー自動読み取り装置（ANPR）が開発されると、それは法の執行や国境の「セキュリティ」にも活用されるようになる。日常生活の「軍事化」が進行しつつあるのだ。これらの技術から「生体認証自動化ツールキット」と呼ばれるものが開発され、イラクやアフガニスタンを席巻した[44]。この鍵となったデジタルシステムは、中国における「金盾」プログラムにて展開されているような、異なるデータベース間の情報をリンクさせるというものだ。

この顕著な例が、2012年にアメリカで導入されたコンテナセキュリティ構想（CSI）である。これは、コンテナが船に積み込まれアメリカに輸送される前に、「外国」の港に設置された特別防犯ゾーンにてコンテナを事前検査するという、アメリカの国境を押し広げるような構想である。世界の商品のおよ90%を占める、1億800万個ものコンテナが毎年のように世界中の港を行き交っている（第3章を参照）。1万隻以上の船のセキュリティのリスクをアメリカに荷揚げされる以前の状態で減じるために、58の港がこのCSIに組み込まれている[45]。

航空機の搭乗客は「自動リスクプロファイリング（automated risk profiling）」の監視下にある。これは、まず搭乗客となる人が予約してから、そして最終目的地のどこか最寄りの空港に着こうかというその直前に開始される。アメリカの大手軍需製品メーカーのライセオンが開発したイギリスのスマートボーダー手続きの場合、リスクとされたり疑わしい行動の兆候を判定したりするため、搭乗以前の段階で53もの情報があらかじめ自動的に調べあげられる[46]。このアルゴリズム化されたプログラムは、人や組織の特定行動と銀行取引とのあいだの隠れた関連性を暴き出す。大手民間企業により開発されたこうした「アルゴリズム化された防犯装置」は、日頃の通勤や航空機のチェックイン作業を軍事的行動に近づけつつあり、敵味方の区別を前提にしたアーキテクチャーによって操作されている。これが、世界でもっとも強力な国々によって実施されているセキュリティのオフショア化についての、少なくともその一つの例だ[47]。

これらの大国では、多くの人々が潜在的な「容疑者」とみなされ、多種の規範的テクノロジーの監視下に置かれている。特に重要なのは、アムーア Amoore が言う、個人を様々な段階のリスクの断片へと解剖する技術、すなわち「デジタルな解剖（digitalized dissection）」だ[48]。対象となっている人間は、自分が他国の一般人によって断片化されていることなど普段は知るよしもないのだが、これが実際には様々な場所で行われている。たとえ旅行者が適切な航空券や書類を携えていたとしても、これら他国の人間は（対象となる人物が）訪問先に辿り着くのを阻止することができる立場にある。データやソフトウェアによってリスクになり得る可能性ありと算出されたなら、今や多くの人々がデジタルな解剖の対象にされてしまうのだ。2013年には、デジタルな解剖の範囲や対象や国際的な規模を、公式見解以上に拡大させている国が存在することが明らかとなった。内部告発者のエドワード・スノーデンEdward Snowden（訳者注：アメリカ国家セキュリティ局により実施されていた個人情報の収集活動を告発した）は、アメリカの機密監視プログラムの存在とその仕組みや、その計り知れない規模を暴露したのであった。これらには、グーグル、フェイスブック、ヤフー、ヴェライゾン（訳者注：アメリカ大手の携帯電話事業者）や、その他の大手インターネット会社からのデータを収集するプリズム（Prism）と呼ばれる監視プログラム、オーストラリア信号局やニュージーランド政府通信保安局などの機関と共同で運営されている、外国籍の市民のインターネットデータを検索し分析するエックスキースコア（XKeyscore）というプログラム、アメリカ航空宇宙局（NASA）のパートナーであるイギリス政府通信本部（GCHQ）と共同で運営され、大西洋の光ファイバーケーブルを経由して「欧州」に転送されたインターネット、フェイスブック、電話通信のすべてを記録するテンポラ（Tempora）と呼ばれる監視プログラムなどがあった。[49] この大規模な機密データ収集が国際的な運営体制であるために、アメリカでは公には違法な国民へのスパイ活動を国外で実行できるのである。特にイギリスは国民の権利保護がアメリカのそれと比べて弱いことから、こうした活動にはうってつけなのである。

相対的に見ればテロはほとんどの国でまれなことにもかかわらず、テロリストの攻撃を予測し未然に防ぐという理由から、こうしたサイバーセキュリティが正当化されている。死傷事件数では上位を占めている家庭内暴力、殺人、自然災害、交通「事故」（年間120万人がこれらの犠牲となっている）

と比べても、テロ攻撃がそれほどの被害をもたらしているとはいえないのだが。

よって、実際のリスクの比較検証がさほどなされないまま、セキュリティと監視のシステムが構築されている。様々な要素が相互作用して強力な自己生産的エコシステムが構築され、それが拡大してきている。たとえば、人や情報やモノを瞬時に転送するシステム、個人所得や企業資産を把握できないところに移し替えることで生じた利益の拡大にともなう格差の増加、そうした資産をいつの間にか秘密裏に扱う専門家集団、恒久的に隠蔽できる秘密などないことを明らかにするインターネットという存在、致死的なリスクや災害の越境が引き起こすかもしれないさらに危険なリスクにかき立てられた妄想、新たな監視システムの開発と導入を正当化する実在のまたは仮想のリスク、ソフトとハードを利用し軍やインターネットやモバイル・コミュニケーションを介しながら国家の安全管理にたびたび参入しようとする監視企業の専門家たち、現実のリスク検証がほとんど科学的にはなされていないという事態、誰も「安全な状況（under-secured）」ではいられないメディア化された社会でセキュリティ設定の程度に関する無数の課題、ある目的（通行料の支払い）のために収集されたデータがやがてすべてのドライバーの監視に用いられてしまうといった風に、いつのまにかに拡大したミッション、オフショアで実戦投入された技術がブーメランのように回帰して自国民がセキュリティの名の下に管理されること、安心な世界を構築するために拡大するセキュリティと監視がかえって隠蔽事項を増やすこと、等々があげられる。このセキュリティと監視のエコシステム（security-surveillance ecosystem）が、多くの社会の核となりながら発展・拡大しているのである。しかし、これは安定したエコシステムではまったくない。そのためには、継続的な運用とプログラム化が必須なのだから。

本章では、オフショア化されたセキュリティと監視体制が現代社会を動かすためにどれほど中心的な役割を果たしてしているかについて述べてきた。ある体制や企業がセキュリティの威力を行使すれば、戦争や拷問や監視技術による無数の機密事項が特定されることにつながる。陰謀論がまだ根強く唱えられているとしても、こうしたセキュリティと監視の発達は単なる「陰謀」の結果などではない。これはシステムのさらなる変容なのだ。このことを、単にリスクの越境にともなう機能的結果と見るべきではないし、単にリスクの規模によってこのような監視体制を説明すべきでもない。

最後になるが、「完全なセキュリティ（total security）」が完璧に実現することはない。有力なセキュリティ企業によって政府に販売された最新のハード・ソフトウェアを導入すれば、敵と味方の区別が確実に疑いなく約束される、というのは技術万能主義の夢物語だ。グラハムは、「新たな技術による国境線の策定は、役に立たなかったり、エラーに見舞われたり、予測不可能な事態による影響などによって技術的な破綻が頻発している」と言及する。[50] 多くの付帯的損害の大半は、「誤った」場所にいた「誤った」人間が、スパイされ、収監され、拷問を受け、暗殺されることで起きているのだ。そのことが逆に、不正義な行いを著しく正当化するような新たな敵の出現につながっているのである。機密事項がさらなる機密事項を生むのであり、それが完璧に仕上がったり、「セキュリティ」が確実になったりすることはまず起こり得ない。特に、オフショアな関係が完全にコントロール下に置かれるようなことはまずは起こり得ない。オフショアなものは回帰する。それはうわべだけの世界の支配者に対しブーメランのように回帰してくる。ここから見えてくるのは、セキュリティの拡大が安全を保障することにはならない、ということなのだ。

注

1 Carl Schmitt, ***The Concept of the Political*** (Chicago: University of Chicago Press, [1927] 1996), pp. 26-27.（=田中浩・田中武雄訳、1970『政治的なものの概念』未來社、pp. 15-16.）

2 Stephen Graham（編）の ***Cities under Siege*** (London: Verso, 2011）にある文書を参照。イギリスでは、大半の研究領域が研究助成頼みになった頃から、「セキュリティ」に関する研究プロジェクトが多数発足したりそうした研究機関が新設されたりするようになった。米国国家安全保障局についての機密開示の最新版については以下参照。www.guardian.co.uk/world/nsa（2013年6月26日閲覧）.

3 See James der Derian, ***Virtuous War: Mapping the Military- Industrial-Media-Entertainment Network*** (London: Rutledge, 2009).

4 これは、1990年代のベルファストを舞台にした ***Shadow Dancer*** (2012)（邦題は「シャドー・ダンサー」）という映画の主題である。

5 Trevor Paglen,'Groom Lake and the imperial production of nowhere',in Derek Gregory and Allan Pred (eds), ***Violent Geographies*** (London: Rutledge, 2007).

6 Bernard Porter, book review, www.guardian.co.uk/books/2013/jan/10/ classified-secrecy-state-christopher-moran-review（2013年1月16日閲覧）.

7 Rob Evans,'Undercover spy allegations cast campaigner verdict in doubt',www.theguardian.com/uk-news/2013/aug/01/undercover-spy -environmental-campaigner-verdict（2013年8月5日閲覧）における環境保護団体に対する潜入捜査についての記事参照。

8 イギリスにおけるグルカ兵の扱いについては、'Lumley is target of "gurkha town" Facebook hate campaign',

www.dailymail.co.uk/news/article-2038377/Joanna-Lumley-target -Gurkha-town-Facebook-hate-campaign.html（２０１３年１月19日閲覧）参照。

9 'WWI casualty and death tables', www.pbs.org/greatwar/resources/ casdeath_pop.html（２０１３年９月１日閲覧）

10 Saolo Cwerner, Sven Kesselring and John Urry (eds), ***Aeromobilities*** (London: Routledge, 2009). 参照。

11 Caren Kaplan, 'Mobility and war: the cosmic view of US "air power"', ***Environment and Planning A***, 38 (2006): 395-407.

12 同書、pp. 399-403.

13 'Drones by country: who has all the UAVs?', www.guardian.co.uk/news/datablog/2012/aug/03/drone-stocks-by-country（２０１３年１月23日閲覧）掲載の資料参照。

14 Simon Jenkins, 'Drones are fool's gold: they prolong wars we can't win', www.guardian.co.uk/commentisfree/2013/jan/10/drones-fools -gold-prolong-wars（２０１３年１月19日閲覧）および、Nick Turse, ***The Changing Face of Empire*** (Chicago: Haymarket, 2012), とその関連記事参照。

15 'Attack of the drones', www.aljazeera.com/programmes/peopleandpower/2012/07/201271872041648814.html（２０１３年１月21日閲覧）. および Turse, ***The Changing Face of Empire***, pp. 24-26.

16 'CIA operating drone base in Saudi Arabia, US media reveal', www .bbc.co.uk/news/world-middle-east-21350437（２０１３年２月８日閲覧）.

17 'Armed drones operated from RAF base in UK, says MOD', www.bbc.co.uk/news/uk-england-lincolnshire-22320275（2013年３月９日閲覧）.

18 Zygmunt Bauman, 'On never being alone again', www.social- europe.eu/2011/06/on-never-being-alone-again/（２０１３年１月21日閲覧）参照。

19 Simon Jenkins, 'Drones are fool's gold'. 参照。オバマ政権でもしばしば視聴されたというこのテレビ番組シリーズ「ホームランド」で物議を醸したのが、ドローンがイスラム神学校を攻撃し多くの幼い少年たちが犠牲になったという事件である。
20 'Attack of the drones'.
21 Elisabeth Bumiller and Thom Shanker, 'War evolves with drones, some tiny as bugs', www.nytimes.com/2011/06/20/world/20drones.html?pagewanted=all&_r=0（２０１３年10月11日閲覧）とその関連記事参照。
22 http://en.wikipedia.org/wiki/AeroVironment_RQ-11_Raven（２０１３年１月21日閲覧）参照。
23 Graham, ***Cities under Siege***, p. 174. このSF作品では昆虫に電子部品が埋め込まれ、それによって昆虫を操作できるというのだ！
24 James Bridle, 'Dronestagram: the locations behind America's secret drone war', www.newstatesman.com/politics/2012/11/dronestagram-locations-behind-americas-secret-drone-war（２０１３年１月21日閲覧）参照。同じく、Dronestagram and TomDispatch.com. というウェブサイトも参照。
25 Jenkins, 'Drones are fool's gold'; Turse, ***The Changing Face of Empire***. 参照。
26 Charli Carpenter, 'How scared are people of "killer robots" and why does it matter?', www.opendemocracy.net/charli-carpenter/how-scared-are-people-of-%E2%80%9Ckiller-robots%E2%80%9D-and-why-does-it-matter（２０１３年７月５日閲覧）.
27 Turse, ***The Changing Face of Empire***, p. 13.
28 詳細については以下参照。http://en.wikipedia.org/wiki/Death_of_Osama_bin_Laden#Objective（２０１３年１月30日閲覧）.
29 Turse, ***The Changing Face of Empire***, p. 19. からの引用による。

30 'Human rights violations', www.humanrights.com/what-are-human-rights/violations-of-human-rights/article-3.html（２０１３年２月４日閲覧）.

31 www.extraordinaryrendition.org/（２０１３年２月４日閲覧）参照。通常の海外引き渡しは、ある国の管轄からまた別の管轄へという、総体的に共通した地域内での移送のことを指す。

32 Derek Gregory, 'Vanishing points', in Derek Gregory and Allan Pred (eds), ***Violent Geographies*** (London: Routledge, 2007), pp. 215-25.

33 www.opensocietyfoundations.org/reports/globalizing-torture-cia-secret-detention-and-extraordinary-rendition（２０１３年２月９日閲覧）.

34 Gregory, ***'Vanishing points'***, pp. 224-5.

35 Giorgio Agamben, ***Homo Sacer: Sovereign Power and Bare Life*** (Stanford, CA: Stanford University Press, 1998).（＝高桑和巳訳、２００３『ホモ・サケル――主権権力と剥き出しの生』以文社）

36 非‐場所で実行される様々な拷問については、Gregory, 'Vanishing points', p. 209. および、pp. 216-18. 参照。

37 Bruce Holsinger, ***Neomedievalism, Neoconservatism and the War on Terror*** (Chicago: Prickly Paradigm Press, 2007), p. iv.

38 Giorgio Agamben, ***State of Exception*** (Chicago: University of Chicago Press, 2005)（＝上村忠男・中村勝己訳、２００７『例外状態』未來社）および、Gregory, 'Vanishing points'.

39 Gregory, 'Vanishing points', pp. 22-29.

40 このカフカ的な状況については以下参照。Trevor Paglen, 'Groom Lake and the imperial production of nowhere', in Gregory and Pred (eds), ***Violent Géographies***, p. 244.

41 同書、pp. 245-248.

42　Deborah Cowen, 'A geography of logistics: market authority and the security of supply chains', ***Annals of the Association of American Geographers***, 100 (2010): 1-21. 参照。

43　Graham, *Cities under Siege*, p. 134. からの引用。

44　同書、pp. 125-8.

45　同書、p. 135 および、'CSI: Container Security Initiative', www.cbp.gov/xp/ cgov/trade/cargo_security/csi/（２０１３年１月30日閲覧）.

46　Graham, *Cities under Siege*, p. 138.

47　この段落については以下参照。Louise Amoore, 'Algorithmic war: everyday geographies of the war on terror', ***Antipode***, 41 (2009): 49-69. および、'Data derivatives: on the emergence of a security risk calculus for our times', ***Theory, Culture and Society***, 28 (2011): 24-43.

48　Amoore, 'Data derivatives', p. 35.

49　http://en.wikipedia.org/wiki/Edward_Snowden　および、他にも機密に関する多彩なセキュリティプログラムについては以下のリンク参照（２０１３年８月４日閲覧）。

50　Graham, *Cities under Siege*, p. 146.

第9章 海へ、視界の向こうへ

海を取り込む

本書の大半には海が絡んでいる。世界の大洋は、おおよそ地表面の4分の3を占めている。地球の大半は水でおおわれているのであり、この広大な大洋は未知の動植物を擁している。海には、数え切れない危険と同時に、知られざる富があるのだ。地球とは、まさに「海の世界」なのである。70億の人間は、その表面の4分の1に過ぎないところにいる。[1] 海は例外的なところではなくありふれた場所であり、例外的なのは陸地のほうなのである。レイチェル・カーソン Rachel Carson は50年以上も前に、海とは「非常に広大かつきわめて近づき難い領域で、あらゆる努力にもかかわらず、我々が探検してきたのはそのほんの一部に過ぎない」と述べている。[2]

攻め込んだり、時には攻め込まれたりするときの障壁として、海は人類史の大半にわたり人々の動きを制限してきた。これがある種の「島国民族（island races）」を生じさせたのである。いくつかの航路が開発され、漁業、貿易、海賊行為、そして侵略や逃亡が可能となった。20世紀までのすべての国際輸送は、モノや人の移動を、こうした暗く危険な海上において行っていたのである。このような海への冒険に際して船乗りたちは、危険な嵐や不可解な海流、水中の岩礁、そして略奪をほしいままにする海賊など、旅行者や貨物の多くを「海の藻屑（watery grave）」に帰してしまう災難にしばし見舞われたのであった。人類史の大半にて、海とは、危機や疾病、そして死をもたらす「無法地帯の海」であった。沿岸部の集落の大半が海辺にあり、多くの危険と隣り合わせであった。海の一部が「観光客のまなざし」の対象となり、「オーシャンビュー」が好ましいものとされるようになったのは、つい最近のことなのである。[3]

こっそりと蓄えるという意味の「salt something away」という表現があるように、海は、陸上では目に入るようなものを密かに集める方法を提供した。多くのオフショアリングでは、金、そして人々やモノを、実際にも仮想的にも海を越えて移動させる。オフショアにするということは、陸からは見えない水平線の彼方の、人目には分からないところにやってしまうことを意味している。空から見たときを除けば、海洋の大半はまさに、見えなきものは忘れられる、という状態にある。水際に立てば、水平線はわずか3マイル先にあり、海洋面の大半は水平線の彼方である。[4]しかし本書では、水平線の彼方にあるこれらの水の世界が、陸地で起きていることに不可欠な要素として働いていることを明らかにする。陸地中心主義の考え方を避ける必要があるのだ。

約10万隻の商船がこの海洋世界を航海しており、これは総貿易の95%を占めている。[5]こうした船は、国家による所有と規制の縮図である。それらは世界の貧しい国々の男たちによって運行され、世界の富める国々への商品である宝の山（コンテナ）を運んでいる。船はよく故障し、沈没する。海を行き交う船には、石炭や石油を大量に積んだタンカーがある。海底には通信ケーブルが走っている。国家規模のゴミの島々が形成され、海はプラスチックや他の廃棄物のゴミ溜となっている。そして、海洋の至る所に点在するとても小さな島々は、楽しみを求める観光客や悩みを抱えた人、そして廃棄物や排出物ばかりではなく、最小限の課税や文書処理がなされただけの所得や資産が、人の目を逃れてやって来る場所となっている。

　未開で手つかずのこの広大な海は、カーソンによれば、とりわけ海と海を互いに結びつけている世界規模のベルトコンベヤーを介して、桁外れの「移動と変化」にさらされている。深部に無数の生命を擁している海は、動的である。犯されることなく、変化せず、静かなものなどではまったくもってない[6]。海は、動き続けており、進行中なのである。また、この過去2世紀ほどにおける膨大な量の化石燃料の燃焼によって陸地で起きたことによっても、海は乱れがちになっている。

　本章ではこの「ならず者（outlaw）」の海について、規制なき船、統制なき海、そして秩序なき気候の3点について考察する。

規制なき船

　第一に、地球上で最悪な労働条件が課されていることもある海運業は、オフショア化された労働の最たるものだということがある。その一部は船舶登記のオフショアリングに由来しているが、これは第一次世界大戦後にまず発達し、とりわけ第二次世界第戦後に著しく成長したものである。こうしたオフショア登記、便宜国旗、ないしは「開かれた」登記の大部分は、パナマ、リベリア、そしてマーシャル諸島にあり、それらは総船籍の5分の2を占めている。[7] こうした便宜国旗をなびかせる船は、本物の国籍を有しない、ほぼ文字通りのオフショアである。もっとも顕著な例はモンゴル船籍である。モンゴルは海に面していない地球上でもっとも広大な内陸国であるが、モンゴル籍の船を100隻以上保有している。それらの本社はシンガポールにある。[8] グローバルな登記の購入によって、船主は自らに課される法律を選択できる。ビジネスのために様々な国が競い合うように、船主は「登記の購入」にいそしみ、そして、「登記の取引がどんどんお得になる」ことに気がついたのである。[9]

「便宜置籍（flags of convenience）」の登記は、通常は安くて迅速であり（たった24時間しかかからないときもある）、非課税で規制が少ない。一般的に、登記では、船員の数や能力が問われることはない。彼らは、全国労働組合、安全衛生規格、そして課税や（鋼鉄の必要量のような）船舶建造要件の枠外にいるのだ。オイルタンカーは、その建造にあたって十分な鋼鉄を用いることを定めた適切な規制がなければ、真っ二つに折れてしまうことが知られているのだが。

特に問題なのは、海における難解な所有権のあり方である。それがために、船が適切に建造され、整備され、耐航性を維持していることを明確にし、保証することがほぼ不可能になっている。プレステージ号という船が2002年に海上で崩壊したが、その原因の一つとして、建造にあたって鋼鉄が不十分であったことがあった。ウィル・ハットン Will Hutton は、プレステージ号は「バハマで登記しているロシアの複合企業のスイスを拠点とする子会社にチャーターされていた。同船は、あるギリシャ人がリベリア経由で所有していたもので、アメリカで耐航証明書が発行されていた。この船は、適正検査を回避するために、ジブラルタルの港から離れて燃料の補給を受けていたところであった」と記している。[10]最近の検査では、同船は製造から25年以上経っていたにもかかわらず、安全に航海できると判定されていた。しかしながらプレステージ号は安全ではなかった。同船は真っ二つに折れ、乗組員と貨物油をスペイン沖の大西洋に放り出したのである。

船で働く人々は、目に見えない労働力であり、ほとんど顧みられることがない。こうした船員は、少なくとも年に２，０００人は死亡していると考えられているが、かかる出来事の大半は便宜置籍船で生じている。船員の多くは、船主に直接雇用されるのではなく、「船員配乗代理業者」に雇われている。こうした船員配乗代理業者は、オフショアな経営母体から管理手数料を得ている。総合的にいえば、かなり複雑な船舶所有のあり方が存在するということである。それは、所有の義務、規制の監督、やりがいのある人間らしい仕事、そして適切な納税などを避けることを企図していると思われる。[11]多くの海難事故が、船員の専門技術や訓練の未熟さから生じている。主として男性からなる１２０万人の船員たちは、商船の仕事にかかる長期の航海に命がけで出帆する。全世界におけるそのような労働者の４分の１がフィリピン人である。

巨大なオイルタンカーは、20人から25人の男たちによって運航されている。また、クルーズ船を除く大半の商船が雇用する船員の数も、ごくわずかである。便宜置籍登記を通じたオフショアリングなどが要因となり、商船の従業員の権利を一律に保護するものはない。船上は劣悪な労働環境で、法的権利が与えられず、怪我をしても賠償金を得られる可能性はほとんどない。損害事故や石油流出事故が起きると、船員が地元住民に罪を問われることもよくある。こうした劣悪な状況などがために、海難事故率が上がっている。今後数年間で船の数が2倍に増加するのにともない、この数字は著しく増大すると思われる[12]。

また、港で係船するというコストがかさむ時間を縮減するため、船の補修工事の多くは海上で実施されている。逆説的なことではあるが、これらの労働環境を改善する方法の一つは、今日の世界的な船乗り不足である。グローバルな高失業率の時代にあってすら、男たちの多くは船乗りになることを躊躇している。なぜなら、海賊行為、事故、そして過酷な労働の問題があり、また自国で少しでもまし な他の仕事が得られるからである[13]。

統制なき海

次に、かかる法なき世界のより広い側面のいくつかについて考えたい。ラングヴィシュ Langewiesche は、「私達の世界は海の世界だ。世界はワイルドだ」と記している[14]。世界の海は、保安官のいない広大な西部開拓地なのだ。かつて人々は海の野蛮さをよく分かっていた。しかし今では、おそらくこれまで以上に、海の無法さが顕著になっている。

「モダニティ」は、地上やとりわけ空に関しては、標準化され規律化されたシステムをもたらしたが、海は驚くほど無秩序なままであった。「自由市場としての海」(free-market sea)[15]の構築とその強化について議論されることがあるが、それは「海の自由」というドクトリンと関係している。このドクトリンは、各国が自国の船に排他的な管轄権を有するというだけでなく、すべての国の船が外洋を航海できるという平時の権利をともなっている。[16] また、「無害通航」というドクトリンもある。これは、沿岸国に脅威となる姿勢を示さなければ、いかなる国の領海も、海外の船が自由に通過できることを意味している。[17] 戦時下にあっても、海の自由により中立船は攻撃を受けないことになっている。

それゆえ、海は御しがたい空間である。国家によって所有されたり統治されたりしておらず、概して、危険で、自由で、無秩序だからである。ラングヴィシュは世界中の船について、「地球上でもっとも自由なものかもしれない。かかる船の多くは、いかなる信義も有していない。しばしばアイデンティティを変え、すべての国――ないしは「旗」――が、彼らが好きなように進むのを許容することを当然のことと思っている。」と述べている。[18] それは、政府も課税制度も法律もほとんど存在せず、強大な船とそれを有する企業だけが生き残り、その他の船は時として文字通り海底まで沈没するしかない、新自由主義の楽園である。そこはフロンティアであるが、地表面の大部分を覆っている。そして、人間の活動領域が陸上《オンショア》から無規制な沖合《オフショア》に徐々に一層広がるにつれて、生じうる損害の種類は莫大に増加してきている。その損害には、石油の流出、産業廃棄物の投棄、海賊行為やテロリズムといった、多くの影響の大きなものが含まれる。

まず、巨大なオイルタンカーが崩壊したり、安全手順が守られなかったり、石油プラットフォームから石油が漏れたりすることによって、石油流出事故がきわめて頻繁に起きているという点を取り上げたい。多くの流出事故は、沖合の深くて危険な場所で行われる探査やボーリングに際して生じる。特に重大なのが「気のゆるみ」である。馴れ合い、倦怠感、手抜き、十分な注意や考えを欠いた機械的な安全手順の実施、といったものを通じて組織のパフォーマンスが徐々に損なわれる。この「気のゆるみ」は、作業員が長期にわたって沖に出て、掘削装置やタンカーに関連する仕事に従事する、石油やガス産業においてとりわけ重大な問題である。

多くの石油流出事故が起きているが、まったく報告されないものもある。北海では、2000年以降に4,000件を超える石油流出があったにもかかわらず、罰金を科されたのはたったの7社に過ぎなかった。[19] なぜなら、石油は沖合《オフショア》で産出されるからである。それはつまり、流出の影響が、その石油の恩恵にあずかることはないであろう人々にまで及ぶことを意味している。一般的に、水平線の彼方で生じた石油流出事故の影響は、生態系にも及ぶことになる。石油流出は、メキシコ湾で生じた2010年のディープ・ウォーター・ホライズン社による石油流出事故に見られるように、地域の観光産業には悪い知らせとなる。同地への訪問客は、ほぼ確実に石油による輸送エネルギーを用いて往来していると考えられるにもかかわらず、である。[20]

より一般的には、海は大きなゴミ捨て場である。このゴミは、陸地からだけでなく、船からももたらされている。産業廃棄物の海洋《オフショア》投棄が大量になされており、これは特に海のなかでも大きな表面流のあるところや旋流の集中するところで目立っている。プラスチック廃棄物が、漂流ゴミの浮島から流れてくることもある。この浮島の大部分は陸上から見ることができない。こうした島のもっとも巨大なものは、フランスの二倍の広さを有する、太平洋ゴミベルトだと考えられる。太平洋ゴミベルトは、浮遊するプラスチックゴミを主原料とした海産スープのようなものである。国連環境計画機関は、地球上の海面ないしはその近くでは、1平方マイルあたり46,000片ものプラスチック廃棄物が浮遊していると算出している。この途方もなく法外なプラスチックのゴミ捨て場が、毎年100万の海鳥を死に至らしめている。[21]

海はまた、海賊行為によってますます危険になっている。これは今やありふれた出来事となっているが、現在のところ、ソマリアのプントラン自治区がグローバルな海賊行為の中心地となっている。同所は、アデン湾とインド洋のあいだの、世界でもっとも活気のある航路の一つに隣接している。そこは世界最悪の「死の海」である。[22]

１９９０年代までのソマリアは、軍事指導者の支配下にはなかったが、氏族集団構造がために政情不安定であった。そして、１９９０年代初頭に中央政府が崩壊し、様々な軍事指導者が支配する地域が出現したことで、海に対するソマリアの支配力が衰え、海賊行為が盛んになったのである。結果的に生じた海賊組織について、バハドゥル Bahadur は「（ソマリ州軍の生き残りに加えて）同州の各所から集った反政府のグループ、民兵、軍事指導者の寄せ集め」であると述べている。[23]「海賊」や「海の救世主」（訳者注：ソマリア海域に出没する特定の海賊集団の名称）の一部は、外国の漁船団によって生活を破壊された元漁師であった。その他の海賊は、元々は沿岸警備隊として訓練されていた。何百人もの海賊が、ある種の緩やかな連合体として行動している。船の襲撃には通常約30分かかる。それから船は安全な港に移動し、身代金が支払われた場合、地元住民を含む諸関連グループに金が配当される。

海賊行為はますますビジネス化しつつあり、ソマリア海軍と呼ばれる強力な集団は、沿岸部から遠く離れた船を襲撃することも可能な軍隊式の階級制度を特徴とし、政府に取って代わる組織となっている。海賊行為による経済活動においては、とりわけ普通の乗組員たちは大きな収入を得るようには思われない。しかしながら、バハドゥルが記すように、こうした地域においては職業的な成功を収める方法が他に存在しないのである。「多くの意欲的な若い男たちが、海賊行為を職業として選択しても不思議ではない」のだ。[24]

また、水平線の彼方に広がる海という広大なところでは、密輸や海賊行為が容易である。廃棄物、流出物、そして船といったものは消えうるのであり、船を用いたテロリズムの可能性は消失することがない。海という空間は、空という空間とは異なっている。それは、法のおよばぬ空間であって、今やたいていの場合、ならず者たちの居場所なのである。船、モノ、コンテナ、そして人々が世界中の沿海部をきわめて広範囲に往来している上、彼らは水平線の彼方から出し抜けに出現するため、こうした空間を取り締まる活動は困難である。[25]世界でもっとも強力な軍事力を有するアメリカでさえ、港からどの船が発着しているか、各々が何を運んでいるか、そしてどれが違法な移住者や海賊、密輸品ないしは爆発物を満載している可能性があるのかについて認識していない。アメリカは、海洋を統治しようとするのではなく、海の彼方からやってくる「怪物」に抗する要塞化された世界を造るために、侵入のリスクに対する城壁を築く傾向を強めている。

秩序なき気候

また、比較的新しい海の怪物も存在している。「地球温暖化」の分析は、陸上やそこで活動する生命体に対する温暖化に集中する傾向にある。干ばつ、熱波、山火事、食物供給への温暖化の影響、水不足、人間や植物の死滅などの頻度の増加のような、もっともらしい温度上昇に世間の耳目が集まっているのである。[26] 北部ケニアにみられるように、とりわけ地球上の耕作可能地はますます不毛の沙漠と化しており、こうした影響は甚大である。アフガニスタンにおけるケシ栽培とアヘン製造の開始は、ケシ栽培に使う水が小麦栽培のたった6分の1しか要しないことが一因である。[27] 熱帯地方の多くの国々で気温が上昇しており、ある報告では、2100年までに大陸の3分の1が沙漠になるだろうと述べている。[28] 北回帰線と南回帰線のあいだに位置する陸地に住まう約30億人の人々にとっては、「気候の大混乱」が起きているのである。

しかしながら、これは気候変動のたった一側面しか捉えていない。他の側面は、世界の海洋がいかに変容しているか、そしてかかる変化が陸上生物の大部分にどのような影響を及ぼすのかについての考察をともなっている。二酸化炭素排出量の増加、水温の上昇、そして大気中の水蒸気の増加により、「水の世界」の混乱は拡大している。海水温は、陸上の温度よりもはるかに早く上昇している。[29] 次いでそれは、世界の広大な氷河と氷床の大幅な溶解、地球上の海水面の上昇、激しい嵐とハリケーン、人間と動物の海における生息環境の喪失、そして世界中の海流変化の可能性、といったものを引き起こす。たとえ、完新世時代（訳者注：最後の氷河期が終わった約1万年前から現在まで）の約1万1，000年にわたって海面水位が比較的安定していたとしても、世界の海は穏やかなものでも落ち着いたものでもない。こうした御しがたい海において特に重要なのが太平洋である。太平洋は「すべての海の母であり、他の海は彼女の合図にならう子どもたちなのである」。[30]

世界的な気温の上昇にともない、より微妙な気温の変化が気候に影響を及ぼすようになっている。

それは海の無秩序ぶりや、（必ずしも嵐を強大化するとはいえないが）より苛烈で破壊力のある嵐を生じさせる海の力を増加させている。そうした現象は沖合で生じるが、海は次第に荒れ、かかる嵐はますます沿岸に上陸するようになる。海は報復するのである。少なくとも10億人の人々が海辺で生活しており、世界の多くの大都市も沿岸部にある。ハリケーンや暴風、高潮や鉄砲水にともなって、よりいっそう荒く波立つ水が沿岸部や島嶼部にもたらされると、陸地《オンショア》にも影響がおよぶことになる。ハンセン Hansen は、「世界中の多くの場所が、『100年』規模の洪水の異常な増加に見舞われてきた。それは、その名が暗示する以上の頻度で発生している」と記している。[31] 環境ジャーナリストのジョン・ヴィダル John Vidal は「警告：異常気象がやってくる」[32] を執筆したが、この記事で「見本」となったのは、2012年11月にニューヨークとニュージャージーを急襲したハリケーン・サンディであった。

気温の変動は海を変容させ、不安定なものにする。とりわけ重要なことは、わずかな地球の気温増加にすら、氷床は敏感に反応するということである。[33] ハンセンによれば、気温がおよそ2度から3度上昇すると、300万年前の地球の状態と似たものになってしまうということである。海面水位は今よりも25メートル高く、世界の大部分の都市は完全に水没してしまうだろう。[34] デイヴィス Davis は、2030年までに、「気候変動の集中的な影響、石油資源のピーク、水資源のピーク、そして地球人口の15億人の増加といったものが合わさった結果、我々の想像を超えるネガティヴな相乗作用がいかに起きるか」についてまとめている。[35]

さらに、国家や企業は、変化が速く予見不能な災害にうまく対処することができないのが一般的である。[36]「国家」や救援組織、そして企業が、災害の規模や複雑性によって打ちのめされた多くの実例がある。こうした災害に対応するためには、新たなるモビリティやこれまでとは異なった様々なシステムを即座につくりだす必要がある。２００５年9月のニューオリンズ、そして２０１１年の大津波による日本の福島における原子力発電所の崩壊という、富裕国における近年の二つの事例は、かかるシステムのレジリエンス不足を露呈している。それらはともに、予測不能な影響の連鎖が生じたことが主たる要因となり、組織が機能不全にいかに対応できないか、ということの好例である。シェラーShellerは、２０１０年1月に起きたハイチ地震の分析を通して、輸送機関、通信、供給、そしてスケジューリングにかかる諸システムのダイナミックな結びつきが、継続する危機をいかにして速やかに解決に導くことができたかを述べている。[37]

こうした事象の規模を良く理解しているグローバルな経済の一部門が、グローバルな保険業界である。こうした保険業界は、気候が関係する出来事の規模、影響、費用の増大について記録している。世界中の保険損害は急激に増加しており、異常気象が世界的なコスト増大の要因になっているという証拠が数多く存在する。１９７０年代以降、異常気象は毎年10％程度増加している。保険会社のスイス再保険は、こうした異常気象による損害は、１９８０年代から5倍に増えていると見積もっている。オックスファムは、地震の数は比較的安定しているが、この間の洪水や暴風はほぼ3倍に増加していると報じている。ミュンヘン再保険（世界最大の再保険会社）は、以下のように結論づけている。

気象関連の大災害の増大は、気候変動のみで説明できる。地球温暖化によって、異常気象の頻度が増大し、それがより激しくなるという見方は、最新の科学的知見を踏まえたものである……また、リスクは着実に増大している。気候変動は集中豪雨を生じさせる可能性があり、特定地域における干ばつのリスクも上昇中である。[38]

フラナリー Flannery は、「このような増加率は、2065年までないしはそのすぐ後に、気候変動による損害賠償が、1年間に人類が生み出すすべてのものの総額に匹敵するかもしれないことを意味している」と論じている。[39] そうした未来の支払い請求に保険業界が応じられるとは思えない。ハリケーン・カトリーナは、2005年に1、200億ドルの損害賠償をもたらした。[40] 整然として繁栄している第一世界の都市においてすら、異常気象が多くの資産やインフラストラクチャーを破壊することが一因となり、損害賠償総額がことのほか莫大になっているのである。水温の上昇や暴風の増大が、世界中の所得と幸福の水準に長期にわたって影響を及ぼすことは明白なのだ。

結論

現代のオフショアリングを分析するにあたって、海はその中心である。それどころか、より広く言うなれば、グローバルな諸関係の変容の特性を読み解く際の焦点なのである。こうしたグローバルな諸関係は、陸上にあるばかりでなく、海にも存在しているのだ。特に本章では、最低水準の労働条件である規制なき船、全世界のゴミ捨て場になっている統制なき海洋、そして、拡大する予測不可能性、強烈な暴風雨、ハリケーン、高潮、海面水位の上昇、洪水によって70億の人々を従属させる凶暴な海という無秩序な気候、といったものがどのようなものかを述べた。海とは、一層強く逆襲してくるものであり、その影響は、ローカルなものから長期的かつグローバルなものに及ぶ、といってもいいだろう。本書で強調しているように、オフショアなものは、予測不可能で混沌とした状態で、オンショアなものへと頻繁に回帰するのだ。オフショアとオンショアの区別は不明確で、その区別は常に引き直されているのである。

これまで、陸に住まう人々は、まさに人間がかかる海にしてきたことや自身にしていることが、回り回って陸を攻撃してきたということを、こうした海の手に負えなさから思い知らされてはこなかった。その理由の一つに、炭素資本の力がある。それは、石炭・石油・ガスの探査・生産・精製に関係する企業、陸上輸送機関・航空機・船の製造業、メディア・広告・文化関係の企業、そして多くの政治家・シンクタンク・コンサルタントといったものの複合体である。世界開発運動は、これを「権力の網（Web of power）」と呼んでいる。同組織は、近年のイギリス政府（2013年）における大臣の3分の1が、化石燃料エネルギー企業ないしはそうした企業と広範囲にわたって結びついている銀行に以前つとめていたことを指摘している。[41] プラットフォームという運動組織は、「炭素の網（carbon web）」が、強力な化石燃料利権のネットワークにおけるロンドンの重要性を生じさせていると分析している。[42]

格別重要なのは、相互に結びついているシンクタンクである。特にアメリカでは、シンクタンクは組織的に気候変動科学に対峙し、高炭素「ビジネスの常態化」を促進しようとしている。[43]「グリーン・

ウォッシュ（訳者注：環境保護を考慮しているふりをしながら利益を貪ること）」問題は、多くがシンクタンクの「隠れ蓑」団体によって企図されている。化石燃料依存がかなりの確率で世界の気温を不可逆的に上昇させているという山のような証拠が示されているのに、それらのシンクタンクがきわめて重要な役割を果たすことで、ほぼすべての社会において化石燃料依存が維持されている。気候変動科学を敵に回し、化石燃料ビジネスの常態化を促進する、強力に結びついた多くのシンクタンクが存在するのである。

えてして隠密に活動するこれらのシンクタンクは、過去数世紀にわたる化石燃料の利用が気候変動を引き起こしたということを強く支持する気候変動の科学に対して疑義を呈し、論争や不確実性に満ちた自然科学を利用する。気候変動に関する政府間パネル（IPCC）の報告書にあるような科学的根拠に乏しい発見を過度に強調したり、いわゆる「不確かさの捏造（manufacture uncertainty）」によって、気候科学には実際以上により多くの異論があるのだということを暗に伝えるよう、しばしば密かに活動したりするのである[44]。

このような炭素資本は、アメリカ、ロシア、アフリカやラテンアメリカの一部、そして中東の多くの国できわめて大きな力を持ってきた。気候懐疑論者たちは、気候科学や、石油供給のピークに関連するありそうな重大事項に対して「不確かさの捏造」をなそうとする。これらのシンクタンクは、海がますます混乱しつつあることと、陸上のあらゆる化石燃料の燃焼とは、まったく関係がないと論じようとするのである。

最終章では、問題含みのオフショアリングとは一体いかなるものかを明らかにする。民主的な統制とポスト炭素主義（post-carbornism）のために、オンショアリングないしはオフショア化の流れを反転させることに関するラディカルなプログラムを動員する必要があるだろう。しかしながら、金融資本や炭素資本は強敵である。労働、富、そして浪費をオンショアに呼び戻すことができるのであれば、それらが手をこまねいていることはありえないだろう。

注

1 Philip Steinberg, *The Social Construction of the Sea* (Cambridge: Cambridge University Press, 2011). William Langewiesche, *The Outlaw Sea* (London: Granta, 2004). そして Jon Anderson and Kimberley Peters (eds), *Water Worlds* (Farnham: Ashgate, 2013) で、多くの洞察がなされているので参照されたい。

2 Rachel Carson, *The Sea around Us* (New York: Oxford University Press, [1950] 1991), p. vii.

3 John Urry and Jonas Larsen, *The Tourist Gaze 3.0* (London: Sage, 2011).?

4 Langewiesche, *The Outlaw Sea*, p. 36.

5 Anderson and Peters (eds), *Water Worlds*.

6 Carson, *The Sea around Us*, pp. ix-x.

7 UNCTAD, *Review of Maritime Transport 2010*, http://unctad.org/en/docs/rmt2010ch2_en.pdf（２０１２年11月８日閲覧）.

8 以下を参照のこと。Paul French and Sam Chambers, *Oil on Water* (London: Zed, 2010), pp. 127-9; Mongolia Ship

Registry, www.mngship.org/（２０１２年６月27日閲覧）. また、海に接していないボリビアで登記された船もある。ボリビアの便宜国旗はアメリカのバージニア州にあるオフィスが発行している。

9 Langewiesche, ***The Outlaw Sea***, p. 6.

10 Will Hutton,'Capitalism must put its house in order' www.guardian.co.uk/politicalcolumnists.guardiancolumnnists（２０１２年11月８日閲覧）. Langewiesche の ***The Outlaw Sea*** によれば、様々な船が海で消失している。

11 French and Chambers, ***Oil on Water***, pp. 137-8; Langewiesche, ***The Outlaw Sea***, pp. 1-3.

12 Matt McGrath, 'Study finds shipwrecks threaten precious seas', www.bbc.co.uk/news/science-environment-22806362（２０１３年６月26日閲覧）.

13 以下を参照のこと。 French and Chambers, ***Oil on Water***, pp. 118-25.

14 Langewiesche, ***The Outlaw Sea***, p. 8.

15 前掲 p. 13.

16 ***Collins English Dictionary ? Complete and Unabridged*** (New York: HarperCollins, 1991, 1994, 1998, 2000, 2003).

17 Langewiesche, ***The Outlaw Sea***, p. 36.

18 前掲 p. 4.

19 Leo Hickman,'Oil companies going unpunished for thousands of North Sea spills',www.guardian.co.uk/environment/2012/oct/25/oil-companies-north-sea-spills (accessed 23. 11. 2012.) と 'Oil spills and disasters', www.infoplace.com/ipa/A0001451.html（２０１２年11月23日閲覧）は、シリー諸島沖で３、８００万ガロンの原油を流出させた１９６７年のトニー・キャニオン号の座礁以来の、主な石油流出をリストアップしている。先の第７章とラングヴィシュが著した ***The Outlaw Sea*** における第３章を参照のこと。

20 William Freudenberg and Robert Gramling, ***Blowout in the Gulf*** (Cambridge, MA: MIT Press, 2011).

21 www.telegraph.co.uk/earth/environment/5208645/Drowning-in-plastic-The-Great-Pacific-Garbage-Patch-is-twice-size-of-France.html (accessed 16. 9. 2012).

22 Jay Bahadur, ***Deadly Waters*** (London: Profile, 2011)を参照。ここでは「海賊行為」に関する調査についての興味深い洞察がなされている。

23 前掲 p. 31.

24 前掲 p. 233と、マラッカ海峡における海賊行為についてラングヴィッシュの ***The Outlaw Sea*** における第2章を参照。

25 Langewiesche, ***The Outlaw Sea***, pp. 63-70.

26 以下を参照のこと。George Monbiot, ***Heat*** (London: Allen Lane, 2006), and the brilliant account of being in the eye of a firestorm in Tasmania: www.guardian.co.uk/world/interactive/2013/may/26/firestorm-bushfire-dunalley-holmes-family（２０１３年６月26日閲覧）.

27 Christian Parenti, ***Tropic of Chaos*** (New York: Nation Books, 2011), pp. 9, 107.

28 前掲 p. 47からの引用である。

29 Danny Chivers, 'Swiching off denial: a guide', www.newint.org/features/2011/05/01/guide-to-climate-change-denial-debunking-climate-skeptic-myths/ (accessed 10. 1. 2013) の図3と、気候変動懐疑論についての John Urry, ***Climate Change and Society*** (Cambridge: Polity, 2011) を参照のこと。

30 Parenti, ***Tropic of Chaos***, p. 57.

31 James Hansen, ***Storm of my Grandchildren*** (London: Bloomsbury, 2011), p. 254.

32 John Vidal, 'Warning: extreme weather ahead' ***The Guardian***, 14 June 2011; see documentation at www.

heatisonline.org/weather.cfm (accessed 24. 12. 2011).

33 Hansen, ***Storm of my Grandchildren,*** p. 76, and chap. 8.

34 前掲 p. 141.

35 Mike Davis, 'Who will build the ark?' ***New Left Review***, 61 (201), p.17. See Constance Lever-Tracy (ed.), ***Routledge Handbook on Climate Change and Society*** (London: Routledge, 2010); and Bron Szerszynski and John Urry (eds), 'Special issue: changing climates', ***Theory, Culture and Society***, 27 (2010): 1-305.

36 Chris Abbott, ***An Uncertain Future*** (Oxford: Oxford Research Group, 2008); John Vidal, 'Global warming could create 150 million "climate refugees" by 2050', http://www.guardian.co.uk/environment/2009/nov/03/global-warming-climate-refugees（２０１３年５月13日閲覧）.

37 以下を参照。Mimi Sheller, 'The islanding effect: post-disaster mobility systems and humanitarian logistics in Haiti', ***Cultural Geographies***, 20 (2012): 185-204.

38 'Flooding in China', www.munichre.com/en/group/focus/climate_change/current/flooding_in_china/default.aspx（２０１３年９月13日閲覧）.

39 Tom Flannery, ***The Weather Makers*** (London: Penguin, 2007), p. 235.

40 Julia Kollewe, 'Superstorm Sandy could cost $45bn in damage and lost protection'www.guardian.co.uk/world/2012/oct/30/superstorm-sandy-cost-damage-pretection（２０１２年11月21日閲覧）.

41 'Web of Power', media briefing, www.wdm.org.uk/sites/default/files/Carbon%20Capital%20Media%20Briefing5.pdf（２０１３年４月３日閲覧）.

42 'Unravelling the carbon web', www.carbonweb.org/showitem.asp?article=67&parent=3（２０１３年４月３日閲覧）.

43　たとえば、the American Enterprise Institute, Americans for Prosperity, the Cato Institute, the Competitive Enterprise Institute, Energy for America, the Global Climate Coalition, the Heartland Institute, the Marshall Institute, the Nongovernmental International Panel on Climate Change (NIPCC), the Science and Environmental Policy Project, the Science and Public Policy Institute, the Heritage Foundation and the World Climate Council などがある。

44　Sharon Beder, ***Grobal Spin*** (London: Green Books, 2002) や Naomi Oreskes and Erik Conway, ***Merchants of Doubt*** (New York: Bloomsbury, 2010)、そして気候変動懐疑論についての Urry, ***Climate Change and Society*** や、多くの気候懐疑論者グループに対する大規模な企業の財政的支援に関する Suzanne Goldenberg, 'How Donors Trust distributed millions to anti-climate groups', www.guardian.co.uk/environment/2013/feb/14/donors-trust-funding-climate-denial-networks（２０１３年２月17日閲覧）を参照。

第10章 すべてをホームに戻す

ドバイ・モデル

ドバイは、この30、40年間で急速に展開してきた荒々しいオフショアな世界を象徴している。このイスラム社会は、急速に、税制、物品、レジャー、財産、エネルギー、消費、諸島、企業、犯罪等のオフショアリングについて世界の中心となりつつある。ありとあらゆるものがそこにあり、ドバイは、それらを過剰なまでにオフショアしてきたのだ。

ルビーニとミム Roubini and Mihm が、「資本主義は自己を規制するシステムではなく、……『非合理的な感情』や根拠なきペシミズムに向かう傾向のあるシステムである。それは……非常に不安定なものである」[1]と述べていることを、ドバイはよく表している。ドバイのようなオフショア化している世界の多くは、非合理的な感情や極度のペシミズムの産物なのである。それらは、2007～2008年に始まる経済的なメルトダウンにおいて、土地価格の劇的下落や金融的な失敗を経験した。バッド Budd が一般的に主張しているのだが、「あらゆる金融危機は土地の市場危機に根拠をもっている」[2]。金融的な崩壊は、多くの悲惨なインパクトとともに、そうした土地資産を毒物に変える。ドバイの驚くべき成長は逆転してしまった。海外在住者は散り散りバラバラにどこかへ行ってしまい、クレジットで購入したクルマは空港に置き去りにされ、多くの建設労働者は解雇され、建設計画の半分は延期または中止されたりした。「ザ・ワールド（訳者注：ドバイの人工島）」における島の開発は藻屑となって消え去り、ドバイ的世界のような多くの企業は巨額の債務不履行をもたらし、人口は縮小し、ドバイはアブダビによって救済措置がとられるようになった[3]。

ドバイのこうした勃興とそこで起きた崩壊は、オフショア化する消費、ツーリズム、資産開発、税制度が「限界」へと近づいていることを示しているのだろうか？　オフショアリングは終焉を迎えているのだろうか？　将来的に石油不足が起こり極端な天候が続くことで、オフショア化する世界の歩みがとまり突然に終わるという、高価な炭素コストをオフショアリングは抱えているのだろうか？　それとも、オフショア化を免れてきた例外的な経済的・社会的実践の領域があるとか、多くの場合「隠されていた」それらが、オフショアリングにおける非合理的な熱気のなかでまだまだ分からなかったものを垣間見せるのだろうか？　オフショアリングとは、不可逆なシステムの変容なのだろうか？

オフショアの規模

ほぼあらゆる社会にまで行きわたっているオフショア化された世界に関連した、経済的・社会的実践の規模や範囲について私は記述してきた。それは、ある領域から別の領域へと資源、実践、人、カネを動かすことで、グローバルな権力を再編している。その道筋はときに目に見えないものである。興味深いことに、そうした隠された路筋があらわになったのは、ヨーロッパ全域で安価な馬肉を高価な牛肉のように販売したという食品偽装が露見した2013年初頭のことであった。この偽装は、畜殺所、仲介業者、運送会社、スーパーマーケット等の緊密な国際ネットワークに端を発するものであるが、それぞれはある程度内密に動いている。そこでは、ヨーロッパの貧しい消費者たちが口にする肉を検査するメカニズムがほとんどなかったのである。[4] この偽装に関わった企業のなかには、オフショアに活動し、別の犯罪と結びついていったところもある。

現代のオフショアリングは、主権国家によって奏でられる統治、特に民主的なコントロールを基礎に統制しようという努力に対して、多くの場合、持続的な打撃をあたえている。オフショアリングは、非合法的で、法の精神に抵触し、ある法制度でもってまた別の法をないがしろにしようとするのである。[5] 現代世界において、オフショアリング的行為の大半は偶然に生じたものではなく、開かれた国境なき世界を犠牲にし、オフショアな世界の形成と持続を支えるべく、機密を保持しオフショアへと「逃がす」ための、規制緩和に向けたシステマティックな制度設計と法制度が運用されるのである。

先に私は、バウマンBaumanが、「退去し」無責任に行動しようとする「富裕層」の力のことをいかに強調しているか述べた。[6] エリートたちはフォーマルにせよインフォーマルにせよ、こうした規制から逃れ、自分たちの収入と富をさらに拡大できる状況をつくりだそうとする。このように排他的であることによって、エリートたちは、まさに自らが行為している当の社会において、その行為に対する責任感をもたなくなっていくのである。

さらに、我々は、このようなエリートたちが、オフショア化されたビルダーバーグ会議のような秘密結社に、いかに次第につどいつつあるかをみてきた（訳者注：1954年から年に一度催されている、限定された欧米のエリートや富裕層による国際問題を扱う非公開の会議）。[7] エリートたちは、時にレジャーや遊興の場所でつどい、空間的に移動することで、オフショアな世界をさらに拡張するコネクションや能力を高め、オフショアリングを促進する言説を展開する。私的なつどいも、より公的なシンクタンクも、こうしたオフショアの世界、およびその世界から利益を得る企業、個人、政府のために用意周到なお膳立てをしてくれるのだ。

そうした社会的・政治的なプロセスを単純に分析する「陰謀理論」は、通常は批判的に扱われるものである。だが確かに、国家権力や、その利害や合法的に計画されたオンショアな世界の実現に抗し、一連の重複し合う半ば隠蔽された陰謀が確かにあったはずだ。世界大戦後の大半で、国家による抑圧的なくびきとみなされてきたものから、大企業や富裕な個人を解放していくための戦いが繰り広げられてきた。第1章で見てきたように、「富裕層」は様々に異なる競合するエリート集団から構成され、その利害や共謀の形では単純に統一されたものではないが、彼らは階級闘争を行い勝利してきたのである。特に重要なのは、この階級闘争がある部分は、強力なシンクタンク（富裕層にとっての「有機的知識人」）により、いかに展開されてきたかということだ。彼らは、国家の抑圧的な制度と思われるものに対し、市場の自由を対置してきたのである。[8]

こうした富裕層がもっと豊かになり階級闘争に勝っていくオフショアのプロセスにおいて、次のようなことが生じる。生産がより安価な場所へとオフショア化され細分化される。税金が大きく減免され、不平等が高まる。オフショアな秘密結社が多くつくられる。新たな形態の金融商品が生み出される。労働力がより周辺化されてしまう専門的な技術が開発される。インフラのための投資が国家から引き出される。廃棄物処理のコストが外部化される。危機を利用して、新自由主義的なリストラが断行される。多様な言説が動員され、市場化が促進される。セキュリティを含め、新しい「ニーズ」にもとづく驚くべき新商品が産み出される。これらはすべて、貨幣、所得、富、人、廃棄物、ロイヤルティをあちらこちらへと矢継ぎ早に移動させるグローバルな自由さから生じるものなのだ。特に反ケインズ主義的な言説が1980年代頃に溢れかえるようになると、この目も眩む「モバイルな」世界では、革新主義や国家主義の組織的撤退とあいまって、暗いものも明るいものも、開かれたものも秘密のものも、解放的なものも破壊的なものも規制しがたいものとなるのだ。

特に、目も眩む「モバイルな」世界は、望ましいガヴァナンスの大半に必要なグローバルな協力関係を妨げてしまう。これによって、「グローバルな行き詰り」が生じてしまうことになる。[9] そうした「行き詰り」において特に重要なのは、産業界の大企業に見られる分裂状況であろう。所有権が、短期の「株主資産」に関する金融制度にますます位置づけられるものとなっている。[10] 同時に、産業労働者は、グローバルな不平等が急速に広がっているにもかかわらず「分断（disorganising）」にさらされている。不平等の拡大が、グローバルな富と資産の不平等な再分配に対する抵抗やそのさらなる基盤拡大に対し、強く関心を持つことを危ういものにしているのである。

オフショアリングは、そうした不平等をもたらす。「サービス」に対するアクセスは各人の所得や富に依存するようになっているがゆえに、そうした不平等は重要な問題となる。所得や富が不平等である分だけ、人々が平等に扱われる機会は減る。ほとんどすべてが苛烈な市場化にさらされており、人々がお互いに行為する際の他の多くの理由、たとえば公平性、奉仕、義務、社会性などは消し飛んでしまうのだ。

資本主義は徹頭徹尾「秩序なき（disorganized）」ものとなり、「ビッグバン」という言葉は、ケインズ主義からのこうした離脱をよく表している。銀行はビヒモスのごとくあまりにも巨大となり過ぎて倒産するわけにはいかなくなった。金融の力は、国家的な規制の形態や、投資を本来の銀行業務から切り離そうとするやり方から解き放たれてしまった。デリバティブ（金融派生商品）売買は、2007～2008年までの10年間で10倍の価値になり、500兆ドルと膨大になり、グローバルなGDPの何倍もの額となった[11]。製造業や多くの消費サービス業はいまだ多くがオンショアであり続けているのに対し、莫大なオフショアなフローが新たな市場や「商品」を通じて増え続けている。このようにして、富裕層は過去30年間以上、自らをつくりだし拡大させてきたのである。

秩序なき、新自由主義的な資本主義は、貨幣のフローに対する障壁を失くし、オフショア化された金融市場を拡大し、コンピュータ上の取引を加速させる[12]。このように加速していく金融取引が独走することで、所得や権利が、「リアルな経済」から、課税や規制の少ない「カジノ資本主義」へと再分配されていくのである。重要なのは、金融フローの構造的な意義が高まることである。すなわち、「もっとも太ったものがサバイバルすること」であり、スマートなものがサバイバルすることではないのだ[13]。

ホールデンとメイ Haldane and May の主張によれば、きわめて規模の大きい金融機関多数が、「あまりにも大規模に連携しすぎている、あるいはお互いに重要で倒れるわけにはいかないほど」[14]成長しているのだという。「あらゆる銀行が同じことをするという金融システム内の過度な同質性は、個々の銀行のリスクを軽減するものの、システム全体が崩壊するという確率を高める」のだから、システム破綻する確率は増大している。[15]複雑系の観点からすれば、個々の銀行が同じ行動をとるようになるほど、危険は高まり、システム破綻の可能性は高まるのである。

そうした新自由主義的で、行き詰った資本主義は、1970年代や1980年代に「形成」され、オフショアな世界へと帰結した。それは、誰もつくろうと思ったものではない。だが今や、経済的安定性、安全性、気候、所得、民主主義に対し、システムに多くの逆機能的な帰結を生み出すようになっている。本章ではこれから、オンショアであり得るし、そうであるべき現代世界の特徴を詳述する。その際、私は、民主主義の問題とオフショア化の流れを反転させる可能性について論じることから始めようと思う。そのことによって少なくとも、行き詰まりの問題を扱う助けとなるのではないかと考えている。

金融と民主主義

ケインズ Keynes は、金融について二つの問題を指摘している。まず、二つの団体が相互に取引を行い、商品やサービスを売り買いする場合には、互いに相手が有しているものを求めているのであるから、ある程度、お互いが対等である。だが金融は常に支配的であり、対等ではない。ケインズは、産業が金融に、それがしばしば地理的に遠隔な金融によっていかに従属させられているかを批判した[16]。オフショアな取引はこうした関係を特に不平等にする。

次に、金融機関による投資のほとんどは、流通市場における投機である。ケインズはこれを大きな問題と考えていた。というのは、「所有と経営の分離は、人々の関係のなかで邪悪なものである」からだ[17]。このような流通市場やオフショアの発展は、「巧みな言いのがれ」を通じ、会社の所有と実際の経営の亀裂や分離を推し進めていく[18]。これは、会社、通貨、国家に関する将来の市場的地位に対してギャンブルを行うようなものである。貿易は、ただ貿易のために行われる。そして、賭金のリスクヘッジをしようとコンピュータ上で自動的に取引をすることで、市場の暴落や騰貴をカネが頻繁につくりだすのである[19]。

過度な「資本逃避」の危険性のゆえに、ケインズは金融的フローに対して国家的に統制された為替管理を強く主張していた。だが、ハイエク Hayek やフリードマン Friedman、自由市場擁護派たちが「為替管理への危険な誘い[20]」を批判し、それに抗して戦いを挑んできたこともあって、為替管理は1979年以降、緩和されることになった。このように為替管理がなされないことで、自由体制から独裁体制へと金融の関係に変化が生じた。ケインズは金融のフローには透明性が必要だと考えていたので、秘密裏に支配体制が築かれることは有効な経済マネジメントには逆効果となると考えていた。良きガヴァナンスには、透明性が要求されるのである。ケインズはモノや非―金融的なサービスの自由貿易に好意的であったが、金融については、規制されないオフショアなフローに委ねられるべきでない、重要なものだとみなしていたのである。

とりわけ秘密裏な支配体制とは、貿易が不可視化され、影の、規制されていない金融システムが成長するということを意味している、そしてそうしたものが数年前から世界経済を屈服させているのだ。多様な形態の資本が、変動する利益に即した地域を選択しながら、国から国へと移動している。まさに「体制のショッピング（regime-shopping）」とでもいえるものである。とりわけ、為替管理が破綻するとともに、1970年代以降ヘッジファンドが発達してきた。そういったファンドは大抵がオフショアで、中央銀行に規制されるものではなく、取引も透明である必要はない。そのファンドに参入するには資本の要件があり、厳格な審査手続きがあるがゆえに、エントリーできるのは富裕層に限られている。現在、1万かそこらのヘッジファンドがあるといわれている。

オフショアな世界は秘密かつ隠匿されたもので、当座の社会の市民ではなく「外国人」に有利に働くようになっている。オフショアリングと民主主義は、直接的に対立しているのである。オフショアリングが規模を拡大し、その重要性を高めるとともに、新たなポスト・ナショナルな民主主義への歩みが不可能となるだろう。新自由主義的な資本主義は、あり得るべき民主主義の構造を抜本的に解体してしまう。様々な形でオフショアが生じる、貨幣、金融、製造、サービス、セキュリティ、廃棄物処理のフロー化は、透明な民主主義にとって破壊的なものとなるのである。民主主義の透明性を確保するには、市民たちが政策を決め実行できるように議論と対話を行い、明白なオンショアな資源を認識し、それをコントロールできることが必要である。よきガヴァナンスに絶対的に必要な条件は透明性であり、それは、秘密裏の支配体制によって妨げられてしまう。貨幣や資源が目に見えず、説明できないものになるのならば、民主主義はオフショアリングによって破綻してしまうのである。

民主主義には、その社会の構成員にとって、明白で透明性があり、そしてもっともな競争にさらされる貨幣や資源が求められる。民主主義においては、様々なものを「ホーム」に戻す行為や、「その社会の」市民の利益を何よりも第一に考えることが重要である。ある社会構成員のための行動や資源を、彼ら自身が民主的にコントロールできるように再びしていくためには、大半のものがオフショアの流れを反転されるべきであろう。

効果的にオフショアの流れを反転させる唯一のものが国民国家である。このことは、民主主義を「国民国家の社会」にとどめていくことを意味する。このように課題を枠づけることは、様々な理論家たちが展開してきたグローバルでコスモポリタンな思想をすすめていくことを無視することになると言えよう。[21] 問題は、無数の資源がオフショア化され、不可視化され、合法的に保護され、そしてあり得るべき民主的な管理・コントロール・規制に従属していないということである。パランも述べたように、国民国家にオフショアの流れを反転させることによってはじめて、「大衆的統治の近代的システムの要たる、相互責任にもとづく国民生活」が保証される。[22] 相互責任にもとづく国民生活とは、豊かで力を持った「仮想市民」、すなわち我々が見てきたようにグローバルな世界をまたにかける「富裕層」の特定の利益を重視しようとする、金融センターの権力や影響とは真っ向から対立するものなのである。

さらに、ホールデンとメイによれば、「多くの非金融ネットワークの構造は明らかに意図的にモジュール化されている。このことは、パーソナルコンピュータやワールド・ワイド・ウェブのデザイン、そして森林や電力系統の管理まで含んでいる」という。[23] 金融の外部領域におけるこうしたモジュラリティ（modularity）によって、たとえあるところで機能不全が起こったとしても、ネットワーク全体にまで感染が広がらないようになっている。そのことは、システムにレジリエンスをもたらしてくれるのである。断絶、ファイアウォール、ローカルかつナショナルな特殊性、境界があることで、感染や壊滅的な状況はさらに生じなくなる。モジュラリティは個々の企業の利益を縮減するが、システム不全を減少させる。いかにしてモジュラリティを形成するべきなのだろうか？

経済的・社会的生活を壁で隔てオンショア化することで、一定の社会の成員が、その社会にある意味特有な活動や資源に対し、民主的にコントロールすることが再びできるようになる。必要なのは、同意が得られるような国際的な討論および、ある社会で生じた資源がその社会で透明に課税され、外国資本の利害が社会の市民による利害以上に重視されないということを保証する頑健な手続き・システムである。しかしながら、このことは、外国人排斥の言説のなかで語られるべきではない。

しかし、本書がこれまで議論してきたように、この数十年にわたる国際化の広がりやオフショアリングによって、このことを達成するのは非常に困難である。ある社会の内部に属する活動の「国内」特有の成果である生産物、サービス、実践はほとんどない。我々がすでに知っているように、ちょっとしたビーフ・ハンバーガーの中身でさえ、ファストフード・レストランで口にされるまでに様々な社会を旅するのである。気の毒な消費者たちは、自分が口にしているものがイギリス産の牛なのか、たとえばアイルランド産の馬なのか分かりはしない。生産の「国内化」を世界の小さく貧しい社会で達成することは難しいのである。モジュラリティを達成しようとするのは、たいへんな要求なのである。

租税正義ネットワーク（訳者注：Tax Justice Network（TJN）、研究者と活動家による公正課税の啓発やタックスヘイブンの告発を行うアドボカシー集団）の近年の報告では、少なくとも、国内的な課税のためのよりモジュラーな枠組みに向けた歩みが進み始めている。[24] この報告では、多国籍企業を課税する法的基礎を変えることが提案されている。現在でも、企業は、それが法的にも経済的にも分離した緩やかな結びつきであるという発想のもと、多国籍ビジネスなど大した発展もなくまた複雑でもなかった前世紀初頭に遡る概念にもとづく法制度を基盤として課税されているのである。

こうした緩やかな法人の形態は、法人内部の財、サービス、所得のフローの輸送費によって、企業が、異なる税率や税制を有する諸国家であげた収益を様々な形で申告することができるというシステムの問題に帰結する。ほとんどの多国籍企業は、複雑な輸送費を操作している。ほとんどの企業は、（ゴールドマン・サックスのように）大抵は複雑な層で構造化されたタックスヘイブンに多くの口座を持っている。大規模な多国籍企業のほとんどは、「法人タイプ」の税金をそれほど支払っていない。たとえば、スターバックスのイギリス支社は、非常に多額のロイヤリティをオランダにある本社に支払っており、たとえ大量のコーヒーがイギリスで売れ、企業がイギリスのカフェで生じた高い収益を株主に対して自慢しているとしても、可能な限りイギリスでは納税しないでいる。ロイヤリティや輸送費が法的に認められるかどうかを、税当局が決めるのは全体として不可能なのである。

この代わりに、租税正義ネットワークは、ある法人が世界で一つの存在であることを根拠として法人の課税を行うべきだと提案する。各国の実質的な「経済的」存在にしたがい、企業は、自らの存在や活動に関する口座を一つに統合しなければならないとされる。それは、雇用されているスタッフ数、企業の地理的なロケーション、販売額などに関連した、決まった方式を基礎として行われる。もちろん、特に多くのサービスは大規模法人によって外部委託化されているため、こうしたことを決めるのは非常に難しい。

企業は間違いなく、現状を何とか守ろうとし、なぜ「統一的な」税制を行うべきではないのかの理由を数多くあげるだろう。しかしながら、異なる地域で生じる様々な収益を公平に還元できるように、国家当局は企業全体の口座を監査しなければならない。それは、1930年代にはすでに認識されていたことである。カリフォルニア州はそうした考え方のもと、ハリウッド映画会社が近隣の税率の低いネヴァダ州に支社をもうけ、そこへ収益を流し込むようにしていたことを防止したのである。

今日、アメリカのいくつかの州やEUでは、そうした統一的な徴税方法の基盤を発展させようと歩みを進めている。EUは共通連結法人税課税標準（Common Consolidated Corporate Tax Base）を制定し、EU内のあらゆる企業に適応しようとしている。この制度は2012年に欧州議会で通過したが、実際どれくらい効果があるのかは不明である。[25]このことは、企業が税逃れをすることを汚辱とみなすかどうかという点によっている部分もあり、この問題に関してNGOや社会メディア／運動組織を集結できるようになるかにかかっている。それらの企業は、活動拠点かつ収益をあげているその場所で、無作法にも明らかに納税していないことに対して被る大きな汚名を受け続けるつもりなのだろうか？

2013年最初まで、租税正義ネットワーク、グローバル・ウィットネス Global Witness、カトリック海外開発庁 Cafod、アクションエイド Action Aid、セーブ・ザ・チルドレン Save the Children は、すべて租税に関して「国ごと」の報告書を出すようキャンペーンをはってきた。このことはすでに、アメリカの石油採掘・精製の系列会社に義務づけられており、EUではヨーロッパの銀行に同様に義務づけられている。[26]そうした報告のシステムは、透明性を確保し民主主義を確立するためには前提条件とされるのである。

実際、企業は独立して存在しているわけではないといえる。大抵の企業は法的な形態のもと、たとえそのビジネスが破綻しても、オーナーや株主は限定された責任しか持たないのである。これは、国家の領域内で経済活動を行う企業に対して、国民国家によって与えられた大きな特権である。企業が破綻しても、株主は株を失うだけにとどまり、破産することはないだろう。したがって、このように限定された責任の見返りとして、国民国家は何らかの責任を求めていくのは合理的なのである。そのため我々は、企業が各社会で活動するビジネスの規模にしたがって税金を払うという要求をつきつけることができるのだ。

興味深いことに、交換をコントロールしようとする国家は、コントロールをなくしオフショアリングや税軽減による富に浸ろうとする国家よりも早く成長するのである。唯一のオルタナティブは、すべてをホームに戻すことなのだ。ホームとは、国民国家社会の組織を指す。オフショアリングの規模と力のゆえに、国民国家社会だけが、オフショア化の流れを反転させる契機となりうるのだ。[27]

モノのオフショア化の流れを反転させる

しかしオフショア化の流れが反転されるべきは、税金や金融だけではない。日常生活のモノの要素もまたそうである。国家的なシステムによって、各社会の廃棄物や生産物というモノのフローを追跡できるようにしていかなければならない。

廃棄物に関していえば、国連開発計画UNEPのバーゼル条約のもとで、重要な近接性の原則が議論された[28]。この原則によれば、廃棄物はそれが出たところから可能な限り最寄りのところで廃棄されるべきとされる。ここには二つの問題がある。まず、あらゆる国、特にアメリカが、これに調印しているわけではないということで、廃棄物の移送に対するモニタリングを強化するには不充分である。そうした廃棄の移送には多くの異なる企業が関わるものだが、情報がほとんど行き交っていないのである。「近接性」をデフォルトに据えるべきは明らかなのに、現在のところ、いかにして、どこへと廃棄物が移動しているのか、標準化された情報がほとんどないのである。

廃棄物の移動を追跡する試作的なシステムとして、マサチューセッツ工科大学のトラッシュ・トラック・プロジェクト（Trash Track project）というのがあった[29]。これは、供給のつながりではなく、使用済みの生産物の「除去の動き」を記録したものである。小さく精密なタグがゴミにつけられ、このタグによって長く複雑な廃棄プロセスを追跡することが可能となる。ゴミはとても長い距離を旅するのであり、デジタルではない追跡手段では記録することも不可能なほどだ[30]。

こうしたモニタリングをグローバルに拡大していくことは、大きな挑戦である。だが、トラッシュ・トラック・プロジェクトにおけるもっとも高い関心事項の一つは、参加したボランティアたちが、ゴミが最終的に行き着く先を明らかにしたことであった。こうした関心は、国内の廃棄物を相当に高い水準でリサイクルすることを熟慮させ、こうしたことが、ゴミを弁別する時間と労力において非常に高い費用を必要とするものである。廃棄物には政治的力学が生じるのであり、多くの市民が関心を寄せている。廃棄物が見えないところに追いやられているとすれば、頑健なシステムのもとで廃棄物が移動できていると信じられるように整備したいと市民は思うのである。

だが全体として、グローバルに廃棄物が生み出される規模を考えると、あらゆるアイテムにタグをつけ追跡することは不可能である[31]。ほとんどの廃棄物が食料であるということも、その理由の一部だ。第7章で述べたように、食料は廃棄処理場における固形物の大部分を占めており、廃棄された食料は追跡できない。また追跡したいと思ったところで、社会が自らのゴミ、特に食料品を包括的に扱うことを保証する明快な国際法の枠組みが必要となるのである。

第3章では、3Dプリンタを通してモノのオンショア化が進むという、これまでとはかなり異なる生産形態を見てきた。これは、消費者から数千マイルも離れた大工場で通常つくられる「マニュファクチュア」の考え方を変えてしまった。新たなシステムのもとで、「マニュファクチュア」は小規模かつ消費者から最寄りの場所で展開されるのだ。この「システムのイノベーション」によって、別個で空間的に離れた生産活動というマニュファクチュアの要素は消滅しつつある。これはインターネットと並行している。インターネットでは、音楽、映画、書籍はアクセスされダウンロードされるものなのであって、実際に所有されたり売却されたりするものではない。デザインをダウンロードしプリントするというのは、デジタル・エコノミーの他の領域で形成されてきた、「アクセス」経済を構成している部分なのである。[32]

３Ｄプリンタには様々な可能性を有する特徴がある。[33] 第一に、それは、ローカライズされたマニュファクチュアで重要な、新たなシステムの基盤として発展する。消費者中心の新たな流通経路を経て各地へと配送される「プリントされた」モノの「工場」が、世界中に無数に興るだろう。地域に根ざしたマニュファクチュアは、大量に生産されたモノを長距離で輸送するやり方を消滅させ、それはオフショアリングを減退させるゲームのやり方を相当に変更させてしまうイノベーションになるだろう。[34]

第二の可能性は、コミュニティにおけるプリントセンター、すなわち「製作所」がより急速に発達するということである。これは、コモンズを基盤としたピア・プロダクションのあり方であり、一部には「民主化されたイノベーション（democratised innovation）」をめぐるインターネットのモデルを応用したものである。消費者と生産者は、オープン・リソースなデザイン・変更・個別の生産手段を広範囲に用いながら、「収益とは違うもの」を志向するだろう。[35] これらの発展はマニュファクチュアに大きな変化をもたらすが、オフショア化されたマニュファクチュアをすべてなくすわけではない。

第三に、ホームにおける「デスクトップ工場（desktop factories）」が広がりを見せている。２Ｄプリンタが多くの家庭で広がっているのと同様に、３Ｄプリンタも至る所にある。２０１３年にはイギリスで高速３Ｄプリンタが初お目見えとなった。[36] まずは、宝石、台所用品、玩具、模型、宿題の学習課題、消費財の代替物が多くの場合、子どもたちによって、デザインやプリントされることになるだろう。よって世界の別のところで生産され、消費者のもとにコンテナで輸送される大量生産品である必要はないのである。

したがって小規模なマニュファクチュアは、長期の社会技術的な変化をもたらし、マニュファクチュアのオフショアリングを反転させ、世界を変革するイノベーションとなる可能性を持つ。長期の経済的発展を分析している人々は、財やサービスの構造および、支配的なテクノロジーや企業や社会活動の構造がこの数十年で劇的に変化したことを述べている。今あるもののほとんどは直ぐにはなくならないが、今は研究所でなければほぼ知られていないような、新たなテクノロジー・企業・社会活動が、それと共存しつつ次第に大きくなっているのである。それらがどのようなものか我々にはまだ分からないのだが、こうした新たな「システム」のいくつかは、21世紀中頃には生活の中心を占めるものとなっているであろう。３Ｄプリンタやそのマニュファクチュアは、そのシステムの一つであり、マニュファクチュアのオフショアリングを反転させる基盤となる[37]。それは、マニュファクチュア、雇用、所得、投資の地理学を根本的に世界中で再編するのである。

しかしながら、少なくとも二つの危険性がある。一つは、３Ｄプリンタの技術が非常に限られたものであり、ゲームのあり方を変えるものというよりも、マニュファクチュアの基本とは若干異なる、ニッチに過ぎないということである。もしそうだとすれば、今後数十年にわたり、マニュファクチュアはより巨大なコンテナ船のもとでますますオフショア化されていくだろう。それに代わって３Ｄによるマニュファクチュアが活発化し有用なものになれば、より大量のモノが製造されることになり、世界の有限な資源を使い尽くしてしまうだろう。技術への熱狂に関する分析にて、アンダーソンAnderson は、「我々の目に映るのは、減らされることよりもむしろ生産されることである」と論じている。[38]

だがグローバルに必要とされているのはこのこととまったく逆のこと、すなわち、バックミンスター・フラー Buckminster Fuller の有名な言葉にもあるように、マニュファクチュアにおいて「モノの効用」を高め、より少ないものでより多くをつくること、さらにそれを徹底することである。[39] より少ないものでより多くをつくるということは、当初から少ない素材でつくる製品をデザインすると同時に、長く使える製品を生み、モジュール化を進め、部品を再利用していくことである。様々な領域で分析している人々が示しているように、さらなる低炭素な未来のためには徹底した脱物質化（dematerialisation）が必要とされる。[40] まさにオフショアリングの逆を行かなければならず、「金融に支配された」経済ではなく、「人間的な経済（human economy）」を発展させていくべきなのである。[41]

様々な批評家が述べているように、ラズベリー・パイ（訳者注：Raspberry Pi、シングルボードコンピュータの一種）がイギリスでつくられ始めた一方で、ゼネラル・エレクトリックやアップルのような主要企業は現在、アメリカにおいて製造を再編しはじめている。[42] これらは、マニュファクチュアの組織において変化が生じはじめている初期の兆候である。マニュファクチュアはグローバルな価値の連鎖から離れ、分散されたマニュファクチュアがローカライズされ小規模化されつつある。アメリカの企業の多くは、労働があまりにもオフショア化され過ぎていると考えている。石油不足が深刻化し輸送費が高騰する一方、オフショアな場所の賃金はもはや劇的なほどに低くはなくなっているのである。

グローバルな生産はもはや大規模な生産にとってデフォルトとなる方法ではなく、地域化や潜在的ローカル化が、輸送、コンピュータ、エレクトロニクス、金属製品、機械類、プラスチックやゴム製品、電化製品、家具など様々な分野で生じると論じる分析家もいる。[43] これに関連してアメリカで発展してきたのが、「リショアリング・イニシアティブ：マニュファクチュアをホームに戻す」（Reshoring Initiative: Bringing Manufacturing Back Home）である。このウェブサイトには、総保有コスト尺度を通じ、オフショアリングの総コストを計算する方法が示されている。[44] ギデンズ Giddens によれば、それは単にアメリカのマニュファクチュアを呼び戻すだけではなく、外国企業をアメリカに移すためにも行われている。[45]

最後におかしな話として、名誉棄損のオフショアリングというのもある。[46] 裕福な外国人セレブやビジネスマンたちの多くに、イギリスと関係する人がいないにもかかわらず、イギリスの名誉棄損の法律が厳しいことを盾にとり、イギリスで名誉棄損の訴訟を起こすためにオフショアしようとする者がいる。だが、こうしたオフショアリングは現在、大きな問題とみなされている。アメリカのいくつかの州では、イギリスの裁判所でなされた道理にかなわない名誉棄損によって、言論の自由が侵害されないよう特別法を通過させた。英国議会の文化メディア・スポーツ特別委員会長もいっているが、裁判所は、イギリスが適切に管轄でない事案を拒絶することで、こうした「名誉棄損のオフショアリング」を終焉させる時期に来ているのである。そういった事案が聴聞されるべきは、原告か被告の主要なホームである国か、名誉棄損のほとんどの事例が生じている場所においてである。それゆえ文化メディア・スポーツ特別委員会の主張によれば、名誉棄損は「ホームに戻される」べきで、損害に対する賠償がもっとも高いと思われる場所へオフショアされるべきではない。これは、大きな反転の始まりなのだろうか？

さらなるオフショアリングか、それともパワーダウンか？

民主主義にとってばかりではなく、CO_2排出の増大を処理するための効果的な政策を展開するうえでも、オフショアリングは重要な問題となる。低炭素な未来に向けてパワーダウンすることは、地球上の人々が負わなければならないものであり、とりわけ、まだ生まれていない子どもたちを含む将来世代に対し、今の世代が負うべきものである。こうした公的で社会的な負債に対する要求は、ユネスコの「将来に向けての現代の責任に関する宣言」（1997年11月12日）など、多くのグローバルな報告書において力強く示されてきた。しかしながら、これを実現するためには、より一層手強いものとなるであろうオフショアリングに挑戦していかねばならない。

人々のそうした社会的負債は、人々や国家や企業を契約でがんじがらめにする金融的な債務とでも呼びうるものによって、世界の多くで蔑《ないがし》ろにされてきた。こうした金融的な債務や、税収の大規模なオフショアリングは、社会的負債感が広まり、力を持つことを困難としてきた。公的なカネと公的な意見が低炭素主義を計画し実行していくうえで必要であるがゆえに、十分な税収がなければ、ポスト炭素主義の未来はあり得ない。オフショアリングと、経済や社会の効率的なパワーダウンは、相互に真っ向から対立するものなのである。

タックスヘイブンは中小企業よりも、大企業に有利に働く。オフショア化された世界では、「革新的な小魚たち」が競争するのは難しい。もし彼らが成功をおさめようとすれば、所得のフローを実質的にはオフショア化し、多国籍の大企業の傘下に入る可能性が高くなる。[47]市場は税金を回避する大企業に有利に動き、中小企業を切り捨てるため、そういった企業は不公平な競争に直面することになる。第1章でも言及したように、ＦＴＳＥ１００の内の98の企業がオフショアな口座を持っているのである。このような金融化は、どちらかというと小規模な企業が主に担う生産的な低炭素な経済・社会に対立しているのである。そうした企業は、低炭素製品や、それに関連するサービスを提供するのだが、結局その果実は大企業へと移るのだ。

貨幣に関していえば、メラー Mellor は、「もし貨幣システムが金融的負債にもとづく貨幣の要求、すなわち金融的蓄財や収益に動機づけられた成長要求につき動かされないのなら、安定した状態の経済は可能となる」と論じている。[48]彼女が述べるところでは、貨幣とは、個々の社会や実在する世界の利益のために利用され、民主化されるべきなのである。貨幣や租税は、所得が発生する地域や国によってコントロールされるべきである。[49]ピア・ツー・ピア（訳注：対等な立場で、サーバーを介さずに分散処理をする）通貨や融資の近年の発達は、金融を取り戻し、適切な範囲まで貨幣の公的な役割を再構築する最初のステップなのだ。いま非常に多くのオルタナティブな貨幣の枠組みが、ＬＥＴＳ、タイムダラー、ビットコイン（Ｐ２Ｐなデジタル通貨）、Zopa（Ｐ２Ｐな融資）などを含め存在している。Zopa のウェブサイトには、興味深いことに、いかに「Zopa が貨幣の市場であり、貸し手は素晴らしいリターンを得て、借り手は低コストの融資を受けるのか、そして貨幣は再び人間の顔を取り戻す」のかが書かれている。[50]

より一般的にいえば、「オルタナティブな」経済活動、特に低炭素な活動が、人々のローカルで地域的な負債に対する責任感にもとづき、全世界で無数に発展しつつある。コニールとカステルズらConill, Castells snd others は、アグロエコロジー的な生産と消費の協同、交換のネットワーク、ハックラボ、社会通貨ネットワーク、都市菜園、シェア型ペアレンティング・ネットワーク、エコロジカル・バンク等を含めた、カタロニアにおけるオルタナティブな経済活動について報告している。[51] 100万人の3分の1が、こうしたオルタナティブな経済活動のネットワークに参加しているのである。またカステルズは、他にもインターネット世代における多様な社会的ネットワークの力が生まれつつあることも述べている。それらのほとんどは、公的生活において金融の力を揺るがせたり、反転させたりするものである。[52] それらは連帯や協同を強調しつつ、通常は水平的に組織され、様々なデジタルな世界を通じて、多くの場合強固に組織化されている。

実際に我々は、オフショア化の流れを反転させた低炭素な実践を刷新し発展させようとする、一万以上の実験、グループ、ネットワーク、原型、研究所、科学者、大学、デザイナー、アクティビストからなる、「低炭素な市民社会（low carbon civil society）」の展開と見て取れるものについて広く語ることができる。この低炭素な市民社会は、とりわけインターネットやソーシャル・メディアの資源を用いて、多くの種類の低炭素な実践を発達、促進、推進、スケールアップさせようとしている。[53] これらは、ある部分アプリ経済を含めた新たなデジタル世界を発展させることで、世界中の低炭素な実践を結びつける。たとえその際にデジタル世界のモバイル技術を動員するとしても、ここで生じている社会的諸力は、主として「経済と社会」を再びローカライズすることに向けられているのである。

これら多くの実践や運動は、メラーが、貨幣が再び「人間の顔」を取り戻すと表現したように、社会を変革しようとする。[54] だが通常の経済尺度からすると、低炭素社会のもとでは、ほとんどの人間が明らかに「貧しく」なるだろう。[55] GDPは一国の測定し得る市場取引の総量を示すものであり、そこで測られているもののほとんどがウェルビーイングに何も付け加えなかったとしても増大することはあり得る。実際、金融によるGDPの増大は、ウェルビーイングの低下と矛盾しない。ニュー・エコノミック・ファウンデーション（訳者注：New Economic Foundation、英国のシンクタンク。公共政策を専門とする）が考案した「世界幸福度指数」をはじめ、これまでウェルビーイングの尺度を開発しようという努力が行われてきた。[56] 多くの人々が主張するように、社会は、生活の質（QOL）やウェルビーイングによって測定されるべきであり、GDPや一人あたりGDPなどで測定されるべきではない。社会が評価されるべきは、生活の質（QOL）や「幸福感」であり、測定可能なオフショアを発生させる成長ではないのだ。[57]

重要なことは、高い水準の経済的・社会的なウェルビーイングがもたらされる社会とは、（ノルウェーのように）相対的に平等な社会であり、多くのつながりがある社会なのである。ウィルキンソンとピケット Wilkinson and Pickett は、平等な社会ほどいかに平均余命、子どものウェルビーイング、識字率、社会的流動性、信頼の水準が高いかを示している。[58] 社会的不平等が強まると、社会の力は弱まるのである。さらに、ある一定の水準まで所得が上がった後では、所得が高まったからといって、ウェルビーイングが一層感じられるようになるわけではない。過剰な財やサービスは、まさに「無駄」なのである。そこではカネが、テレビの買い替え、不必要な着ない服、エキゾチックな島への旅行、たくさんの使いもしない玩具、過度に高く（低く）設定された室内温度などに費やされている。[59] したがって、低炭素社会は、子どもたちに設計されたものを含み、「所得」を上げたり、「無駄」な商品を消費したりすることではなく、人々の「生を開花させる力」を高めていくべきなのである。ジャクソン Jackson は、「生を開花させる力」を広く高めていくことを強く主張している。[60]

さらにいえば、低炭素社会における高い地位は、世界中を旅しコミュニケートするオフショアなつながりを持つことにもとづくべきでない。「成功」ということで強調されるべきなのは、「ローカライズ」されながら生きる人々が達成したものなのであって、「モバイル」ライブズではない。地位は再度ローカライズされるべきで、ローカルに行われ認められた人々の貢献を基盤とするべきなのである。

多くの研究がジェイコブス Jacobs の『アメリカ大都市の死と再生』を引用し、いかに人間的なウェルビーイングは近接性によって高まり、人々の相互責任を向上させるのかを示している。ジェイコブスは近くで暮らすことの魅力を示し、住居はゾーニングせずにビジネスの場所と混ざり合うべきであり、スローな移動こそが好ましく、近くに暮らす人同士で所得や富に大きな違いがないことで得られるものが多いと述べている。[61] 全体として、彼女の議論が示しているのは、つくられた環境の内で活動を脱ゾーニング化することが、オンショアには重要であるということである。

1995年シカゴで発生した熱波に対する社会的反応に関する研究は、そのような近隣が大切であることを教えてくれる。[62] 外に出向いて、近所のお店や地域の施設を訪れる余裕があったシカゴの地域では、熱波による死亡者が非常に少なく済んだ。ストリート、公園、カフェ、近所の住宅などを自宅と結ぶことによって、出歩くことができるようになり、人と出会い、話すこともできるようになった。

そうした機会が豊富かつ多様にある場所では、人々が出歩いても、熱波で死亡せずに済んだのである。住民が社会化されておらず、高齢者が孤立している近隣の場所では、死亡率は顕著に高くなった。皮肉なことに、人々がオフショア化された生活をおくる豊かな地域では、強力なローカリズムを形成できず、貧しい地域よりも死亡率が上昇したのである。

したがって、低炭素社会は、その優れた部分を近隣の社会活動からつくりあげていく必要がある。すなわち、様々な「トランジション・タウン／シティ」を発展させてきた考え方であるトランジション・ムーブメント（訳者注：イギリスに端を発する自己充足的な都市計画のための草の根運動）にしたがうなら[63]、「不確かな時代にはコミュニティを一層レジリエントたらしめよ」ということだ。こうした動きは、一部にエネルギー消費削減行動計画（EDAPs）を展開することで、ピークに達する石油供給や気候変動というグローバルな課題に対するローカルな解決を進めていこうとする[64]。トランジション・ムーブメントは広範囲に広がっている現象であり、3,000以上のトランジション・タウン、プロジェクト、政策が世界中にあり、ウィルスがごとく、オープン・リソースで自己組織的に何度も繰り返され、面白い形でイノベーションを起こしている[65]。

トランジション・タウン／シティを発展させることは、非常に意味のある変化をもたらす。そのように再ローカル化された世界では、友人は、近隣のストリートから選ばれなくてはならない。家族は、新たに世帯をつくるときでも遠くにいてはいけない。遠くにいる家族が、規則的に訪問し合うことはないだろう。家族は離れて暮らしてはいけないのである。運動や教育は、再ローカル化される。オーウェン Owen が主張しているのだが、アメリカのもっとも緑に恵まれた都市がニューヨークである。

というのは、ニューヨークは多くのローカルなつながりを有する一方で、自家用車を私有したり運転したりすることがほとんど不可能だからである[66]。オーウェンは、低炭素主義を進めていくためには三つのポリシーが一般的には必要だと提唱している。それは、スモールに生きる、近くで生きる、あまりクルマを運転しない、である。興味深いことに、今や様々な批評家たちが伝えるところでは、世界の豊かな北側において、自動車を基盤とした旅が低迷しつつあり、次世代では、免許証を持っている者や自動車を所有する者やドライバーがますます減少するというのだ[67]。

だが、こういったことは困難な挑戦である。低炭素な社会・経済に移行するためには、そうしたオフショアリングを生み出してきた20世紀のシステムを「反転させる」必要がある。クラウチCrouchも主張しているが、2007〜2008年にかけて世界経済をほぼ壊滅に追いやった事態に対する責任の所在が明白になった後でさえ、「奇妙なことに新自由主義が死に絶えていないこと」からも、このことが非常に困難だと分かる[68]。全体として、既存のシステムが長期間相互に依存し合いながら続いてきたということは、オフショアな日常や習慣を含め、それらを反転させるのが困難な状態に数多く直面することになる。

「高炭素」な広告やマーケティングの力も、また侮れない。世界中のメディアは、すばらしいオフショアな暮らしぶりや、グローバルブランド、製品、サービスの重要さについてのイメージを無数にばらまいている。世界中のメディアを通した「セレブ化」は、低炭素なシステムや行動をめぐって組織化される、社会に必要な相互責任を発展させ維持させることと相反している。メディア、といっても特にニュー・メディアではなくオールド・メディアの力と範囲を減じることは、人々がオフショアになっていくうえで重要なのである。

大規模かつ往々にしてヴァーチャルな存在である、企業や個人の利益から距離をおいた上で、グローバルな問題をリセットするための政策を発展させるには多くの困難がともなう。EUで現在行われている政策のように、金融取引に課税することで、グローバルなシステムのつながりを減じていくことはとりわけ重要である。それは驚くべきことだが、そうした取り引きに課せられている付加価値税（VAT）と同じものではない。まったくわずかの課税で潜在的には巨額の税収となり、それは世界中を巻き込む金融システムの不安定化を縮小させることになるだろう。オフショアリングはかなり減じられるだろうが、そのことは、そうした金融取引の課税に対し多くの金融機関が頑なに反対する理由ともなる。[69] ラトゥーシュ Latouche は、世界貿易機関はまったく逆の、世界ローカル化機関に置き換えられるべきだと提唱している。[70]

したがって、反転させるのはきわめて挑戦的なことなのである。かつて未来学者バックミンスター・フラーも、「既存の現実と戦うことでは物事は変わらない。何かを変えたければ、既存のモデルが古ぼけて見えるような新たなモデルをつくりだせ」と述べていた。[71] それゆえ社会は、既存のオフショアリングのモデルが古ぼけて見えるような「新たなモデル」を発展させていくべきなのである。オンショア化された低炭素システムとそれに関連する活動を展開していくことが、今後数十年、まさにやるべき挑戦となるだろう。しかし、その際には、オフショアな富裕層を形成してきた多くのエリート層から寄せられる数多くの敵意と抵抗とに直面するだろう。

オフショアリングか、それともオンショアリングか？

本書では、世界の海は、様々なものの通り道であるとともに、オンショアかつ目に見えるべきものを隠蔽してしまうもののメタファーであると考えてきた。人、モノ、貨幣、廃棄物は海を越え地平線の彼方へとかすみ、陸から見えなくなり、観測できなくなる。その際に特に重要なのは、垣間見ることのできる視界を離れ荷おろしができる島嶼や小国である。そこでは最小限の税金しか課せられず、所得や富を積み上げることができ、同時に廃棄物、楽しみを求める観光者、苦悩にあえぐ人々もまた数多く存在する。

数多くのオフショアなものが存在しているが、それらは、文字通り海の向こうにあるというわけではない。ホームであれ遠くであれ、それらはグローバルなものを侵食する広大な機密の世界なのであり、過去数十年間で形成され体系化されてきた新自由主義的な秩序の中心なのである。機密の領域は、グローバルな犯罪、社会生活、娯楽、金融、廃棄物、ダメージを与えられた環境と同様に、グローバル経済の本質ともなっている[72]。

社会科学者は、これまで大抵はこうした広範かつ強力なオフショア化された世界に無関心であった。本論の目的の一部、社会科学は、モバイルかつオフショア化された世界のエコシステムの変容やそのために堕落してしまっている利害関心を、熱意を持って分析せねばならないということを示すことにあった。こうしたオフショア化された世界は特定の種類の階級闘争から生じるが、その世界を考察しなければ、グローバリゼーションの分析は皮相的なものにとどまるのである。

民主主義を深め、社会をパワーダウンさせようとするためには、こうした複層的で重なり合うオフショア化されたプロセスのエコシステムに目を向ける必要がある。オフショアな世界を研究することは、未来のグルーバルな道のりを解読するうえで中心的なことである。オフショアリングかそれともオンショアリングか、このことは、経済や政治や社会が次の数十年でいかに展開されていくのかということにとって、中核となるグローバルな争点なのである。

　ドバイや他のオフショアの拠点は、よりオフショア化されていく21世紀の先駆けなのであろうか。オフショアリングがさらに満ちて、想像したことさえないものを生み出すのだろうか。現代のドバイが小さく見えるほどの、オフショアの拠点が新たに羽ばたくのだろうか。富裕層の戦略は、よりきわめてオフショア化していくのだろうか。多くの形態のオフショアリングがさらに大きな一歩をふみだすのだろうか。それとも、資源不足が社会的「崩壊」にインパクトを与え脅かすと、社会は実際のところ、よりオフショア化の流れを反転させた未来へと戻っていくのだろうか。オフショア化の流れを反転させることのあり得べき形態が、国民国家の契機を発展させ、民主主義にとって良いものとなり、制御できないほどの気候変動が生じる確率を減らしてくれるのだろうか。

　ここで議論してきたことは、オフショアリングが過去数十年にわたって多くの社会を再編してきたということだ。巨大な力を有し、富裕層を形成してきた様々なエリートたちの明白な利害関心と結びつきつつ、世界的に拡大してきた強力なプロセスを、社会がどのように反転させるのかを想像することは困難なことである。このことに対する挑戦をしようとするなら、どのような形であれ、幅広いオンショアやオフショア化の流れを反転させるプロセスに従事し、実行し、追求していくことになる。

これは非常に大変なことだが、本章で概略した多様な事例で見てきたように、オフショア化の流れを反転させるとすれば、その唯一の担い手は国民国家なのである。

だが、そのようにオフショア化の流れを反転させることは、国家によるプログラムや政策だけに由来するものではない。むしろ、それは先に述べたような、世界中に存在する1万以上の研究、ネットワーク、先駆的試み、研究所、都市、大学、デザイナー、アクティビストから形成された「低炭素な市民社会」の力に由来する。これらは水平的な組織と同様、インターネットの資源を活用することで、様々にオフショアの流れを反転させる営為を刷新しようとする。また、ヨーロッパのほとんどを占めるEUを含めた多くの国際組織は、オフショア化の流れを反転させる社会的実践状況を向上させていくだろう[73]。

そうした市民社会が、多くの種類の低炭素なオフショア化の流れを反転させる営みを発展・促進させ、明示し、スケールアップさせるのである。たとえデジタルな世界のモバイルな技術を一部では用いていたとしても、それぞれの経済・社会を再ローカル化しようとする潜在的な社会的諸力がここにはある。オフショアリングと戦うには、強力な社会的諸力が必要である。グローバルな低炭素社会は、多くの異なる社会でオフショアの流れを反転させるよう発展させられなくてはならない。市民社会の目的は、オフショア化されてきた多くの事柄をオンショアへと戻し、自然と連携させながら社会の具体的な内実に属するものとすることである。そこでこそ、自由は人々を団結させ、明日へと連れていくのである[74]。

注

1 Nouriel Roubini and Stephen Mihm, ***Crisis Economics*** (London: Penguin, 2011), p. 43 and chap. 2. および、John Urry, ***Societies beyond Oil*** (London: Zed, 2013).

2 Leslie Budd,'Re-regulating the financial system: the return of state or societal corporatism',***Contemporary Social Science***, 7 (2012): 1–19.

3 www.cnn.com/2009/BUSINESS/12/14/dubai.10.billion.bailout/index. html（2010年3月5日閲覧）. アメリカとイスラエルによるイランの核施設に対する攻撃が、ドバイとその他の湾岸地域を多かれ少なかれ居住不可能にしてしまう世界最悪の環境汚染を招く可能性があるということも指摘されている。Wade Stone,'Good-bye Dubai?', www.globalresearch.ca/good-bye-dubai-bombing-irans-nuclear-facilities-would-leave-the-entire-gulf-states-region-virtually-uninhabitable/5334737（2013年5月18日閲覧）.

4 Jamie Doward,'Horsemeat scandal linked to secret network of firms',www.guardian.co.uk/uk/2013/feb/16/horsemeat-scandal-victor-bout-firms（2013年2月17日閲覧）.

5 Giorgio Agamben, ***State of Exception*** (Chicago: University of ChicagoPress, 2005).（＝上村忠男・中村勝己訳、2007『例外状態』未來社）

6 Zygmunt Bauman, ***Liquid Modernity*** (Cambridge: Polity, 2000).（＝『リキッド・モダニティ――液状化する社会』大月書店）

7 Ian Richardson, Andrew Kakabadse and Nada Kakabadse, ***Bilderberg People: Elite Power and Consensus in World Affairs*** (London: Routledge, 2011) および、Charlie Skelton, 'Bilderberg 2012: bigger and badder and better than ever',www.guardian.co.uk/world/us-news-blog/2012/jun/01/bilderberg-2012-chantilly-occupy（2013

年5月15日閲覧).

8　たとえば、Madsen Pirie, ***Think Tank: The Story of the Adam Smith Institute*** (London: Biteback, 2012) 参照。

9　Thomas Hale, David Held and Kevin Young, ***Gridlock*** (Cambridge: Polity, 2013).

10　Scott Lash and John Urry, 'Disorganizing capitalism and its futures', ***Work, Employment and Society***, 27 (2013): 542-6. 参照。

11　Andrew Haldane and Robert May, 'Systemic risk in banking ecosystems', ***Nature***, 469 (2011): 351–5.

12　UK government report ***Economic Impact Assessments on MiFID II Policy Measures related to Computer Trading in Financial Markets***, www.bis.gov.uk/assets/foresight/docs/computer-trading/12-1088-economic-impact-mifid-2-measures-computer-trading（２０１３年２月９日閲覧）参照。

13　Haldane and May, 'Systemic risk in banking ecosystems', p. 351.

14　同書、p. 354. および、'Inequality and the crisis: still pre-Occupied', www.guardian.co.uk/commentisfree/2012/oct/30/andy-haldane-occupy-bank-of-england (accessed 6.11.2012). 参照。

15　Haldane and May, 'Systemic risk in banking ecosystems', p. 353.

16　John Maynard Keynes, ***The General Theory of Employment, Interest and Money*** (London: Macmillan, [1936] 1961), p. 376.（＝塩野谷祐一訳、１９９５『雇用、利子および貨幣の一般理論』東洋経済新報社、pp. 378-379.）

17　John Maynard Keynes, 'National self-sufficiency', ***Yale Review***, 22 (1933): 755–69, at p. 756.

18　Keynes, ***The General Theory of Employment, Interest and Money***, p. 372.（＝『雇用、利子および貨幣の一般理論』p. 375.）

19　ノーベル賞受賞者まで関わっていながら１９９８年に破綻したデラウェア・ロングターム・キャプタルマネジメントのように、これらもまた失敗する可能性があるわけだが。

20 Steve H. Hanke, 'The siren song of exchange controls', www.cato.org/ publications/commentary/siren-song-exchange-controls（２０１２年８月１日閲覧）.

21 たとえば、David Held, ***Global Covenant: The Social Democratic Alternative to the Washington Consensus*** (Cambridge: Polity, 2004)（＝中谷義和・柳原克行訳、２００５『グローバル社会民主政の展望――経済・政治・法のフロンティア』日本経済評論社）および、John Urry, ***Sociology Beyond Societies*** (London: Routledge, 2000)（＝吉原直樹監訳、２０１１『社会を越える社会学――移動・環境・シチズンシップ』法政大学出版局）参照。

22 Ronen Palan, ***The Offshore World*** (Ithaca, NY: Cornell University Press, 2006), p. 159. および、Mathias Risse, ***On Global Justice*** (Princeton, NJ: Princeton University Press, 2012).

23 Haldane and May, 'Systemic risk in banking ecosystems', p. 355.

24 Sol Picciotto, ***Towards Unitary Taxation of Transnational Corporations*** (London: Tax Justice Network, 2012), for the following paragraphs. 参照。

25 Picciotto, ***Towards Unitary Taxation of Transnational Corporations***, pp. 10-16.

26 Reported in ***The Guardian***, 8 May 2013, p. 23.

27 Although see Anthony Giddens, ***Turbulent and Mighty Continent: What Future for Europe?*** (Cambridge: Polity, 2013), on the possibilities of 'bringing it home to Europe'.

28 www.basel.int/（２０１３年１月３日閲覧）.

29 http://senseable.mit.edu/trashtrack（２０１２年12月28日閲覧）.

30 'Urban digestive systems', http://senseable.mit.edu/papers/ pdf/2011_Offenhuber_et_al_Urban_digestive_Sentient_City.pdf（２０１２年10月10日閲覧）参照のほか, on the complex methodological issues involved in attaching tags to rubbish and then in tracking where the objects moved to, as well as the subsequent disposal of the

tags and their minute batteries.

31　www.dosomething.org/actnow/tipsandtools/11-facts-about-recycling（２０１２年12月28日閲覧）を参照、on the extraordinary scale of US rubbish production.

32　Jeremy Rifkin, ***The Age of Access*** (London: Penguin, 2000). Much downloading is illegal, and this will be a major issue in 3D printing/ manufacturing.

33　Thomas Birtchnell, John Urry, Chloe Cook and Andrew Curry, ***Freight Miles: The Impact of 3D Printing on Transport and Society***, ESRC Project ES/J007455/1, Lancaster University/Futures Company, 2012 および、Thomas Birtchnell and John Urry,'Fabricating futures and the movement of objects',***Mobilities***, 8/3 (2013): 388-405, http://dx.doi.org/10.1080/17450101.2012.745697 参照。See Giddens, ***Turbulent and Mighty Continent***, for one of the few social scientific analyses of 3D.

34　See http://dsi.dhl-innovation.com/en/node/256 (accessed 16.08.2011) on how logistics giant DHL is concerned about the implications of this possible future.

35　このような視点は以下の著作、とりわけ Feb Labs について記されている46ページおよび付記などに見ることができる。Chris Anderson, ***Makers*** (New York: Random House, 2012).

36　http://www.dailymail.co.uk/sciencetech/article-2358357/Velleman-K8200-First-3D-printer-available-high-street-goes-sale-700.html（２０１３年7月9日閲覧）参照。

37　Ken Green, Simon Shackley, Paul Dewick and Marcela Miozzo,'Long-wave theories of technological change and the global environment',***Global Environment Change***, 12 (2002): 79-81. 参照。

38　Anderson, ***Makers***, p. 229.

39　http://peakenergy.blogspot.co.uk/2009/02/buckminster-fullers-critical-path.html（２０１３年7月28日閲覧）.

40 Julian Allwood, Michael Ashby, Timothy Gutowski and Ernst Worrell, 'Material efficiency: a white paper', ***Resources, Conservation and Recycling***, 55 (2011): 362-81. 参照。

41 Keith Hart, Jean-Louis Laville and Antonio David Cattani (eds), ***The Human Economy*** (Cambridge: Polity, 2010).

42 www.raspberrypi.org/archives/tag/made-in-the-uk（２０１３年７月29日閲覧）.

43 Finbarr Livesey and Julian Thompson, ***Making at Home, Owning Abroad: A Strategic Outlook for the UK's Mid-Sized Manufacturers*** (London: Royal Society of Arts, 2013) 参照。

44 www.reshorenow.org/（２０１３年１月10日閲覧）.

45 Giddens, ***Turbulent and Mighty Continent***（＝脇阪紀行訳，２０１５『揺れる大欧州　未来への変革の時』岩波書店）chap. 2. He also notes that some call centres are being reshored.

46 www.telegraph.co.uk/news/7301403/How-libel-tourism-became-anembarrassment-to-Britains-reputation.html（２０１２年８月25日閲覧）参照。

47 Nicholas Shaxson, ***Treasure Islands*** (London: Bodley Head, 2011), pp. 190-1.（『タックスヘイブンの闇』pp. 275-276.）および 'Tax havens cause poverty', www.taxjustice.net/cms/front_content.php?idcat=2（２０１１年11月26日閲覧）における調査を参照。

48 Mary Mellor, ***The Future of Money*** (London: Pluto Press, 2010), p. 175.

49 Shaxson, ***Treasure Islands***, pp. 26–7.（＝『タックスヘイブンの闇』pp.44-46.）

50 http://uk.zopa.com/（２０１３年１月３日閲覧）On connections with Simmel, see Nigel Dodd, 'Simmel's perfect money: fiction, socialism and utopia in ***The Philosophy of Money***', ***Theory, Culture and Society***, 29 (2012): 146–76.

51 Joanna Conill, Manuel Castells, Amalia Cardenas and Lisa Servon, 'Beyond the crisis: the emergence of

alternative economic practices',in Manuel Castells, João Caraça and Gustavo Cardoso (eds), ***Aftermath*** (Oxford: Oxford University Press, 2012), pp. 214-15.

52 Manuel Castells, ***Networks of Outrage and Hope*** (Cambridge: Polity, 2012). And see the inspirational Rob Hopkins, ***The Transition Companion*** (Totnes: Green Books, 2011).

53 Elizabeth Shove, Mika Pantzar and Matt Watson, ***The Dynamics of Social Practice*** (London: Sage, 2012), chap. 8, on promoting transitions in social practice. And see Urry, ***Climate Change and Society,*** chap. 8. 参照。

54 Mellor, ***The Future of Money.***

55 David Halpern, ***The Hidden Wealth of Nations*** (Cambridge: Polity, 2010).

56 www.happyplanetindex.org/（２０１１年11月３日閲覧）．この指標では２００９年にコスタリカは第１位にランクづけされた。

57 Tim Jackson, ***Prosperity without Growth*** (London: Earthscan, 2009).

58 Richard Wilkinson and Kate Pickett, ***The Spirit Level: Why More Equal Societies Almost Always Do Better*** (London: Allen Lane, 2009).

59 See, on heating comfort, Elizabeth Shove, Heather Chappells and Loren Lutzenhiser (eds), ***Comfort in a Lower Carbon Society*** (London: Routledge, 2009); on the wellbeing of children, see Sharon Beder, ***This Little Kiddy Went to Market*** (London: Pluto Press, 2009).

60 Jackson, ***Prosperity without Growth.***

61 Jane Jacobs, ***The Death and Life of Great American Cities*** (New York: Vintage, [1961] 1992).

62 Eric Klinenberg, ***Heatwave*** (Chicago: University of Chicago Press, 2002) および、Jane Jacobs, ***Dark Age Ahead*** (New York: Random House, 2004) 参照。

63 ***The Transition Companion*** における、ホプキンスでのコミュニティ・レジリエンスについての示唆に富む多くの事例を参照。

64 www.transitiontowns.org/（２０１０年１月８日閲覧）および、Shaun Chamberlin, ***The Transition Timeline*** (Totnes: Green Books, 2009) 参照。

65 http://frontlinecopy.com/wp-content/uploads/2012/07/Transition-Initi-atives-Around-the-World.png（２０１３年９月13日閲覧）および、Hopkins, ***The Transition Companion.***

66 David Owen, ***Green Metropolis*** (London: Penguin, 2011) 参照。

67 ***Transport Reviews*** special issue on 'Peak Car', 33/3 (2013) および、http:// tinyurl.com/o4mxuk4（２０１３年９月12日閲覧）参照。

68 Colin Crouch, ***The Strange Non-Death of Neo-Liberalism*** (Cambridge: Polity, 2011).

69 Robert Holton, ***Global Finance*** (London: Routledge, 2012), chap. 5. 参照。

70 Serge Latouche, ***Farewell to Growth*** (Cambridge: Polity, 2009).

71 'The Buckminster Fuller challenge', http://challenge.bfi.org/movie（２０１１年11月４日閲覧）.

72 William Brittain-Catlin, ***Offshore: The Dark Side of the Global Economy*** (New York: Picador, 2005), p. 199.（＝『秘密の国 オフショア市場』p. 245.）

73 Giddens, ***Turbulent and Mighty Continent.***

74 Brittain-Catlin, ***Offshore***, p. 239.（＝『秘密の国 オフショア市場』p. 298.）

監訳者あとがき——脱組織資本主義社会のディストピアから

本書は*Offshoring*, Polity Press, 2014を翻訳（全訳）したものである。

著者のジョン・アーリ John Urry は１９４６年６月１日、ロンドン郊外生まれ。２０１６年３月18日ランカスターにて70歳で没した。ケンブリッジ大学にて経済学学士および修士。１９７２年に同大学で社会学博士。１９７０年から没するまでランカスター大学に籍を置いた。

主な著書には本書の他に以下のものがある。

Reference Groups and the Theory of Revolution, Routledge, 1973.
The Anatomy of Capitalist Societies: the Economy, Civil Society and the State, Macmillan, 1981（＝清野正義監訳『経済・市民社会・国家——資本主義社会の解剖学』法律文化社、１９８６年）.
The End of Organized Capitalism, Polity Press, 1987,（Scott Lashとの共著）.
The Tourist Gaze: Leisure and Travel in Contemporary Societies, Sage, 1990.（＝加太宏邦訳『観光のまなざし——現代社会におけるレジャーと旅行』法政大学出版局、１９９５年）.

Economies of Signs & Space, Sage Publications, 1994（Scott Lash との共著），（＝安達智史、中西眞知子、清水一彦他訳『フローと再帰性の社会学——記号と空間の経済』晃洋書房、２０１８年）.

Consuming Places, Routledge, 1995（＝吉原直樹・大澤善信監訳『場所を消費する』法政大学出版局、２００３年）.

Sociology beyond Societies: Mobilities for the Twenty-First Century, Routledge, 2000.（＝吉原直樹監訳『社会を越える社会学——移動・環境・シチズンシップ』法政大学出版局、２００６年）.

Global Complexity, Polity Press, 2003.（＝吉原直樹監訳・伊藤嘉高・板倉有紀訳『グローバルな複雑性』法政大学出版局、２０１４年）.

Automobilities, Sage, 2005,（Mike Featherstone, Nigel Thrift との共編著），（＝近森高明訳『自動車と移動の社会学』法政大学出版局、２０１０年）.

Mobilities. Polity Press, 2007,（＝吉原直樹・伊藤嘉高訳『モビリティーズ——移動の社会学』作品社、２０１５年）.

After the Car, Polity Press, 2009.（Kingsley Dennis との共著）.

Mobile Lives, Routledge, 2010,（Anthony Elliott との共著），（＝遠藤英樹監訳『モバイル・ライブズ——「移動」が社会を変える』ミネルヴァ書房、２０１６年）.

The Tourist Gaze 3.0 Sage, 2011.（Jonas Larsen との共著），（＝加太宏邦訳『観光のまなざし［増補改訂版］』法政大学出版局、２０１４年）.

What is the Future?, Polity Press, 2016

アーリは大学院修士卒業後から亡くなるまで一貫してランカスターに住み、地域を見つめてきた人物である。したがって初期にはランカスターの「地域主義」と「ジェンダー」に関する論文も多い。同時に資本主義社会全般におけるマクロの社会変動にも常に関心を持ち、『経済・市民社会・国家――資本主義の解剖学』では、L．アルチュセールのイデオロギー的国家装置の「相対的独立」論にもとづき、構造化されつつ相対的に未決定な市民社会を解剖するという視点を示している（訳書pp. 1-14）。ここで示された構造主義的決定論と行為主体の自由決定をともに乗り越えようとするポストモダン的マルクス主義の姿勢はその後の著書にも一貫している。

アーリが社会学者として世界的に知られるようになったのは同じ1980年代の後半に出された、Scott Lash との共著である『*The End of Organized Capitalism*（組織資本主義の終焉）』（1987）（未翻訳）である。この本のなかで、アーリはイギリス、フランス、アメリカ、（西）ドイツ、スウェーデンの5か国の、経済、市民社会、国家の組織化のされ方、そのペースや程度を比較しながら、これらが1960年代から1980年代にかけていかに「脱組織化」されたかについて分析した（組織化の度合いが強かったスウェーデンは脱組織化が遅かったという独自の発展の発見が興味深い）。ここから導き出せることは、ファシズムやニューディール政策等、コーポラティズムやネオコーポラティズムを通した国家の統制による資本主義の組織化の時代が終わったということである。組織化されたフォーディズム型の国家、労働、資本は、脱組織化された「柔軟な」ポストフォーディズム型の体制へと再編成されたのである。この本のなかで特に重要だと思われることは最終章（第9章）の「ポストモダン文化と脱組織資本主義――いくつかの結論」の部分である。１９８０年以降の先進国における脱組織化された市民社会を先導し得るのは、もはや古い階級利害や階級意識ではない。女性解放や多民族社会、自然保護等の運動にみられるようなライフスタイルや記号とイメージの創造等が絡み合った「ポストモダン」の再帰的文化の台頭なのだということである（このことはラッシュとの共著『フローと再帰性の社会学――記号と空間の経済』でより明確に打ち出されている）。１９８０年代に書かれた前掲の著書とこの著書の問題意識は、一貫してその後のアーリの著書の底流をなしているのである。

１９９０年代に日本において一世を風靡した『観光のまなざし』が、そして１９９５年には『場所を消費する』が書かれアーリの突然の方向転換があったようにも思われたが、ポストモダンの再帰的文化についての空間論的表現の研究と理解すれば、アーリの基本的関心はまったくぶれてはいない。アーリは「まなざし」の規定性を強く持つ観光現象の批判的検討のなかにおいても、観光文化の再帰的な特徴から、観光による地域運動の芽を見ていたし、モダンの観光とは異なる、階級を超えた文化運動の芽を見ていた。『観光のまなざし』におけるまなざしの「決定論」に対する批判は（特に著名な観光文化の研究者であるD・マキャーネル『*The Ethics of Sight-Seeing*』（University of California Press, 2011）で、アーリの『観光のまなざし』論が構造主義的で「行為主体 Agency」の理論を持たない「決定論」であるとして痛烈に批判されている）、一貫した「非決定論者」であったアーリの論理を「誤解」による（あるいは誤解を招く）ものであったといえよう。後述するようにアーリは２０１１年には誤解を解くべく『観光のまなざし』初版（そして第二版）を、著者にJ・ラースンを加え、大きく「非決定論」的な「アフォーダンスとパフォーマンス」の理論へと書き換えてみせている。

２０００年代に入ってからアーリは国家を超えた資本主義社会における「脱組織化」の理論を「移動論」や「複雑性」へと一貫性を保ちつつも深化させている。ここにおいては従来からの「非決定論」や「脱還元論」に加え、移動や移動に関する技術革新による偶有的な「正のフィードバック」や「経路依存性 path-dependence」とそれによる「ロックイン lock-in」が強調され、行為論にも構造主義や機能主義にも還元されない自己組織性を強調する「複雑性の理論」を展開した。移動（や移動の技術の革新）がもたらす偶有性が経路依存やロックインのシステムの自己組織的な変革を促し、新しい社会のシステムを生み出す可能性を「非線形的」な枠組みのなかで示した。特に『グローバルな複雑性』（2003=2014）ではグローバルな複雑性がつくりだすコスモポリタニズムの可能性について、「グローバルな贈与」や「グローカリティ」の創発に見ていた。

　アーリの問題意識の一貫性とその深化は（非常に大ざっぱにまとめれば）以上のようになるのだが、これに加えて、特に２０１０年以降の著作にはエネルギー資源の枯渇の問題や気候変動の問題が強調され、アーリの資本主義の現状分析と未来予測は、社会現象を超えて自然現象にまで及び、進化する移動社会の可能性に暗い影を落とすようになる。たとえば、『モバイル・ライブズ』（2010=2016）では、人と情報の移動がつくりだすアイデンティティや「つながり」の創出の可能性が語られ、『観光のまなざし［増補改訂版］』（2011=2014）では、観光が、「まなざし」による視覚の枠組みの押しつけであるばかりでなく、観光客や観光地住民が地域パフォーマティヴなイメージ形成や動的なつながりの形成にも寄与する可能性が示され、再帰的ポストモダニティの創造性が強調されてはいるのだが、両書の終章では、エネルギー資源の枯渇と気候変動で破滅へと向かう「モバイル・ライブズ」あるいはいる。

「ツーリズム・モビリティズ」が持つディストピア性を強く示唆するダークな結論で締めくくられている。

そしてこの流れを引き継ぎつつ、本書は特にネガティヴなディストピアが冒頭から議論されているようなアーリが「オフショアリング offshoring」という言葉で意味するものは、一般的に言われているよう な、外国企業を免税する（あるいは税制が緩い）の国や地域に、秘密の口座をつくり、それを利用して脱逃れやマネーロンダリングを行うことといった狭い意味でのオフショアリングだけではない。ここで論じられているのは、労働、金融、娯楽、廃棄物、エネルギーの枯渇、気候変動やセキュリティと幅広く、多く語られるのは、1990年以降急速に進んだ新自由主義経済、あるいは移動に関する技術革新を背景に、国境を超えた人、モノ、イメージ、カネのフローと移動が引き起こす市民社会（あるいは民主主義）に対する負のインパクトである。国家が（同時に民主主義を標榜する勢力も）撤退した「脱組織資本主義」における経路依存――ロックインしたネガティヴなシステムとは何か。アーリのオフショアリングが内包する意味は、富裕層が一人勝ちする新自由主義のシステムとの関係のなかで、あるいは民主主義のコントロールを失った「リキッド」な現代社会との関係のなかで、資本主義の「内部」と「外部」がいかなる形で存在、あるいは融解しているのか、私たちは想像力を持って読み取るべきであろう。

秘密の領域である「オフショア」は海の彼方にもあるが、身近にもある。米軍基地は「内地」のオフショアにあり、放射性物質や核廃棄物は福島県のオフショアへと移動される（あるいは海へと流される）。私たちのオフショアに存在したカジノは「内なるオフショア」へとやって来る。オフショアにあった労働力もまた、「内なるオフショア」へと連れて来られる。また、秘密のオフショアは、政治や行政における意志決定のど真ん中にも存在するかも知れない。原書の表紙の色調とともにダークな印象を強く持つ本書なのであるが、アカデミックであるとともにきわめてジャーナリスティックであるともいえる。スキャンダラスな側面を多く有する本書の特徴は、これまでのアーリの著作とはかなり異なる。その点もまた本書の魅力となっているといえるのである。

とはいえ、本書は、『モバイル・ライブズ』（2010=2016）や『観光のまなざし〔増補改訂版〕』（2011=2014）とは逆に、ネガティヴな議論をくぐり抜けた後の最終章で、「脱組織資本主義」をネガティヴな流れからポジティヴな流れへと切り替える処方箋が示されている。オフショアリングは不可逆な現象なのではない。処方箋の要諦は「『経済と社会』を再びローカライズすること」（p. 289）である。そして効果的にオフショアの流れを反転させる唯一のものが国民国家であるとアーリはいう（p.297）。もちろんこれは、19世紀的な国民国家へ逆戻りすることではない。オフショアリングや移動そのものの民主的コントロールができるは今のところ国民国家だけだからであろう。３Ｄプリンタの活用がオフショアの流れを反転させることにつながるというように、アーリは移動を抑制するための技術革新にも期待を寄せている。ここには、アーリの現実主義的ラディカリズムが明確にあらわれている。

第10章における様々で具体的な処方箋は、それぞれ検討する余地はあろう。特に、国民国家に対する再評価は（ＥＵの評価も含めて）議論の余地がありそうだ。しかしながら、人々の民主的コントロールから離れたオフショアから、コントロールの行き届くローカルに戻るという基本的な発想は、「オフショア化する世界」をかなりネガティヴに語り尽くした後の処方箋として行く先に光が見えた感がある。また、それは以前からのアーリの発想の延長線上にある。

アーリはこの本を上梓して2年後に中国におけるプロジェクトから帰国した後、急に倒れ帰らぬ人となった。次の著書では本書のネガティヴな内容を乗り越える道を、複雑性の理論上で「非線形」的に明示してくれるはずだと思っていた矢先であったので、アーリの急逝はたいへん残念なことであった。そして、没後すぐに『*What is the Future?*』（2016）という印象的な本が上梓された。遺言のように残されたこの本には、社会科学にとって未来とは何か、についての議論が「複雑性」の「非線形」的理論を背景に描かれている。また、「ディストピア」を多く扱った本書とはうって変わって、この本の後半では「ユートピア」がテーマになっている。そして社会学が（複雑性を抱えた現代社会の）社会変革のための学問であることが示されている。この本のなかではアーリの「現実主義的ユートピア主義」が明確にみて取れる。「ディストピア」と「ユートピア」の組み合わせから想定するに、やはり本書のベクトルの先に、次に出されたこの本が位置していることが分かるのである。このことも含めて、「オフショアリング」についてアーリが示した議論が深まることが期待される。アーリがいうように、未来は完全に決定しているわけでも、また完全に空っぽでも、オープンでもない（『*What is the Future?*』2016）。

本書の翻訳は、*Mobile Lives*, with Anthony Elliott,（Routledge, 2010）. 遠藤英樹監訳『モバイル・ライブズ――「移動」が社会を変える』（ミネルヴァ書房、２０１６年）の翻訳を手がけた観光学関係の研究者のグループの何人かが中心となり進められた。翻訳者の紹介は別の欄に掲げてあるのでここでは省略する。社会学者である須藤、濱野が監訳にあたったが、それぞれの章の担当者の訳文を基本的に変えることなく統合を進めた。用語や表現は監訳者がおおむね統一した。

アーリの関心領域は社会科学全域に及んでいるので、社会学、観光学以外の領域が含まれる部分の翻訳には難航した。また、須藤の勤務先異動等で翻訳の作業が、アーリの死去を挟んで大幅に遅れ、明石書店の神野編集部部長、編集の寺澤様にはたいへんご迷惑をかけた。また、注の整理とチェックは各章の訳者に加えて竹内美帆（筑紫女学園大学人間文化研究所客員研究員）が担当した。これに関わったすべてのみなさまに感謝する。

須藤　廣

は行

ま行

や・ら・わ行

A ro Z

た行

な行

さ行

ま行

や・ら・わ行

<事項>

あ行

か行

索引

<人名>

あ行

アガンベン，ジョルジオ (Giorgio Agamben) 230
アムーア，ルイーズ (Louise Amoore) 235
アーリ，ジョン (John Urry) 3, 55, 305
ヴェブレン，ソースティン (Thorsten Veblen), 190
ウェルズ，H. G. (H. G. Wells) 157
エンゲルス，フリードリッヒ (Friedrich Engels) 14
大前研一 15

か行

カーソン，レイチェル (Rachel Carson) 132, 245, 247
カプラン，カレン (Caren Kaplan) 220
ガルブレイス，ジョン (John Kenneth Galbraith) 96
グレゴリー，デレク (Derek Gregory) 231
ケインズ，ジョン・メイナード (John Maynard Keynes) 43, 273
コットレル，フレッド (Fred Cottrell) 158
コーチャン，ニック (Nick Kochan) 99

さ行

シュミット，カール (Karl Schmit) 213
ジル，ズーザ (Zsuzsa Gille) 196
ジンメル，ゲオルグ (Georg Simmel) 23, 35
スノーデン，エドワード (Edward Snowden) 236
スミス，アダム (Adam Smith) 54
セネット，リチャード (Richard Sennett) 55

た行

ダイアモンド，ウォルター (Walter Diamond) 57
ダイアモンド，ドロシー (Dorothy Diamond) 57

な行

ナイ，デヴィッド (David Nye) 159

は行

パーソンズ，チャールズ (Charles Parsons) 159
ハイエク，フリードリッヒ (Friedrich Hayek) 43, 274
バウマン，ジグムント (Zygmunt Bauman) 41, 269
パッカード，ヴァンス (Vance Packard) 191
パラン，ロネン (Ronen Palan) 85

店、2014年)、長友淳編『グローバル化時代の文化・社会を学ぶ――文化人類学/社会学の新しい基礎教養』(世界思想社、2017年)。

神田 孝治(かんだ こうじ) 担当:第9章
立命館大学文学部教授。専攻:文化地理学、観光学。主な著書・論文に、『観光空間の生産と地理的想像力』(ナカニシヤ出版、2012年)。「文化/空間論的転回と観光学」『観光学評論』2013年、1-2、pp.145-157。

遠藤 英樹(えんどう ひでき) 担当:第10章
立命館大学文学部教授。専攻:観光社会学、現代文化論、社会学理論、社会調査法。主な著書・論文に、『ツーリズム・モビリティーズ――観光と移動の社会理論』(ミネルヴァ書房、2017年)、『現代文化論――社会理論で読み解くポップカルチャー』(ミネルヴァ書房、2011年)。共著『観光社会学2.0――拡がりゆくツーリズム研究』(福村出版)。

利用する日本の若者のエスノグラフィー』（福村出版、2017年）。“The Youth Labor Market in Japan”, in Healy, E.,Aranachalam, D. and Mizukami, T. (eds.), *Creating Social Cohesion in an Interdependent World: Experiences of Australia and Japan,* Palgrave,Macmillan, 2016.

権 赫麟（クォン・ヒョクリン） 担当：第4章（共訳）
立教大学アジア地域研究所特任研究員。法政大学大学院政策創造研究科、帝京大学経済学部、東洋英和女学院大学国際社会学部、文教大学国際学部、群馬県立女子大学国際コミュニケーション学部、相模女子大学学芸学部の各大学非常勤講師。専攻：観光社会学。主な著書・論文に、「文化的真正性をめぐる観光とポピュラーカルチャーの相互作用に関する研究」『観光研究』2012年、24、pp.59-68。「現代観光における伝統文化とポピュラーカルチャー――鳥取県境港市と長野県上田市の観光にみられる文化の脱文脈化」『観光学評論』2016年、4-2、pp.121-133。

鈴木 涼太郎（すずき りょうたろう） 担当：第4章（共訳）
獨協大学外国語学部准教授。専攻：観光研究、観光人類学、観光文化論。主な著書・論文に『観光という〈商品〉の生産――日本～ベトナム 旅行会社のエスノグラフィ』（勉誠出版、2010年）。山下晋司編『観光文化学』（新曜社、2007年）。

堀野 正人（ほりの まさと） 担当：第5章
奈良県立大学地域創造学部教授。専攻：観光社会学。主な著書・論文に、共編著『よくわかる観光社会学』（ミネルヴァ書房、2011年）、共編著『観光メディア論』（ナカニシヤ出版、2014年）。

岡井 崇之（おかい たかゆき） 担当：第6章
奈良県立大学地域創造学部准教授。専攻：メディア論、身体の社会学。主な著書・論文に、 共編著『ニュース空間の社会学――不安と危機をめぐる現代メディア論』（2015年、世界思想社）。共編著『「男らしさ」の快楽――ポピュラー文化からみたその実態』（2009年、勁草書房）。

加藤 政洋（かとう まさひろ） 担当：第7章
立命館大学文学部教授。専攻：文化地理学。主な著書・論文に、加藤政洋編『モダン京都〈遊楽〉の空間文化誌』（ナカニシヤ出版、2017年）。

濱野 健（はまの たけし） 担当：監訳、第8章
北九州市立大学文学部准教授。専攻：社会学。主な著書・論文に、『日本人女性の国際結婚と海外移住――多文化社会オーストラリアの変容する日系コミュニティ』（明石書

[著者略歴]

ジョン・アーリ（John Urry）
1946年生まれ。ケンブリッジ大学にて社会学博士課程を修める。ランカスター大学卓越教授（Distinguished Professor）。同大学にて学科長や学部長等の要職を歴任後、2003年から2015年までランカスター大学モビリティ・リサーチ研究所（Centre for Moblities Research）所長。王立芸術協会会員、学士院会員、英国社会科学協会会員。英国国立航空研究所主任研究員。社会の複雑化の視点から、資本主義、グローバリゼーション、移動や情報技術の革新がもたらす社会変動などについて独創的な理論を唱える、現代社会学を代表する社会学者。その著書は各国にて20言語以上にわたって翻訳出版されている。邦訳には、アンソニー・エリオット共著、遠藤英樹監訳『モバイル・ライブズ――「移動」が社会を変える』（ミネルヴァ書房、2016年）、吉原直樹監訳『モビリティーズ――移動の社会学』（作品社、2015年）、吉原直樹監訳『グローバルな複雑性』（法政大学出版局、2014年）、ヨーナス・ラースン共著、加太宏邦訳『増補改訂版 観光のまなざし』（法政大学出版局、2014年）など。2016年3月逝去。

[監訳者・訳者略歴]

須藤 廣（すどう ひろし） 担当：監訳、まえがき、第1章、監訳者あとがき
跡見学園女子大学観光コミュニティ学部教授。専攻：観光社会学。主な著書・論文に、『観光化する社会――観光社会学の理論と応用』（ナカニシヤ出版、2008年）、『ツーリズムとポストモダン社会――後期近代における観光の両義性』（明石書店、2012年）。翻訳（共訳）スコット・ラッシュ著『ポスト・モダニティの社会学』（法政大学出版局、1997年）。

高岡 文章（たかおか ふみあき） 担当：第2章
立教大学観光学部准教授。専攻：観光社会学。主な著書・論文に、神田孝治・遠藤英樹・松本健太郎編『ポケモンＧＯからの問い――拡張される世界のリアリティ』（新曜社、2018年1月）、第14章「ポケモンＧＯという旅――どこからが旅かしら」(pp.186-195)。「観光とメディアとルート――ルート観光論へ向けて」『観光学評論』 2014年3月、観光学術学会第2号1巻、pp.29-41。

藤岡 伸明（ふじおか のぶあき） 担当：第3章
静岡大学情報学部講師。専攻：労働社会学。主な著書・論文に、『若年ノンエリート層と雇用・労働システムの国際化――オーストラリアのワーキングホリデー制度を

オフショア化する世界
——人・モノ・金が逃げ込む「闇の空間」とは何か？

2018 年 9 月 20 日　初版 第 1 刷発行

著　者　ジョン・アーリ
監訳者　須　藤　　廣
　　　　濱　野　　健
発行者　大　江　道　雅
発行所　株式会社 明石書店
〒101-0021 東京都千代田区外神田 6-9-5
電話 03（5818）1171
FAX 03（5818）1174
振替　00100-7-24505
http://www.akashi.co.jp/

進　　行　寺澤正好
組　　版　デルタネットデザイン
装　　丁　明石書店デザイン室
印刷・製本　モリモト印刷株式会社

（定価はカバーに表示してあります）　ISBN978-4-7503-4715-8

レイシズムの変貌　グローバル化がまねいた社会の人種化、文化の断片化
ミシェル・ヴィヴィオルカ著　森千香子訳　◎1800円

ヒトラーの娘たち　ホロコーストに加担したドイツ女性
ウェンディ・ロワー著　武井彩佳監訳　石川ミカ訳　◎3200円

欧米社会の集団妄想とカルト症候群
少年十字軍、千年王国、魔女狩り、KKK、人種主義の生成と連鎖
浜本隆志編著　柏木治、高田博行、浜本隆三、細川裕史、溝井裕一、森貴史著　◎3400円

兵士とセックス　第二次世界大戦下のフランスで米兵は何をしたのか？
メアリー・ルイーズ・ロバーツ著　佐藤文香監訳　西川美樹訳　◎3200円

現代を読み解くための西洋中世史　差別・排除・不平等への取り組み
世界人権問題叢書 89
シーリア・シャゼルほか編著　赤阪俊一訳　◎4600円

ヨーロッパ的普遍主義　近代世界システムにおける構造的暴力と権力の修辞学
イマニュエル・ウォーラーステイン著　山下範久訳　◎2200円

日本経済《悪い均衡》の正体　社会閉塞の罠を読み解く
伊藤修著　◎2200円

幸福の世界経済史　1820年以降、私たちの暮らしと社会はどのような進歩を遂げてきたのか
OECD開発センター編著　徳永優子訳　◎6800円

人工知能と21世紀の資本主義　サイバー空間と新自由主義
本山美彦著　◎2600円

ドローンの哲学　遠隔テクノロジーと〈無人化〉する戦争
グレゴワール・シャマユー著　渡名喜庸哲訳　◎2400円

社会喪失の時代　プレカリテの社会学
ロベール・カステル著　北垣徹訳　◎5500円

グローバル環境ガバナンス事典
リチャード・E・ソーニア、リチャード・A・メガンク編
植田和弘、松下和夫監訳　◎18000円

マイクロファイナンス事典
ベアトリス・アルメンダリズ、マルク・ラビー編
笠原清志監訳　立木勝訳　◎25000円

日本人女性の国際結婚と海外移住
多文化社会オーストラリアの変容する日系コミュニティ
濱野健著　◎4600円

増補改訂版 看護と介護のための社会学
濱野健、須藤廣編著　◎2500円

高校生のジェンダーとセクシュアリティ
自己決定による新しい共生社会のために
須藤廣編著　◎1500円

〈価格は本体価格です〉

イギリスの歴史【帝国の衝撃】

イギリス中学校歴史教科書

世界の教科書シリーズ34

ジェイミー・バイロン、マイケル・ライリー、クリストファー・カルピン 著
前川一郎 訳
◆A5判／並製／160頁 ◎2400円

16世紀後半より海外に進出し、北アメリカ、インド、オーストラリア、アフリカ、中東などに拡大した「大英帝国」の歴史が、現在のイギリスにどのような影響を与え、今日的な移民問題などを抱えるようになったのかを平易に語り子どもに考えさせる中等教育「必修」教科書の翻訳。

● 内容構成 ●

序章 物語の全体像をつかむ
第1章 ロアノーク：イングランド人は初めて建設した植民地でどんな過ちを犯したのか？
第2章 「いつの間にか支配者になった者たち？」：イギリス人はいかにインドを支配するようになったのか？
第3章 帝国の建設者：ウォルフとクライヴについてどう考えるか？
第4章 帝国と奴隷制：イギリスによる奴隷貿易の歴史をいかに語るか？
復習1：統べよ、ブリタニア
第5章 囚人植民地：どうすれば良い歴史映画を撮れるのか？
第6章 隠された歴史：歴史に埋もれた物語は英領インドについて何を語るか？
第7章 アフリカの外へ：ベナンの頭像はいったい誰が所有すべきか？
第8章 帝国のイメージ：大英帝国はどのように描かれたのか？
復習2：希望と栄光の国
第9章 アイルランド：なぜ人びとはアイルランドと大英帝国について異なる歴史を語るのか？
第10章 切なる希望：ガートルードがアラブ人に抱いた夢を助け、そして妨げたのは何だったのか？
第11章 帝国の終焉：なぜイギリスは1947年にインドから撤退したのか？
第12章 帝国の帰郷：歴史に埋もれたコモンウェルス移民の物語をいかに掘り起こすか？
終章 あなたは大英帝国の歴史をどう見るか？

イギリス労働者の貧困と救済 救貧法と工場法
明石ライブラリー 81 安保則夫著 井野瀬久美惠、高田実編 ◎4800円

英国における高齢者ケア政策 質の高いケア・サービス確保と費用負担の課題
井上恒男著 ◎4000円

BREXIT「民衆の反逆」から見る英国のEU離脱 緊縮政策・移民問題・欧州危機
尾上修悟著 ◎2800円

ギリシャ危機と揺らぐ欧州民主主義 緊縮政策がもたらすEUの亀裂
尾上修悟著 ◎2800円

アメリカ「帝国」の中の反帝国主義 トランスナショナルな視点からの米国史
イアン・ティレル、ジェイ・セクストン編著 藤本茂生、坂本季詩雄、山倉明弘訳 ◎3700円

正義のアイデア
アマルティア・セン著 池本幸生訳 ◎3800円

開発なき成長の限界 現代インドの貧困・格差・社会的分断
アマルティア・セン、ジャン・ドレーズ著 湊一樹訳 ◎4600円

スラムの惑星 都市貧困のグローバル化
マイク・デイヴィス著 酒井隆史監訳 篠原雅武、丸山里美訳 ◎2800円

〈価格は本体価格です〉

領土・権威・諸権利

グローバリゼーション・スタディーズの現在

サスキア・サッセン 著　伊豫谷登士翁 監修　伊藤茂 訳

■A5判／上製／528頁　◎5800円

グローバリゼーション・スタディーズの第一人者による、『グローバル・シティ』に続く大著。「領土・権威・諸権利」をキーワードに、現代のグローバリゼーションが中世そして近代という前時代との連関において、どのように基礎づけられ、また転換を行いながら構築されてきたかを分析する。

●内容構成●

第1章　はじめに
第1部　ナショナルなものの集合
第2章　ナショナルなものの構成の際の領土・権威・諸権利
第3章　帝国地理を基礎にしたナショナルなポリティカル・エコノミーの集合
第2部　ナショナルなものの脱集合
第4章　転回点──新たな組織化理論に向けて
第5章　脱ナショナル化する国家のアジェンダと民間化される規範形成
第6章　政治的メンバーシップをめぐる基本的テーマ──ナショナルな国家との今日の変化する関係
第3部　グローバルなデジタル時代の集合
第7章　デジタルネットワーク、国家の権威、政治
第8章　混成的な時間－空間秩序の集合──理論化のための諸要素
第9章　結論

グローバル資本主義と〈放逐〉の論理

不可視化されゆく人々と空間

サスキア・サッセン 著　伊藤茂 訳

■四六判／上製／336頁　◎3800円

極端な富の集中の背後にかつてない規模で生み出されている貧困、難民、環境破壊。著者はグローバル資本主義の新たな段階をもたらす「放逐」の論理が出現していると仮説を提起し、現代社会の背景に潜む支配的論理を実証的・概念的に可視化しようと試みる。

●内容構成●

日本語版への序
序　過酷な選別
第1章　縮小する経済、拡大する放逐
第2章　新しいグローバルな土地市場
第3章　金融とその能力──システムの論理としての危機
第4章　死んだ土地、死んだ水
結語　システムの末端で

〈価格は本体価格です〉